현대신서
44

쾌락의 횡포

상

장 클로드 기유보

김웅권 옮김

東文選

쾌락의 횡포

상

Jean-Claude Guillebaud

LA TYRANNIE DU PLAISIR

© Éditions du Seuil, 1998

This edition was published by arrangement
with Éditions du Seuil, Paris
through Korea Copyright Center, Seoul

차 례

제Ⅲ부 고독의 논리

집필 의도에 대한 노트

　현대 사회에서 성도덕의 문제——다시 말해 금지된 것의 자리 문제——를 분명하고도 진솔하게 제기한다는 것, 이것이 본서의 야심이다. 거의 한 세대 전부터 우리는 이 문제가 더 이상 제기되지 않고 있다는 환상 속에서 살아왔다. 오늘날 이 환상은 사라지고 있지만, 낯설고 소란스러운 혼란이 그것을 대체하고 있다. 우리 사회는 이제 이 사회가 어떤 지경에 와 있는지 그다지 잘 알지 못하는 상황에 처해, 자신의 지표들을 찾고 있다. 바로 우리는 이와 같은 탐색에 기여코자 하는 것이다.

　원칙적으로 상당히 단순한 두 가지의 의도가 본서의 집필을 주도할 것이다. 우선 나는 가능한 한 감동하기 쉬운 주관성과 선악의 2분법을 피하고자 한다. 이것들은 오늘날 성본능이나 아니면 더 고약한 것으로 성도덕이 문제되자마자 지배적이 되고 말기 때문이다. 이와 관련하여 우리가 벌이는 논쟁들은 날카로운 소리를 내는 자유주의적 태도(permissivité, 개인에게 가해지는 제재의 철폐를 주장하는) 아니면 향수를 띤 도덕주의라는 양자택일에 필연적으로 갇히고 있다. 나로 말하면, 이러한 양자택일을 거부한다. 양자택일을 할 경우 우리는 도덕주의 외에 다른 선택이 없을 것이다. 쾌락과 쾌락의 ‘조절’에 관해서 우리는 백 아니면 흑, 다시 말해 도덕적으로 교화시키는 경직성 아니면 절대 자유주의적인 무책임에 떨어질 수밖에 없을 것이다. 그리하여 거의 언제나 성본능을 다루는 책들에는 성본

능의 범위를 제한하는 의도——이것이 고백이 되었든 아니든
——가 들어 있다. 그것들은 특별한 성적 '정복'을 호전적으로
방어하는 데 열을 올리거나, 이른바 시대의 비도덕성을 강도
높게 비난한다. 이와 같은 투쟁적인 숙명성이 설명하는 것은
사람들이 이런 주제들에 접근하자마자 규정할 수 없는——그
리고 실망스러운——되풀이의 인상을 경험한다는 것이다.

　그런데 심도 있는 사유의 이와 같은 빈곤, 단견적인 이와 같
은 격분은 사람들이 상상하는 것보다 더 위험스럽다. 분별 없
는 자유주의적 태도가 30년 동안이나 지속된 지금, 그것들은
역설적으로 지나친 정숙함이 힘 있게 복귀하도록 조장하고 있
다. 미국 사회에서 나타나는 경우처럼 말이다. 실수에 대해 사
람들은 실수의 전도된 이미지를 대립시키고 싶다는 생각을 한
다. 분별력도 없고, 올바른 평가를 위해 필요한 거리도 지니지
못한 우리 사회는 허를 찔린 것 같다. 이 사회는 하나의 과도
함에서 다른 하나의 과도함으로 가는 사이에, 다시 말해 방종
에서 마녀 사냥과 형법으로 가는 사이에 중간 과정 없이 동요
하려는 사회를 엄습하는 처벌적인 공포심에 저항할 수 없는
것이다. 나로서는 **이 문제를 정면으로 바라보고** 싶고, 성이 문
제되자마자 흔히 확산되어 있는 수많은 허구들을 바로잡으면
서 이 문제에 관한 주요 논거들을——평화적으로——펼쳐 보
이고자 한다.

　두번째 의도는 보다 과감한——아마 무모할지도 모른다——
것으로, 지식 자체를 다루는 것이다. 사실 이런 문제들에 조금
세심한 관심을 가진 이라면, 누구나 이 분야에서 나타나는 지
식의 분산에 놀란다. 주요 학문들만 들어도 역사학·정신분석
학·인류학·신학·정치철학·인구통계학·경제학·범죄학

등과 같이 서로 다른 많은 학문들이 성에 관심을 나타내고 있으나, 서로간에 교류는 거의 없다. 현대의 대부분 논쟁들이 증언하는 한없는 무지와 지식의 이와 같은 분산화 사이에는 심도 있는 사유를 확립하게 해주는 어떤 진정한 공간도 전망도 영역도 없다. 그러므로 최대한의 주의를 기울임과 아울러 사람들이 말하듯이 '나의 증거들을 생산하려고' 지속적으로 고심하며, 나는 이와 같이 서로 다른 지식들을 끈기 있게 재검토하겠다는 위험스러운 내기를 하는 것이다. 내가 접근하는 분야들의 다양한 전문가들은, 아마 어떤 문제——그들의 영역에 속하는 문제——는 보다 더 깊이 있게 다루어지거나 전개될 수도 있었을 것이라고 생각할 것이다.

매번 본질적인 것을 다루는 데 만족한 것은, 다시 말해 내가 이처럼 '파노라마 같은' 방법에 만족한 것은, 이 방법만이 쾌락과 성에 관한 우리의 지식이 제기하는 수수께끼를 재구성하여, 우리는 지금 정확히 어떤 상황에 있는가?라는 기본적인 질문에 대답하게 해주기 때문이다. 본서의 제목에 대해 말하자면, 나는 그것을 플라톤에게서 빌려 왔다. 《법률》에서 플라톤은 쾌락을 찬양하지만, '폭군 에로스'를 영혼 속에 들어앉혀 이 영혼의 모든 움직임을 일상적으로 지배토록 하는 이는 허약하고 비판의 여지가 있는 것으로 간주한다.

J.-C. G.

I

혁명 속의 혁명

아테네인: 용기를 어떻게 정의할 수 있을까요? 우리는 그것이 단지 두려움과 고통에 대항해, 아니면 또한 욕망·쾌락 그리고 어떤 아첨에 대항해 벌이는 힘든 싸움이라고 말하는 것으로 만족해야 할까요? 이 아첨은 매우 지독하게 유혹하기 때문에 자신들은 넘어가지 않을 것이라고 믿는 이들의 마음조차도 밀랍처럼 쉽게 넘어가고 말지요.

메길로스: 나는 용기가 그 모든 것에 대항하는 싸움이라고 분명히 믿고 있소.

플라톤, 《법률》

1

수다를 넘어서…

인간 사회는 그것이 현재 체험하고 있는 역사를 이해하는 경우가 드물다. 모호한 움직임들이 사회에 생기를 불어넣고 있으며, 결정적인 단절들이 때로는 사회 심층으로부터 도래한다. 하지만 사회는 이것들의 진정한 범위를 즉각적으로 측정할 수 없다. 이에 대한 예들은 많다. 1964년에는 그 누구도 결정적인 문화적 파탄이 산업화된 국가들 전체에서 막 일어났다는 사실을 이해하지 못했다. 1971년에는 그 누구도 브레턴 우즈 회의가 설립한 통화 체제의 종말이 앞으로 수십 년간 미칠 근본적 영향을 가늠하지 못했다. 마찬가지로 1740년대를 중심으로 동시대의 어느 한 사람도 중대한 파장을 미칠 인구통계적 주기가 유럽 전체에서 시작되었다는 것을 깨달을 수 없었다.[1] 역사의 진정한 해석은 회고적이다. 어떤 일정한 시대에 진정으로 도래하고 있는 것이 무엇인지 확인하기 위해서는 시간과 판단할 수 있는 거리가 필요하고, 때로는 여러 세대가 필요하다. 그리하여 우리는 매일같이, 너무도 자주 끝없이 수다를 떨기에 바쁘다. 이 수다는——전적으로 순진하게——본질적인 것에 대해서는 침묵한다.

아마 우리가 쾌락 내지 성본능과 맺고 있는 관계도 마찬가지일 것이다. 플라톤에 의하면, 이 관계는 "우리 영혼의 모든 움직임을 지배하기 위해 이 영혼 속에 들어앉을 수" 있는 '폭군 에로스'와의 관계이다. 그러나 이 관계에 대해 이야기한다는 것이 잘못은 아니다! 미셸 푸코는 이미 20년 전에 잉여적 담론, 고백, 이야기, 다양한 수사적 글들, 이런 것들이 적어도 19세기부터 우리를 성에 관해서 '특이하게 고백적인 사회'로 만들었다는 점에 놀라움을 나타냈다. 그는 이렇게 덧붙였다. "서양에서 인간은 고백의 짐승이 되었다." 그리고 푸코는 "한 사회의 경우에 대해 각자가 문제를 제기해 보도록" 권유했다. 이 사회는 "한 세기 이상 전부터 자신의 위선에 대해 스스로를 소란스럽게 비난하고, 자신의 침묵에 대해 장황하게 이야기하며, 자신이 말하지 않는 것을 자세하게 드러내려고 열을 올리고, 자신이 행사하는 힘을 고발하며, 자신을 기능하게 만드는 법칙들로부터 해방될 것이라고 단언하는 그런 사회"[2]이다.

이런 글이 씌어진 이후로도, 말은 여전히 부풀려졌다고 말하는 것만으로는 충분치 않다. 그래서 푸코가 이야기한 그 '일반화된 담론적 흥분'을 넘어서, **성에 관한 엄청난 소란**이 오늘날 민주적인 근대성이 침투한 곳이라면 아주 작은 구석까지 식민지처럼 지배하고 있는 것이다. 쾌락의 약속이나 노출, 자유의 과시, 기호(嗜好)들의 묘사, 모든 것이 잘 되도록 교육되는 측정된 성과들이나 절차들을 보자. 우리 사회 이전의 어떤 사회도 쾌락에 이처럼 담론적인 웅변을 바친 적이 없으며, 어떤 사회도 말·이미지·창조물을 통해서 성본능에 이처럼 지배적인 지위를 할애한 적이 없었다. 이런 현상을 우리가 즐기든 놀라움을 나타내든, 한 가지 분명한 사실은 어쩔 수 없다. 수많은 관능적 부름이 이제 도처에서 끊이지 않고 무제한으로 우리를 포위하고 있다는 점 말이다. 이로 인해 기분이 나쁘다는 것은 그렇게 큰 의미도 중요성도 없을 것이다. 이제 성은 일상 생활을 '따라다니는 소음'이 되어 버렸다. 그리스 시대이든 로마 시대이든, 이전 시대의 관점에서 보면 우리 시대는 문자 그대로 '그것' 밖에 이야기하지 않는다. 그런데 정확히 그것에 대해 무엇을 말하기 위해서인가?

이것이 유일한 참된 질문이다. 사실 역설은 이 말의 내용과 장황함 사이에 지속되는 놀라운 대조에 기인한다. 다시 말해 그것은 하나의 담론이 지닌 기본적인 의미와, 이 담론의 열기가 나타내는 영속성 사이의 대립에 기인한다. 과다함이 혼란을 두드러지게 나타내고 있는데, 내용은 자유를 선언하고 있다. 메시지는 승리를 축하하고 있지만, 넘치는 말은 불안을 드러내고 있다.

자유라고? 불안이라고? 30년 전부터 인정된 것은 우리가 성에 관해서 일종의 '역사의 종말'을 체험하고 있다는 점이다. 이것이 현대의 독사(doxa, 일반적 여론)이며, 어쨌든 일시적으로는 낙관적이다. 이 여론이 온갖 어조로 반복하고 있는 것은 몽매와 억압의 장구한 세월이 마침내 무너졌다는 것이다. 우리의 후기 산업 사회는 쾌락과 쾌락의 순진무구한 지상권에 대해 근본적으로 새로운 이해에 도달했다는 것이다. 우리가 확실하다고 간주하는 것은 우리 시대 이전의 남자들과 여자들은 수천 년 동안 구속의 멍에 아래에서 살았는데, 우리, 우리만이 이 구속을 물리쳤다는 것이다. 우리가 물리친 이 횡포는 그 자체가 원시적인 인류학적 무지, 종교적인 '미신,' 나아가 무한정으로 저질러진 음모의 가슴 아픈 산물이었다고 생각하고 있다. 이 음모는 국민들을 금지의 감옥에 가두어 놓고자 고심하는 모든 문화에서, 어떤 풍토가 되었든 일부 권력자들이 저지른 음모였다. 우리의 근대성은 해방의 엄청난 그 규모와 역사적인 새로움을 한없이 계속해 평가하고 있다. 행동으로 옮기는 즐거운 계획만이 우리가 할 일이라는 논리가 전적으로 지배하고 있다.

그렇다면 왜 그렇게 단순하지 않다는 말인가?

이러한 담론들은 그 범위상 의심을 불러들인다. 그만큼 그것들의 강도가 그것들이 진술하는 것 자체를 반박하는 것 같기 때문이다. 만약 역사——구속과 금지의 역사——가 끝났다면, 무한한 그 즐거움이 우리에게 주어지고 있다면, 왜 이런 정도로 그것들을 담론의 재료로 뿐만 아니라 선동의 재료로 계속해서 삼고 있는가? 더 이상 문제가 없다면, 왜 우리는 이토록 염려하는 것인가? 그리고 왜 계속해서 폼을 잡고 있는 것일까? 승리는 16세기 칼뱅주의 청교도들이 도덕성의 차가운 전율이라고 불렀던 것에 의해 다시 위협받고 있는 것일까? 그 유명한 '도덕 질서의 복귀'가 실제로 현실성이 있는 것일까? 우리의 즐기는 자유가 약해지지 말고 몰아내야 하는 은근한 불안을 그 내부에 간직하고 있는 것일까? 앙드레 브르통과 조르주 바타유가 말년에 두려워했던 것처럼 우리는 욕망의 알 수 없는 어떤 쇠잔을 두려워하는 것일까? 이 욕망은 환멸을 느껴 약해졌기 때문에 우리가 매일같이 그것의 열기를 말의 홍수를 통해——그리고 이미지의 홍수를 통해——다시 불러일으키지 않을 수 없을 정도까지 된 것이다. 만약 그렇다면, 우리는 하나의 횡포를 다른 하나의 횡포로 바꾼 것에 불과하지 않은가?

이 모든 것에 대한 진정한 답은 전혀 없다. 이 질문들이 타당성이 없기 때문이 아니라, 우리가 그것들을 회피하려고 많은 주의를 기울이기 때문이다. 시대가 끊임없이 성에 대해 이야기하고 있지만, 이것은 성에 대해 아무것도 말하지 않기 위해서이다. 마치 우리가 미국의 역사가 피터 브라운이 '우리 주관성의 지진계'[3]라 일컫는 것, 다시 말해 성을 조용하게 생각해 보는 것을 두려워하는 것처럼 모든 것이 벌어지고 있다. 그리하여 우리는 몸을 뒤로 젖힌 채 상징적인 정복 위에 진을 치고 앉아 이 정복의 진정한 의미, 실천의 조건, 그리고 가능한 한계에 대한 의문 제기를 거부하고 있다. 과연 이 정복은 '지진계적인 정복'이다. 왜냐하면 우리가 생각하기에, 그것이 현대의 개인주의 자체를 어떤 다른 정복보다 더 표준적으로 측정하게 해준다고 보기 때문이다. 우리는 바로 이 영역에서 주로 서양에서 개인의 해방은 역사적으로 비길 만한 예가 없음이 드러난다고 생각한다. 역사의 관점에서 볼 때 우리 자신들을 돌연변이로 나타내는 것은 우선 허락된 그 쾌락을 통해서이고, 사회적 구속으로부터 해방된 그 즐거움을 통해서이다. 서양인은 막스 베버가 "지난날의 영원성의 권위, 즉 풍속의 권위"라고 일컬었던 것을 그처럼 무턱대고 무너뜨린 그야말로 최초의 인간이다. 이 풍속은 "태곳적부터 내려온 유효성에 의해, 그리고 그것을 존중하는 인간에 뿌리를 둔 습관에 의해 신성화된 것이었다."[4]

그러므로 의심하는 것이 문제가 아니다. 30여 년 전부터 우리는 이 기막힌 **보물**——성의 자유——을 애매한 집요함을 드러내며 필사적으로 방어하고 있다. 내용에 대해선 더 이상 관심을 보이고 싶지 않으려고 함으로써, 우리는 이 문제를 금지된 문제로 변모시키고 말았다. 참 대단한 일이 아닐 수 없다!

예기치 않은 공포

사회는 결단코 사회가 체험하고 있는 역사를 알지 못한다! 사회는 때때로 우리에게 충격을 주는 반작용——또는 초(超)반작용——에 대해 보다 명철한가? 이에 대해 의심할 필요가 있다.

이와 같은 무지를 증언하는 것은 사회가 잊어버리려고 전력을 기울이는 것이 기대와는 전혀 다르게 때때로 다시 나타날 때, 우리 내부에 자리잡는 불안한 망연자실이다. 예를 들어 90년대 초경에[5] 성에 관한 규정할 수 없는 동요가 일어났다는 것을 누가 알아차렸는가? 그러나 이 시기에 예기치 않은 공포가 분출했고, 곧바로 공황으로 확대되었다. 하나의 '자세한 사건'은 이를 예고하는 징후였다. 어린이에 대한 성적 유혹과 근친상간이——왜냐하면 문제가 되는 것이 바로 이것이므로——갑자기 사회 집단 전체를 위협하는 것처럼 나타났다. 사람들은 어떤 위험이 돌고 있다는 것을 알아차렸다. 가정에서도, 학교에서도, 다른 어떤 곳에서도 어린이는 천한 탐욕에 더 이상 안전하지 못했고, 사람들은 곧바로 이 탐욕을 규탄하는 것을 익혔다. 몇몇 다양한 끈적끈적한 사건들——1996년 여름 벨기에에서 어린이를 성적으로 유혹하여 성폭행한 뒤 살해한 마르크 뒤트루 사건——은 집단적 현기증을 악화시켰다.

한 마디로 말해서 우리 사회는 내부에서 상상할 수 없는 성폭력을 다시 발견했고, 성급하게——경찰을 통해——그것의 위협을 근절시키려고 시도했다. 근친상간하는 아버지들, 강박관념에 사로잡힌 교사들이나 신부들, 충동에 넘어가는 살인자들, 의심스러운 부인들, 월급쟁이들을 학대하는 음란한 사장들, 이런 사람들을 고발하는 동일한 불안, 동일한 처벌 요구가 대중 매체들을 침투했다. 이윽고 감추어진 고통, 다시 말해 침묵 속에 너무 오랫동안 묻혀진 비극이 군소재지 아무곳에서나 날아와 보도 기사를 채우지 않는 날이 없었다. 비탄스러운 일련의 연쇄 사건, 끝없이 계속되는 지루한 비난…… 등이 이어졌다. 개인들 각자는 다른 사람들보다 한술 더 뜨며 비밀을 깨뜨리고, 고통스러운 말을 털어놓고, 죄지은 자가 피해를 주지 않도록 해야 한다고 열을 올렸다. 아주 잘된 것이다.

과연 새로운 시대와 새로운 **세론**이 나타났다. 대중 매체들, 텔레비전으로 방영된 수많은 토론들, 몇 년 사이에 발굴된 증언들, 이런 것들을 통해서 새로운 심문적인 시선이 성인·남편·관광객이나 스포츠 코치들에게 던져진 것이다. 사람들은 의심스러운 스치기, 지나치게 다정스러운 언행, 그리고 어린이의 육체를 목적으로 한 그 추악한 성관계, 이런 것들을 묘사하기 위한 심문적인 어투를 찾아냈다. 그들은 개인적인 모든 기억에 호소하여 그 속에 묻혀 있었던 고통들을 회고적으로 다시 검토했다. 음흉한 공격, 완벽한 폭력, 어린이들을 사냥감으로 삼는 섹스 관광과 이국적 포르노그래피, 모호한 의도를 가진 **베이비 시터**, 행동으로 옮기는 50대들, 이런 것들과 더불어 공포가 번져 갔다.

이러한 급류 같은 흥분이 지닌 진정한 의미에 대해 깊이 생각해 보아야 한다. 그것은 미친 듯이 당황한 한순간에 지나지 않았던가? 불쾌하기 짝이 없는 다양한 사건들에 따른 대중 매체의 단순한 과민 반응이었던가? 천만에! 법률적 통계들이 건조하게 증언하는 것은 세상사의 일상적인 흐름에서 훨씬 더 중대하고 구체적인 반전이다. 이 반전은 몇 년 사이에 거의 조용하게 이루어진 반전인 것이다. 9년 동안(1984-93) 강간(기본적으로 미성년자에 대한)으로 처벌을 받은 숫자는 82퍼센트가 증가한 데 비해, 지도층 인사들이 저지른 풍기사범의 숫자는 3배나 늘었고, 1990년부터 1993년까지 가정 내 성폭력은 70퍼센트의 증가를 나타냈다. 미성년자들에 대한 풍기사범으로 인한 처벌은 65퍼센트가 증가했다.[6] 1977년초, 이른바 '풍기' 관련 사건들이 일부 법원들이 수행하는 역할의 60퍼센트, 나아가 80퍼센트까지 차지했다. 이와 같은 형벌의 강화는 특히 프랑스에서 현저하다. 프랑스는 이제 성폭력과 관련하여 유럽에서 가장 높은 형량을 선고하고 있다. (형벌의 81퍼센트가 징역 5년을 넘고 있다.[7]) 그러나 민법도 조용하지 않았다. 부부간의 간통죄 고발이 이혼 절차에서 다반사가 되어 버린 것이다. 그것이 증언하는 것은 전례가 없는 강박관념이다.

지배적인 담론으로 말하자면, 그것은 이 문제에 관해서 매우 자발적으로 처벌적이 되었다. 그래서 오늘날 오히려 법관들이 불안해하고 있으며, 합리적으로 보자면 지나치게 강박관념적인 마녀 사냥식 과민 반응을 비난하고 있다. 이는 역설 중의 역설이라 하지 않을 수 없다. 그들 가운데 한 명은 이렇게 쓰고 있다. "시대의 놀라운 반전이 이루어지고 있다. 근친상간에 대해 태연하고 침묵했던 시대에 뒤이어 기계적인 형벌의 폭주가 일어나고 있다. 어린이를 계제 나쁘게 방치해 놓는 것(placement)과 아버지의 감금은 무차별화의 폭력에 직면한 국가의 폭력을 거울처럼 재현하고 있다. 아마 이 모든 것은 불가피할지 모르지만 왜 이처럼 급격하단 말인가?"[8] 또 다른 사람은 이렇게 지적한다. "지금까지 대수롭지 않게 간주되었던 광범위한 행동 영역들이 특히 중산층 가운데서 악마적으로 변했다. 중산층은 랑데부 강간(데이트 강간) 같은 단죄되어야 할 폭력의 진정한 온상이 되고 있다."[9]

물론 아무도 어린이에게 가해지는 이와 같은 모욕의 치유할 수 없는 심각성도, 이 모욕과 싸워야 한다는 필요성도 부인할 생각은 하지 않을 것이다. 아무도 일부 범죄들의 현실성도, 특히 그것들이 침묵의 무덤으로부터 때마침 벗어났다는 것도 감히 반박하지 못할 것이다. 그렇지만 여전한 것이 있다! 어떤 법관도 성 경범죄가 **실질적이고** 비례적으로 증가하고 있다는 가정을 이의 없이 받아들이지 않는 것이다. 프랑스도 유럽도 아메리카도 경범죄가 많고, 근친상간이 두드러지거나 어린이를 성적으로 유혹하는 사회가 갑자기 된 것이 아니다. 침묵을 깨고 처벌을 요구하는 것은 무엇보다도 **우리의 관점이** 심층적으로 **변모했다는** 것을 나타낸다. 법무부의 두 여성 통계관은 1996년에 발표된 수치를 설명하면서 다음과 같이 분명히 이 점을 강조하고 있다. "이러한 엄청난 증가가 사건들이 다양하게 저질러졌다는 것을 반드시 의미하는 것은 아니다. 이 증가가 적어도 부분적으로 반영하는 것은 감성과 행동이 전반적으로 변화함으로써 처벌의 확대가 가능해졌다는 것이다. 우리 사회 심층에서 무언가가 확실하게 방향이 바뀐 것이다. 이 무언가는 확인해야 할 것이다."

악에 대한 어떤 관념?

겸허하게 기억을 더듬는 노력부터 해보자. 우리가 알아야 할 것은 우리가 별 재능이 없어도 각자로 하여금 다시 기억해 보도록 권유함으로써 유리한 논쟁적 효과를 거둘 수 있다는 것이다. 근친상간과 어린이에 대한 성적 유혹과 관련하여 오늘날 쏟아지는 비난과 지난날 동일한 문제에 대해——동일한 대중매체의 권위적 시사평론 프로에서 때때로 동일한 인물들에 의해——표현된 내용을 대립시켜 보면 충분하다. 이름들을 대고,

잊혀진 어리석은 말들에 초점을 맞추고, 전반적인 건망증을 흔들어대고, 여기에서는 날카로운 위반을 지적하고 저기에서는 평범한 관용을 지적한다면, 그것은 어리석은 짓거리들을 모아놓은 지겨운 일화집을 편찬하는 것이 될 터이다. 그런 짓이 무슨 소용이 있겠는가? 논쟁은 우리가 다루는 현안에서 거의 이득이 없다. 한 사람이 폭발하면 다른 사람은 한술 더 뜨게 되는 것이다. 이는 70년대 좌파가 제재를 거부하는 '자유주의적 태도'에 영합하자, 우파가 도덕을 강화하는 현학적 태도로 대응한 것처럼 헛된 일이다.

논쟁적인 의도 없이 어떻게든 명쾌하게 밝혀내야 하는 본문제의 현상은 매우 복잡하다. 요 몇 년 동안에 일어난 일은 에밀 뒤르켐이 우리의 집단적 표상이라 일컬었던 것을 단순히 재표명한 것에 불과하다. 이 표상은 상징적인 본질을 지닌 지표들로서 사회가 스스로에게 부여하는 것이고, 여러 '견해'들이 보란 듯이 벌이는 난투를 초월하는 차원에 위치시키는 것이다.

사실은 70-75년부터 80년대말까지, 어린이에 대한 성적 유혹 및 근친상간과 관련하여 우리 서양 사회를 지배했던 것은 관대하지는 않을지라도 상대적으로 중립적인 관점이었다. 때때로 이 성적 유혹과 근친상간이 어느 날인가 청산되어야 할 것으로 계획되어진 '금지 사항들'에 분류되기도 했지만 말이다. 물론 그것들이 공개적으로 상기된다 한들 더 이상 토론이나 논쟁을 불러일으키지 못할 정도로 평범하게 되었기 때문은 전혀 아니다. 사태는 보다 미묘했고, 동시에 더 전진을 하고 있었다. 1971년에 이 두 문제가 여전히 야기시켰던 **상투적인 분노**와 확인할 수 있는 항의들을 넘어서, 오히려 이야기되어야 할 것은 점진적인 무관심과 너그러운 방치이다.

수많은 예들 가운데 선택된 루이 말의 영화 《마음의 속삭임》의 예는 시사하는 바가 크다. 비극화시키지 않겠다는 분명한 의지와 많은 애정을 담아내면서 어머니와 아들의 근친상간을 연상시키는 이 영화는, 1971년 5월 칸 영화제 출품작으로 선정되었고 비평가들에 의해 환영을 받았다. 몇몇 관람객들의 항의가 있은 후 《르 몽드》지의 설명 요청을 받은 루이 말은, 그 당시의 정서를 드러내는 말투로 절대 자유주의적인 장난기와 유머를 곁들여 자신의 입장을 밝혔다. "나의 영화에서 모든 것은 자연스럽고, 분명하고, 성실하게 진행된다고 생각한다. 전통적 도덕이 그 속에서 별볼일 없다면, 안됐지만 할 수 없는 일이다."[10] 언론에서 루이 말은 여러 차례에 걸쳐 "이데올로기와 부르주아 문화에 대항하는 투쟁적 걸작"(《파리스코프》)을 만들어 냈다고 축하를 받았고, "허구적 신비와 부끄러운 침묵과 단절하면서 과감히 가면을 벗겼다"(《프랑스 누벨》)고 감사를 받았다. 한 해설자는 이렇게 덧붙였다. "동시에 문제가 되어 있는 것은 악의 개념이다. 이 개념이 형이상학의 범주로서 근본적으로 처벌적인 것을 지니고 있다는 점에서 말이다."(《레트르 프랑세즈》)[11]

다만 매우 간접적인 방식으로 영화는 스캔들을 일으켰다. 과연 1971년 5월 11일, 프랑스 방송협회는 미셸 폴락이 진행하는 '포스트 스크립톰'이라는 텔레비전 시사 프로의 토론을 방영하지 않기로 결정했는데, 이 토론에서 근친상간의 문제와 루이 말의 영화가 다루어지게 되었던 것이다. 이와 같은 갑작스러운 검열은 《르 피가로》지에서까지 표현의 자유를 내세워 비난받았다. 이것은 합당한 것이었지만 근본적인 것에 대해선 아무것도 말한 것이 없었다. 우리가 주목할 것은, 그후 20년이 채

안 되어 완전한 무관심 속에서 《마음의 속삭임》이 같은 텔레비전에서 방영되었다는 점이다. 아무도, 비록 회고적으로라도 이 영화의 이른바 전복적인 무게에 대해 여전히 민감하지 않았다. 사실 80년대말에 일부 법학자들이 상기한 계획, 즉 근친상간을 처벌하지 않는 데 초점을 맞춘 그 계획조차도 더 이상 진정한 폭풍을 일으키지 못했다.

그러므로 평균적 감성은 이와 같은 최초의 반응을 통해서, 다음으로는 전반적인 무관심을 통해서 표현되었다. 이러한 감성은 90년대 중반에 동일한 문제(근친상간)를 악마화시킨 것과 몹시 뚜렷한 대조를 이루는 것이다. 단번에 근친상간은 측은한 마음을 일으키는 허약성의 문제로 더 이상 다루어지지 않고 범죄의 문제로 다루어졌다. 사람들은 '부르주아 도덕에 대한 비웃음'을 더 이상 상기시키지 않고 병리적인 혐오를 이야기했다. 보다 덜 이론적인 차원에서는, 다소 《마음의 속삭임》에 나오는 여주인공처럼 행동했다는 이유로 수백 명의 가장들이 헌병대와 사법부의 추적을 받게 되었을 뿐 아니라, 공개적으로──그리고 이구동성으로──고백하지 않은 변태들로 지목되었다. 거의 과도적 단계 없이 느슨한 무심에 이어진 것은 린치를 가해야 한다고 모두가 한 목소리로 외치는 그 난폭함이었다. 그리하여 오늘날 아무도 근친상간에 관하여 1971년 《르 몽드》지의 뛰어난 영화 담당 기자 장 드 바롱셀리가 내세웠던 내용을 다시는 위험을 무릅쓰고 쓸 수가 없을 것이다. "관객이 짐작할 수 있는 그 포옹에는 불결하고, 애매하거나 사악한 것은 아무것도 없다. 비극적인 것 또한 없다. 자연의 섭리가 빗나가고 실수한 것에 지나지 않는 것이다. 일종의 푸닥거리라 할 수 있다."[12]

이런 정도로 세론이 변하는 일은 그리 일반적인 것이 아니다. 그것도 그렇게 신속하게 말이다! 이와 같은 반전이 제기하는 문제들을 어깨를 으쓱하고 물리칠 수는 없을 것이다. 근친 상간에 관한 이와 같은 인식의 변화가 어린이에 대한 성적 유혹과 관련하여 보다 현저한 만큼 더욱 물리칠 수 없는 것이다.

‘어린이를 성적으로 유혹하는 모험’의 시대에

우리가 알고 있듯이, 1968년을 전후로 풍속으로부터 크게 해방되는 여세를 몰아서 프랑스와 미국에서 제재를 거부하는 자유주의적인 요구를 드러내는 문학이 크게 번성했다. 투쟁 문학으로서 그것은 돌이킬 수 없는 자유화 운동의 성격을 띠었고, ──특히── 동성애에 대한 조상 대대로의 비난이나 반여권주의적인 오래 된 배척을 실패하게 만들었다. 이는 두 개의 전범적 예로서 뒤에 다룰 것이지만,[13] 그 합당성은 회고적으로 볼 때 의심의 여지가 없다. 어린이에 대한 성적 유혹은 사정이 다르다. 그것은 단 한번의 운동으로 죄의식으로부터 해방되고, 찬양되고, 이론화되었던 것이다. 그것도 오늘날 같으면 도처에서 아연실색할 비난을 야기시켰을 표현들로 말이다. 이와 같은 차이──이처럼 얼마 되지 않은 기간에 드러난 차이──는 심도 있는 사색을 요구한다.

오늘날 호전적인 동성애자들 가운데는 어린이에 대한 성적 유혹의 고백에 대해 과거가 보여 준 애매한 영합에 의문을 제기하는 자들이 있다. 이 영합은 대략 15년 동안 유지되다가 동성애 해방의 평판을 ‘위태롭게 하면서’ 이 해방 자체에 대해 분노를 터뜨리는 쪽으로 방향을 바꾸었다. 프레데릭 마르텔은 이렇게 쓰고 있다. "동성애자들이 욕망의 자유를 옹호했다면, 어린이를 성적으로 유혹하는 자들은 미성년자의 나이 제한에 장난을 치고 싶었고 모든 규범을 거부하고 싶었다. 막다른 골목이 가까웠다. 이윽고 이들은 여권주의 운동과 완전히 모순적인 입장을 취하면서 강간을 합법화하려고 한다. 그런데 여권주의 운동은 강간을 당연히 범죄화하려고 전념했다. 이때부터 어린이 상대에 대한 성적 유혹에 대해 합당한 두려움이 동성애에 대한 비합리적인 비판을 부추겼다. (…) 80년대 중반부터 어린이를 성적으로 유혹하는 자들과 동성애자들은 '공동으로 청원하는 것'을 실질적으로 그만두게 된다."[14]

잘 생각해 보면, 이른바 처음 동성애 운동이 보여 준 그 미숙함은 하나뿐이 아니었다. 그것은 또한 그 당시의 감성과 같은 모습을 하고 있었다. 이 감성은 어린이에 대한 성적 유혹을 포함해 파노라마적인 관용으로 기울어져 있었다. 유명한 한 작가(가브리엘 마츠네프)가 '15세 미만의' 아이들과의 육체적 사랑을 찬양하는 자신의 책 한 권을 소개하기 위해 텔레비전 문학 프로에 초대되었을 때 여론을 겁낸 사람은 거의 없었다. 또 나보코프의 유명한 소설 《롤리타》에서, 50대 남자의 열정에 굴복하는 육감적인 소녀 여주인공의 나이가 아직 12세도 안 되었다는 사실에 누구도 감히 전반적인 찬사에 도전하여 이의를 제기할 수가 없었을 것이다. 이보다 더 당황스러운 것은, 영향력이 큰 언론에서 어린이를 성적으로 유혹하는 것을 지지하는 점잖은 전투적 태도가 표현된 것에 대해 아무도 지속적으로 불쾌하게 느끼지 않았다는 것이다.

이를 증명하는 것이 (많은 것들 가운데) 철학자 르네 셰레가

1978년에 기고 발표한, 어린이에 대한 성적 유혹을 옹호하는 글이다. "사람들은 성인과 어린이가 나누는 사랑에 대해 의문을 던지고 있다. 왜냐하면 그들은 나이로 분리된 사람들 사이에 이루어진 낯선 커플에 성인들의 에로틱한 관점을 강제하려 하기 때문이다. 이와는 반대로 거짓·수수께끼·불가능 또는 범죄, 그 어떤 것이 되었든 어린이를 성적으로 사랑하는 것은 우리가 이것을 어린이의 **에로틱 세계**라는 영역에 도입하는 순간 완전한 빛이 된다." 동일한 텍스트에는 부르주아의 '억압'에 대한 피할 수 없는 비판이 개진되어 나타나는데, 이 비판 하나만으로도 한 시대를 표시하고 있다. 셰레는 이렇게 쓰고 있다. "어린이를 성적으로 유혹하는 모험이 드러내는 것은, 강요된 역할과 음모적인 권한이 어린이에 대해 참으로 견디기 어려울 정도로 존재와 감각을 몰수해 버린다는 것이다."[15] 이러한 페이소스가 오늘날 우리의 머리털을 곤두세운다면, 지난날에는 그렇지 않았다는 것을 기억하자.

　1970년에서 80년대 중반 사이 15년 동안, 여론이 어린이를 성적으로 유혹하는 성인들에 대해 관대했다고 말하는 것만으로는 충분치 않다. 오늘날 대(大)언론은 이 성인들이 용감한 '그물질'에 걸려 체포되는 것을 축하하면서 그들의 범죄를 고발하고 있다. 15년 전에는, 돌이킬 수 없는 '보수주의자'로 자리잡는 경우를 제외하고는 동일한 성인들에 대해 관대한 모습을 보여야 했다. 70년대에 풍속의 해방을 위해 싸웠던 한 성전문가는 이를 경험했다. 그는 어린이를 성적으로 유혹하는 것에 대해 개인적이지만 '수정된' 적의를 나타냄으로써 FHAR(혁명적 행동의 동성애 전선)의 일부 투쟁자들로부터 적극적인 증오의 대상이 되었다고 이야기했다.[16] 국경을 넘어 어린이를 성적으로 유혹하러 가는 관광에 반대해 당시에 이미 투쟁을 벌였던 단체들——특히 스위스의 단체들——에 관해 말하자면, 이 단체들은 대언론의 적극적인 지원을 거의 받지 못했다.

예증이 (제대로 안) 된 올바른 성

또 다른 예는 전적으로 문학적 유파의 경우로서, 여론의 표변이 나타낸 급진성을 더욱더 잘 헤아리게 해준다——그뿐 아니라 그것은 이와 같은 급진성의 시간적 변화를 개략적으로 그리게 해준다. 이는 토니 뒤베르의 예이다. 70년대의 뛰어난 작가였던 그는, 어린이에 대한 성적 유혹을 악착스러운 선전의 포인트로 삼았을 뿐 아니라 문학의 재료 자체로 삼았다. 우리는 판단에 필요한 적절한 거리를 가지고 그에 대한 문학비평의 변화를 재구성해 볼 수 있다. 이 변화는 세론의 점진적인 변화를 '모델적으로 제시한다.'

토니 뒤베르가 미뉘출판사에서 《환상의 풍경》이라는 소설을 출간함으로써 세인에 알려진 것은 1973년도이다. 이 소설은 사실 그의 다섯번째 소설이다. 이전의 네 소설은 거의 비밀리에 출간되었다. 한 성인과 여러 어린이들 사이의 성적 유희를 그려내고, 살인자와 희생자 사이의 관계("어린이들이 인디언 역할을 하므로 나는 살인자 역할을 한다"라고 작가는 예고한다)를 환상적으로 나타내는 이 투명한 텍스트는 상당히 광범위한 환영을 받고, 몇몇 망설임에도 불구하고 활기를 주는 전복적 사건으로서 '본질적으로 관능적인 책'으로 간주된다. 그것은 메디시스상까지 수상한다!

다음해 토니 뒤베르는 《예증된 올바른 성》이라는 방탕적인 팜플렛을 집필하여 '가정(家庭)주의적인 이데올로기'를 직접적으로 고발하고, 허구라는 우회적 방법을 쓰지 않고 "서구식으로 달콤하거나 또는 중국식으로 호전적인" 교육을 강하게 비난한다. 그러면서 그는—— '낡은 처벌적인 도덕'에 대항하여——어린이들에 대한 완전한 성적 자유를 요구한다. 사람들은 여기저기에서 '악덕과 미덕의 처벌적인 개념들'을 파괴하는 이 '관용적인 팜플렛'[17]을 환영한다. 이어서 새로 출간된 두 소설 《대서양의 섬》과 《어느 순진한 아이의 일기》에 할애된 인터뷰에서, 작가는 자신의 입장을 확실히 밝히고 (나에게) "어린이에 대한 성적 유혹은 하나의 문화이다"라고 단언한다. 특히 그는 전반적으로 여자들, 특별히 어머니들에 대해 증오를 품고 있다고 고백하는데, 이들이 어린이들에게 권위적이고 거세적인 모권을 행사하는 죄를 짓고 있다는 것이다. "평화 범죄를 위한 뉘른베르크 법정이 존재한다면, 10명 가운데 9명의 어머니를 이 법정에 세워야 할 것이다." 더구나 뒤베르가 단도직입적으로 덧붙인 것은 어린이를 성적으로 유혹하는 자의 입장에서 보면, 아이들을 돌보는 어머니들이 거북스러운 장애물을 구성한다는 것이다. 그는 어린이들이 언젠가 이 어머니들로부터 구출되기를 이상적으로 바란다고 말한다.[18]

1978년 토니 뒤베르는 이번에는 농촌을 배경으로 한 소설을 새로 출간하는데, 이 소설은 중년의 화가와 여덟 살난 어린 소년 사이의——완벽한——사랑을 이야기한다. 형태에 있어서는 덜 도발적이지만 동일한 선전을 지속하는 소설이다. 문학 담당 언론은 문학적 형태뿐 아니라 텍스트의 의미 자체에 관해서도 새로운 경의를 표했다. "우리가 (이 소설에서) 배우는 것은 사랑이 사회적이 되려고 함으로써 죽게 되며, 동물성에 잠김으로써 산다는 것이다."[19] "위대한 정열은 금지된 정열이다" "토니 뒤베르는 가장 순수한 것을 향해 가고 있다" 등의 글들이 쏟아졌다.

《대서양의 섬》이 출간되는 해인 1979년에, 이 '비밀스런 작가'가 지닌 폭발성이지만 영웅적인 인격은 여전히 비평계의 환영을 받는다. 이를 증명하는 것이 마들렌 샤프살의 다음과 같은 외침이다. "악착스럽고 고독한 작가인 토니 뒤베르가 열 권의 책으로 어린이에 대한 육체 및 마음과 관계된, 우리 문학의 가장 활기찬 바다로부터 떠오르게 하는 것은 하나의 환상적인 군도이다."[20] 아니크 제이의 이런 열광적인 판단 또한 그것을 증명하고 있다. "탈주를 찬양하고, 우리의 모든 내적 감옥을 고발하는 《대서양의 섬》은 모성애라는 터부를 깨고 있는데, 모성애는 이 모성애를 개척한 자들에겐 신성한 암소이다."[21] 1980년 뒤베르가 《남성성을 지닌 아이》에서 여전히 공격하는 것은 주위의 '거짓된 자유주의적 태도'이다. 그가 볼 때, 이 태도는 형법의 한계를 벗어나지 못하고 위선적으로 멈추고 있는 것이다. 그는 이렇게 쓰고 있다 "어린이든 성인이든, 누군가의 성(性)을 발견하는 데는 하나의 수단밖에 존재하지 않는다. 그것은 그와 성행위를 하는 것이다." 이 얼마나 명쾌한가!

그러나 1986년 이후에, 이 작가의 이미지는 갑자기 나쁘게 변질되는 것 같다. 1989년에 그는 금언·격언, 도발적인 잠언들로 이루어진 모음집을 《적의에 찬 입문서》라는 제목으로 출간한다. 이 모음집으로 인해 그는 이번에는 몇 차례 지독한 검열, 특히 제롬 가르생의 검열을 받는다. 제롬 가르생이 이 책에서 보게 되는 것은, "시대에 뒤처진 68년둥이가 뱅센에 있는 단과 대학의 터키식 화장실——이 화장실의 추한 벽들이 여전히 견뎌내고 있는 것은, 이제는 낡아빠진 반항을 드러내는 음탕한 낙서와 분노에 찬 상투어들이다——에 그린 악의에 찬 최후의 스케치이다."[22]

다른 비평들도 동일한 분노를 증언하고 있다. 시대가 바뀐 것이다. 그것도 단순히 문학의 분야에서만 바뀐 것이 아니다. 사실 위에서 상기한 것들 모두를 문학공화국의 돌발 사건, 일시적인 열광, 그리고 고전적인 싸움으로 해석하는 것은 옳지 않을 것이다. 뒤베르의 경우는 자료로서 인용한 것일 뿐, 이 작가를 회고적으로 부당하게 희생양으로 변모시키기 위한 것이 아니다. 그것이 예증하는 것은 비판의 변화하는 기질이 아니라 시대의 변화하는 기질이다. 사실은 소설의 논쟁과 '대담한 위반'을 넘어서, 1974년에 '일어난' 일이 1989년에는 다시 일어나지 않고 있다는 것이다.

어떤 일이 발생했는가?

금지의 회귀?

단순한 설명을 끌어들이고 싶은 유혹이 언제나 (지나치게) 일어난다. 사실 80년대 중반에 구경거리가 될 만한 여러 잡다한 사건들이 프랑스의 여론을 움직였고, 어린이를 성적으로 유혹하는 자들을 피고의 입장에 서게 만들었다. 1986년의 이른바 코랄 사건이 그러한 경우이다. 코랄은 양심의 거리낌없이 어린 장애자들과 '교육자들'을 의미심장하게 등장시켰다. 이 사건은 불공평한 힘의 관계(어린이를 성적으로 유혹하는 성인들/장애

어린이들)가 문제가 된 파렴치하고 상징적인 사건으로서, 항의의 물결과 오랜 논쟁을 불러일으킬 만큼 충분히 폭넓게 매스컴을 장식했다.[23] 이 항의와 논쟁은 뒤트루 사건 이후에 일어난 벨기에의 유명한 '도덕적 봉기'를 10년 앞당겨 미리 나타내 주고 있었다. 영향력이 큰 대중 매체들은 남쪽의 나라들, 특히 아시아 나라들에서의 어린이 매춘에 더욱 관심을 나타냈다. 그것도 단순한 호기심의 차원이 아닌 태도로 말이다.

예전에 대서양 너머에서 온 일부 소문들이 유럽에서 일으킨 큰 반향은 부분적 현상이었다. 섹스 살인을 상품화시킨 엿보는 취미 대상으로 만든 영화들이 포르노 시장(1970년대초에 자유화되었다)에 출현했는데, **살육 영화**들이 그러한 경우이다. 이 영화들은 실제든 아니든 살인을 동반하는 포르노 장면들을 내보냈다. 이 해에 프랑스에서 출간된 한 책의 후기가 증명하고 있는 것은, 우리가 혼미 또는 의문——이것은 조금씩 그 정체를 드러내게 된다——이라 일컬을 수 있는 것이 식자층의 여론에서 나타나고 있다는 것이다. 《여자들, 포르노, 그리고 에로티시즘》이라는 제목이 붙은 앙케트적 성격의 이 책의 의도는 일부 금기들을 상당히 즐겁게 탈극화시키고(dédramatiser), 포르노 문제에 대한 여자들의 침묵을 깨는 것이었다. 그러나 공동 집필자 가운데 한 사람인 마리 프랑수아즈 한은, 후기에서 이 **살육 영화**들의 발견으로 그녀가 빠진 혼란을 결국 고백했다. "(이 현실이) 우리에게 제기하는 하나의 근본적 질문은 **살육 영화**가 코스를 이탈한 돌발적인 부수 사건, 즉 섹스 영화의 변신으로 여겨져야 할 것인가이다. 아니면 그것은 오히려 모든 포르노 상품의 중심에 있는 최초의 오점을 지칭하는 것이 아닐까? 죽음으로 가는 길? (……) 왜냐하면 살인은 재력가들이 다른 재력가들의 비열한 쾌락을 위해 해결하는 것이기 때문이다."[24]

뿐만 아니라 같은 책에서, 작은 목소리이지만 동일한 종류의 불안이 표현되었다. 예를 들어 정신분석학자 뤼스 이리가라이의 불안은 상당히 경고적이다. "확실한 것은 우리가 우리를 '조종하는' 그토록 성적인 담론의 힘이 고갈되는 징후를 인식하고 있다는 것이다. 쇠락의 징후들은 증가하고 있다. 문제는 우리가 새로운 아침을 향해서 가는지, 아니면 일종의 집단적 자살을 향해서 가는지를 아는 것이다." 이 징후들은 가볍기는 하지만 이론의 여지가 없는 것이다. 마치 70년대의 '해방적인' 낙관주의의 시대가 우리가 알지 못하는 사이에 이미 멀어져 간 것처럼 말이다. 이와 같이 거리가 벌어지는 데 있어서 위에서 언급한 사건들이 어떤 역할을 했다는 것은 의심할 여지가 없다.

결국 잡다한 사건들이 수행하는 시동적 역할은 사회사에서 불변수이다. 예를 들어 17세기말과 18세기초의 반(反)동성애적인 처벌의 강화에 관해서 말할 때, 우리는 어린이를 성적으로 유혹하는 자들을 등장시키는 큰 범죄 사건들 몇 가지를 기꺼이 인용하게 된다.

자크 쇼송과 자크 포미에(이른바 '파브리') 사건이 그런 것이다. 이들은 17세 소년을 강간하려 했다고 고발되었는데(1661년), 훨씬 더 어린 사내아이들을 대주는 공급책들이었다고 자백하고 만다. 그들은 혀가 잘리고 산 채로 태워죽이는 형벌을 선고받는데, 1661년 12월 29일에 형이 집행되었다. 이론상으로 보면, 판결은 그들의 '고객들'(어떤 후작이나 남작)의 기소를 예정하고 있었으나 끝내 적용되지 않았다. 물론 이 '두 무게, 두 조처'의 불공평성은 국민들을 반발하게 만들었다. 그래서 복수적인 풍자문들이 활개쳤고, 그 가운데 하나가 《쇼송과 파브리의 하소연》이다.

60년이 지난 후(1724-26년 사이에)의 벤저민 데쇼푸르 사건은, 1996년의 뒤트루 사건이 어떤 것이 될 것인지를 보다 직접적으로 상기시킨다. 어린이를 성적으로 좋아하는 자, 암살자, 사내아이의 공급책이었던 데쇼푸르는 어린이들을 유혹해 부유한 고객들에게 공급해 주는 데 목적이 있는 확실한 조직의 두목이었다. 먼저 그는 소년들을 '시험하거나' 자신의 졸개들에게 시험해 보도록 지시했다. 그는 한 부유한 이탈리아인을 위해 어린 소년을 거세까지 시켰다. 데쇼푸르는 1726년 5월 24일 그레브 광장에서 화형당했다.[25] 사회적인 상징 체계—— '가난한 자들'의 아이들을 희생시키는 자들로서 '부유한 자들' ——를 프랑스 혁명 60년 전에 발생한 이 사건에서 볼 수 있는 것이다.

그러나 이런 종류의 잡다한 사건들이 이런저런 여론의 반전에 시동적 역할은 할 수 있다 할지라도, 그것들만으로는 이 반전에 대한 **설명**을 구성하지 못한다. 보다 본질적인 이데올로기적 목적들이 관련되어 있다. 이처럼 어린이에 대한 성적 유혹 및 근친상간 사건들에 여론이 극도로 민감하게 반응하는 현상이 어떤 식으로 어린이에 대한 위상 및 가족의 위상 자체, 그리고 서구 개인주의에 대한 현대의 대논쟁으로 귀결되는지 후에 보게 될 것이다.[26] 보다 즉각적인 차원에서 본다면, 새롭게 제기되는 문제는 몇 마디로 함축된다. 즉 금지된 것으로부터 해방되었다고 경솔하게 믿었던 사회에서 이 금지된 것이 힘 있게 회귀하고 있다는 것이다. 금지, 다시 말해 그것은 대다수 사람들에 의해 받아들여진 관념으로서 한계와 동의된 조절, 최소한의 규범에 대한 관념이다.

이것이 뒤트루 사건 당시에 보비니의 어린이 법정 재판장이었던 장 피에르 로젠츠바이크가 특히 내세운 주장이었다. 이 사건은 그에 따르면 '유럽 전체를 각성시키는'[27] 장점이 있다는 것이다. 더구나 '어린이에 대한 권리'라는 논란적인 문제에 관해 매우 급진적인 주장들을 옹호하는 이 사법관이 볼 때 우리 서구 사회는 자가당착의 함정에 빠져 있었다. 실제 이 사회는 30년 전부터——성에 관해서 뿐만 아니라 다른 것들에 관해서도——금지 사항들의 한계를 고정시키는 것을 포기했고, 그리하여 프로이트가 법이 수행하는, 인간화시키고 '구조화시키는 역할'이라고 불렀던 것을 보지 못하게 되었다. 유희의 자유주의적 허용성(permissivité)과 쾌락적인 유토피아가 엮어낸 맥락 속에는 '관용'으로부터 비롯되는 것과 '허용'의 성격을 띠는 것이 위험스럽게 혼재되어 있었던 것이다.

그러나 성에 관한 것을 포함해서 금지된 것을 설정한 최초의 창설적 원칙에 우리 사회를 다시 익숙하게 한다는 것은 어렵다. 이것이 바로 여론의 그 변덕스러운 경련, 그 당황, 그리고 지나치게 처벌적인 그 사회적 요구를 진정으로 설명하는 것이리라. 정신적 혼란이나 회고적인 '양심의 거리낌'에 대해선 말할 것도 없다. 우리는 우리의 쾌락과의 관계에서 평화로운 상태에 있지 않은 것이다. 아니면 우리의 욕망과의 관계에서 말이다.

관용의 남용

우리는 금지된 것이라는 매우 거북한 문제에 대해 몇 가지 모순을 강조해야 한다. 그만큼 그것들은 견딜 수 없는 것들이다. 첫번째 모순은 비상한 정신분열증에 기인하는 것인데, 우리는 이 분열증 속에 자신도 모르게 정착했던 것이다. 실제 우리 사회는 사회의 무거움에 더 이상 복종하지 않으면서, 역사에 대등한 전례가 없는 제재를 거부하는 자유주의적인 **담론과,** 많은 점에서 전통 사회——우리는 이 사회를 이른바 해방의 저 높은 곳으로부터 계속 측량하고 있다——의 관행보다 더 처벌적인 **관행**을 결합시키고 있다.

둘만 인용한다면, 미셸 푸코와 피터 브라운 같은 연구자들은 과거에 대한 이와 같은 관용의 남용에 대해, 그리고 "그 부드러우면서도 짓궂은 친근성——이 친근성으로 현대인은 먼 과거의 남녀들이 가졌던 성적 관심사에 접근할 권리가 있다고 느끼는 것이다——"[28]에 대해 야유를 했다. 그러나 우리는 이 '먼 과거'에서 잊어버린 **타협**의 기술에 대한 수많은 예를 발견할 수 있을 것이다. 불안한 사회가 항상 사람들이 상상하는 사회는 아니다.

17세기에 유모들이 사내아이들이 잠들도록 하기 위해 그들에게 수음을 해주었던 습관 속에서 누구도 누설할 것도——비난할 것도——찾아내지 못했다. 중세의 14세기부터 시작된 동성애자들에 대한 유명한 처벌에 대해 말하자면, 처벌이 실제로 이루어진 경우가 매우 드물기 때문에 역사가들은 1317년과 1789년 사이에, 다시 말해 4세기 반 동안에 실제로 사형 집행이 이루어진 경우는 38건밖에 검토할 수가 없었다. 거의 모든 경우들에 있어서 여전히 문제가 되었던 것은 12세 정도이거나 이보다 더 어린 소년·소녀들에게 저질러진 범죄적인 성적 유혹 행위였다.[29] (이 행위들은 오늘날 포스트모던한 아메리카에서도 동일하게 처벌을 받을 것이다.) 덧붙일 것은 먼 중세의 유명한,

교회의 회개 식서(式書)가 성적인 규범을 위반한 경우에 대해 예시해 놓은 형벌은 단식을 연장하는 것이거나 자발적인 고해 성사를 하는 것이었다는 점이다. 이것들은 오늘날의 형법적 처벌에 훨씬 못 미치는 징벌이다. 우리들 자신의 습관과는 반대로, 전통 사회는 풍속에 관해서 원칙상의 엄격성을 실제 적용상의 지속적인 완화에 결합시킬 줄 알았던 것이다.

그런데 우리의 경우는 더 이상 그렇지 않다. 우리는 심지어 이와 같은 상대적 지혜와 대립해서 살고 있다. 우리는 이론적인 말과 방종에 취해 있지만 현실에서는 관용이 없다. 물론 르네상스나 18세기의 남자 앞에서 현대의 일부 법률적 엄격성을 상기시킴으로써 그를 소스라치게 할 수 있을 것이다. 이 엄격성은 매우 구체적으로 효과가 뒤따른다. 예를 들어 1986년에 미국 대법원의 결정은 동성애와 오럴 섹스는 부부간에 이루어졌다 하더라도 이것들을 범죄와 동일시하는 그레고리 법안을 5대 4로 인정했다. 또한 같은 대법원의 또 다른 결정은 **하드위크 대 바우어즈**의 재판에서 국가로 하여금 두 성인이 합의한 동성애를 범죄로 선언할 수 있는 권한을 주었다.

이렇게 우리는 자신도 깨닫지 못하는 사이에 과시적인 자유주의적 관용과 좀스러운 처벌의 아주 쓰디쓴 동거 현상을 꾸며내고 있다. 딜레마는 더욱 해결할 수 없게 된다. 왜냐하면 우리의 일상 생활에서 유혹과 의심이, 선전에 열을 올리는 성의 보편화와 곰살궂은 감시가, 기막힌 '성에의 초대'와 문초의 광적인 위협(성적 괴롭힘 등)이 영속적으로 대립하고 있기 때문이다. 이와 같이 몹시 피곤하게 만드는 **이중의 구속**(정신분석학자들이 말하는 이중의 구속) 속에서 우리는 방황하고 있다. 아마 이것이 그처럼 넘치는 선언과 수다에 대한 하나의 설명일 것이고, 그처럼 고갈되지 않는 사랑의 담론에 대한 하나의 열쇠일 것이다. 이 이중의 구속은 이상한 실존적 불편을 드러낸다. 마치 서구의 오만한 사회가 성과 관련해 그 절제의 기술, 평온한 '조절' 능력, 침묵의 미덕을 잃어버린 것처럼 말이다. 이것들은 아직도, 예를 들어 아프리카 문화에서는 지배적이다. 결국 우리는 내면화된 규칙과 합의된 위반, 파괴적인 성향과 위험의 감수, 대담성의 수용과 신중한 자세, 이런 것들로 이루어진 인내심이 강한 에로틱한 문화가 버린 고아들이라 할 것이다. 이 문화가 지난날——우리가 상상하는 것보다 더 지적으로——욕망의 불안정한 균형을 지속시켰던 것이다.

　그러면 아프리카와 사랑에 관해 한 아프리카 전문가의 다음과 같은 아름다운 지적을 인용해 보자. "서양인들이 다른 사회 속에서 투명성의 결여로, 나아가 표리부동으로 간주하는 것은 정숙한 신중성에 불과한 것이다. 이 신중성이 인간 관계를 신비와 보호적 불투명성, 그리고 그 무언가 촉지할 수 없는 것이 스며든 후광으로 둘러싸고 있다. 월로프족들은 **다마 루스**(Dam-ma rouss, "나는 부끄럽다")라고 말한다. 우리는 전통적 문화가 남녀 사이에 확립하는 이와 같은 거리에 충격을 받는다. 그러나 우리는 정숙함과 절제가 없는 서양 커플이 사랑의 관계, 욕망, 그리고 모든 관계를 심층적으로 파괴하고 있다는 사실에 대해선 주의를 기울이지 않는다."[30]

　두번째 주목할 것은 퓨리터니즘의 불꽃이 회귀하는 현상 앞에서 우리 사회가 드러내는 역설적인 약점과 관련된다. 실제——아메리카와 유럽에는——잃어버린 균형에 대한 향수에 토대를 둔, 다시 말해 어떤 환상에 토대를 둔 교화적인 은연한 유혹의 분위기가 흐르고 있다. 너무도 분별없이 철수했기 때문에 금지된 것은 확실하게 돌아오고 있다. 그러나 그것은 체제 완전 보존주의와 유파들을 통해서는 아니라 할지라도 규율적인 명령의 형태로 돌아오고, '순수성'에 대한 어떤 알 수 없는 병리 현상을 간직한 무서운 정화주의의 모습으로 돌아오고 있다. 이와 같은 반작용은 어떤 허약성을 고백하는 것이다. 제재를 거부하는 자유주의적 허용을 30년 동안이나 날카롭게 외치고 난 후, 우리의 근대성은 거대한 교화적 역류 현상의 규모에 다시 무장 해제되어 있다. 이 역류는 근대성을 유혹하며, 동시에 공포에 떨게 하고 있다. 마치 상류에서 완성된 어떤 존재론적 단절이, 도덕이 아니라 도덕지상주의의 복수 앞에서 우리를 확실하게 무방비 상태로 방치하고 있는 것처럼 말이다. 우리는 쾌락의 정복을 찾아나선 인류의 선봉대에 있는 자신을 꿈꾸었다. 그런데 우리는 식량도 노자도 없이 광야에서 길을 잃은 상태에 있는 것이다.

어렴풋이 예감된 이러한 약점은 심각한 결과를 초래하고 있다. 그것은 위로할 수 없는 당황을 야기하고 있다. 공황이 위협을 줄 때 으레 그렇듯이, 그것은 각각의 입장들을 급진적으로 만들고 사유를 경직화시킨다. 우리는 오만하게도 과거의 신중함과 용의주도한 타협과 단절할 수 있다고 믿었기 때문에, 결국 이렇게 손이 비어 있고 정신은 흐릿하게 되었다. 욕망에 대한 생각을 그냥 단순히 멈추는 것이 용납된다고 믿었기 때문에, 우리는 더 이상 욕망에 대한 생각을 할 수가 없는 것이다. 그리하여 각자는 자신의 진영을 선택하도록 독촉받고 있는 것이다. 우리는 흑과 백, 도덕적 질서와 방종, '모든 게 허용된다'와 금지된 것 사이에서 방침을 정하도록 압력을 받고 있다. 사유 자체도 퇴행하도록, 다시 말해 투쟁적인 독단으로, 어리석은 단순화와 허장성세로 퇴행하도록 명령받고 있다. 우리는 이러한 현상을 희소식으로 해석해야 하는가? 물론 아니다. 우리는 플루타르코스의 《모랄리아》에 나오는 그 미묘한 대화들을 다시 읽으면서 당황하여 얼굴까지 붉혀야 할 것이다…….

사랑의 담론이 주는 그 완전한 고독과, 경제적·사회적 사유가 주는 비탄스러운 고독 사이에 신기하게 유사한 면이 설득력을 얻는다. 공산주의가 무너진 후, 다시 말해 압제로 변한 유토피아가 난파당한 후, 우리는 오류의 전도된 이미지인 극자유주의라는 대칭적 유토피아 이외에 다른 의지처가 없는 것 같다. 평등주의적인 진보주의의 폐허 위에 정글의 불공평과 강자의 이성이 이미 창궐하고 있다. 정확히, 규율적인 퓨리터니즘이 점차적으로 지난날의 너무도 순진한 쾌락주의를 대체하고 있는 것처럼 말이다. 둘 사이의 공간은 끔찍하게 좁혀졌다.

그러나 이 공간만이 살 수 있는 곳이 될 것이다. 본서의 모든 목적은 이와 같은 신념의 성격을 띠고 있다. 우리는 이 책 속에서 하나의 공간, 즉 인간성과 이성의 공간을 재정복하려고 노력코자 한다. 가능한 한 '이중의 구속'을 강제하는 족쇄를 풀고자 하는 것이다. 그리고 너무도 상투적인 협박, 즉 커플을 이루는 도덕지상주의와 비도덕주의의 대립이라는 협박을 모든 경우에 고발하고자 한다. 이것이 본서의 목표이다. 이제 방법에 대해 설명하는 일이 남아 있다.

단호하게 근대적인…

우리가 불러들여야 하는 것은 복고주의도 향수도 아니다. 우리가 열고자 하는 것은 쾌락과 쾌락의 자유에 대한 음울한 단념의 길이 아니다. 그것은 오히려 전혀 그 반대이다. 우리는 근대성이란 말을 액면 그대로 받아들이기를 제안한다. 우리가 제안하는 것은 진보에 대한 새로운 관념을 추적하자는 것이다. 이 관념은 그만큼 단호하지만 보다 사정에 정통한 관념이다. 그것은 현실에 보다 주의를 기울이면서도 보다 덜 건망증을 나타낸다. 철학자 브뤼노 라투르는 빛나는 한 텍스트에서 이와 같은 방법의 토대를 매우 시의적절하게 정의하고 있다.

그는 이렇게 쓰고 있다. "진보에 대한 옛날의 관념, 즉 우리가 최근에 버린 관념은 어떤 것에 주의를 기울이는 것을 더 이상 허용하지 않았다. 그것은 모든 신중함, 모든 조심성으로부터 해방을 시켜 주었다. 새로운 관념은 오히려 신중함, 선별적 선택과 가능성들의 세심한 선별을 강요하는 것으로 나타난다. (……) 진보의 옛 관념이 과거의 불필요한 복잡성으로부터 벗어나게 했다면, 새로운 관념은 언제나 우리를 고전적 인류학의 복잡성 속에 보다 심층적으로 다시 잠기게 한다. 유럽인들이 스스로를 '다른 사람들'과 근본적으로 다르다고 믿었던 3세기 동안의 이탈이 끝난 후, 다시 다른 이들처럼 된다고 해서 우리의 영혼을 잃는 것은 아니다. 우리는 우리의 인간성을 되찾는 것이다. 우리는 마침내 '문명'이란 말의 의미를 이해하게 되는 것이다. 그 의미는 더 이상 유럽식으로 근대화되기 위해 과거를 청소하는 것을 의미하는 것이 아니라 가능성들 가운데 선별하는 것이고, 특히 단순화하는 자들에게 삶을 살기 어렵게 만드는 것이다."[31]

마지막 표현을 잘 기억하자. '단순화하는 자들'에 대항해 분명하게 방향을 잡은 우리의 방법은, 그것이 보다 새로운 전망을 열기 때문에 그만큼 겸손을 함축하고 있다. 사랑과 쾌락의 영역은 그 어떤 인간 활동의 영역보다도 많은 강력한 사상을 창출해 냈다. '세계가 세워진 이래' 어떤 영역도 그토록 많은 논쟁·성찰, 관용적인 유토피아나 공모된 두려움을 정당화시키지 못했다. 어떤 영역도 문화와 인간성이란 개념 자체와 그토록 밀접한 관련을 유지하지 못하고 있다. 그리고 본래 어떤 영역도 '단순화하는 자들'을 벗어나도록 그보다 확실히 운명적으로 예정되어 있지 못했다. 단순화하는 자들이 30년 이래 부당하게 승리를 거두었다는 점은 부인할 수 없으며 그렇게 잘된 일은 아니다. 그들이 '모든 신중성, 모든 조심성으로부터 해방된' 거친 행동으로 문제의 영역을 포위했다는 점은, 오늘날 지나온 길을 다시 읽는 노력을 정당하게 만든다. '가능성들 가운데 선별하는 것'을——서두르지 않고, 평화롭게, 즐겁게——다시 배우는 계획보다 더 자극적인 계획이 있는가?

우리가 심도 있게 생각하려는 것은 단지 '성의 혁명'이 걸어온 변모만이 아니다. 그것은 이 혁명의 토대가 지닌 헤아릴 수 없는 허약성이고, 약속의 천진난만함이며, 가설의 초보적인 단순성이다. 요컨대 이러한 시도는 '싹 쓸어 버린다'는 관념에 토대를 두었던 것이다. 그것은 고백된 야심, 즉 정치적 혁명이 내세우는 **새로운 인간**처럼 새로운 '쾌락의 인간'을 장려하기 위해 과거를 청소한다는 야심에서 비롯되었다. 이 인간은 규칙과 신중함으로부터 해방되고, 즐거움이란 유일한 **무한**에 운명 지어진 인간이다. 그런데 어떻게 되었는가? 이 빛나는 다른 미래를 향한 우리의 전진에서, 우리는 정확히 지금 어떤 상황에 있는가?

우리가 알다시피, 유토피아의 실패는 금세기말의 대사건이다.

그러나 적어도 공산주의 혁명이 비참과 부정으로 무너진 현상이 몇 년 전부터 최소한의 성찰을 고무시켜 왔다. 그것이 창출한 것은 반성적 후회, 측은한 **죄의식**, 회고적인 명철성, 그리고 온갖 종류의 수정으로 이루어진 엄청난 **자료체**이다. 그리하여 이 유토피아의 초상(初喪)은 정치적인 모든 사유에 있어서 의무적인 이론적 우회로가 되었다.

이 유토피아와 동시대적이었던 '성의 혁명'에 있어서는 그와 같은 일은 전혀 일어나지 않았다. 성의 혁명이 보다 잘 성공했던 것일까? 그것은 몇몇 근본적인 모순들에 부딪쳤을까? 누구도 이러한 질문들에 위험을 무릅쓰고 대답하려 하지 않는다. 이에 관해서는 집요한 침묵이 지배하고 있다. 사람들은 기계적으로 계속해서 논거를 내세우지 않고 찬양하며, 최소한의 조사에도 동의하지 않고 선언하며, 겸손도 없고 증거도 없이 되풀이한다. 사람들은 전에 '비앙쿠르[르노 자동차 공장이 최초로 세워진 프랑스 도시. 1969년 공장이 폐쇄되어 많은 노동자들이 해직되었다]를 절망하게 만드는 것'을 거부했다. **정도의 차이는 있어도** 사람들은 승리의 환상, 원칙으로부터의 '해방'이 지닌 애매한 매력, 옛날의 별이 비추는 시들어 가는 빛을 유지하는 것을 선호한다. 그들은 위의 질문이 제기되지 않을 것이라고 장담한다.

그렇다면 이 질문을 제기해 보자!

2

3만 년이 지난 후

“아무 구속 없이 즐긴다.” “금지하는 것이 금지되어 있다.” “내가 성행위를 하면 할수록, 나는 더욱 혁명을 하고 싶어진다…….” 적절한 거리를 두고 보면, 완전한 유토피아가 미소지을 준비를 하고 있다. 20년 내지 30년의 시차를 두고 과거에 대해 느끼는 열광 속에는 수수께끼 같은 착란, 이상한 근시안적 관점, 유치한 제안들이 자리잡고 있다고 생각된다. 이 열광을 야유하고 싶은 유혹이 강하게 느껴진다. 우리는 이 유혹에 저항하기가 어렵다. 각각의 세대는 앞선 세대에 대해 동일한 잔인성을 드러내고자 한다. 이 잔인성은 보다 증폭된 명철성을 자랑하고, 지난날의 ‘천진한’ 사회 참여에 대해 동정을 가지고 놀라는 척하는 데 있다. 그러나 이것은 지나친 방식이다. 우리는 언제나 회고적 싸움에서는 공적도 없이 승리를 거둔다. 우리는 시간이 환상을 무너뜨릴 때, 영광 없이 이 환상으로부터 해방된다. 이러한 잔인성은 쉬운 것이다. 그것은 **경험적으로만** 개입하며, 중대한 결과를 초래하는 경우는 드물다. 그것은 승리적인 자세를 취하지만 사유의 비천함을 드러낸다…….

사실 우리가 시간이 다한 유토피아를 조소할 때는 조심성을 나타내지 않을 수 없을 것이며, 유행이 지난 대중적 해석들을 조소할 때도 어느 정도 신중하지 않을 수 없을 것이다. 적어도 두 가지 이유에서 그러하다. 우선 그것들이 당시에는 어떤 희망을 구현했기 때문인데, 이 희망이 항상 모욕받을 만한 것은 아니다. (기존 질서를 만족시키는 자만이 꿈을 모욕하는 즐거움을 누릴 수 있다.) 다음으로 그 어느것도 자기 만족보다 더 위험한 것은 없기 때문이다. 우리가 우리 스스로를 사악하다고 믿는 것은 언제나 잘못이다. 시대 전체가 합리적이라고 간주되는 고유한 유토피아── ‘보이지 않는 이데올로기’──에 자기도 모르는 사이에 집착한다. 시대 전체가 그것을 믿는다. 각각의 세대는 전세대보다 그것에 대해 ‘더 많이’ 알고 있다고 확신하고 싶어하며, 보다 강한 목소리로 이야기한다. 그런데 사실 각각의 세대는, 칼 포퍼가 부여하는 의미에서 ‘위조할 수 있는’ 믿음과 가정(假定)의 시스템에 따르는 것뿐이다. 그러므로 유토피아에 대한 **경험적** 비판은 대개가──그러나 무의식적으로──새로운 유토피아에 토대를 둔다. 이 새로운 유토피아는 조만간에, 아니면 좀더 후에 그것의 실체가 무엇이었는가를 드러낼 위험성이 있다. 발판에서 떨어진 가짜 과학적 명철성으로서, 그것은 차례로 새로운 해석에 의해 경멸적인 것으로 간주될 것이고, 이른바 ‘명료하고’ 동일한 잔인성의 대상이 될 것이다. 공허와 맹목의 음울한 교대처럼, 이와 같은 일이 계속된다. 사상사에 나타난 모든 것은 우리로 하여금 겸손하도록 유도하지 않을 수 없는 것이다.

‘구질서’ 에 대한 부정

어쨌든 관용적일 필요도 아첨할 필요도 없이 60년대말에 일어난 ‘성의 혁명’을 유토피아와 관련하여 정리해야 한다. 이 혁명은 희망과 오만이 뒤섞이고, 대담과 광기가 결합되며, 유희적인 혈기와 격언적인 이데올로기가 융합된 것이었다. 1964년[1]부터 1973년까지 절대 자유를 외치는 엄청난 전율이 모든 산업 사회를 관통했다. 일본에서 캘리포니아까지, 늙은 유럽으로부터 젊은 아메리카까지, 권위·금지된 것·구속·육체적 비관론, 이런 것들에 반대하는 동일한 봉기가 '구제도'를 갑자기 견딜 수 없게 된 젊은이들을 동원했다. 몇 년 사이에 집단적 표상과 이것들에 대한 법률적 해석의 모든 체계가 뿌리째 흔들리는 상황에 처했다. 30년이 지난 후 이 체계는 확실히 무너졌다. 그런데 그게 어쨌단 말인가? 실제로 성은 '해방되었다.' 그렇다면?

이 기막힌 역사적 단절에 대해 30년 전부터 사람들은 너무 많이 글을 썼고, 너무 많이 책들을 출간했으며, 너무 많이 논쟁을 벌였기 때문에 실망적인 안개가 이 사건을 감싸고 있는 것이다. 올바른 평가에 필요한 거리를 두고 보면, 이 사건은 집단적이고 모호하며 자세히 분석할 수 없는 역사적 사항처럼 나타난다. 그것은 너무도 짓누르기 때문에 보다 자세히 바라볼 생각을 할 수 없는 현실처럼 나타난다. 사태는 일어났고, 역사의 한 점이며 그것이 전부이다. 지진은 일어났다. 그리고 당시에 상상되고 기도되었던 것 속에서 무언가 선별을 수행하려고 하는 자는 우스꽝스러운 것이다. 30년 전부터 서양 문화 자체의 상당 부분을 다원적으로 결정짓는 것이 무엇인지 '가려내려고' 생각하는가? '성의 혁명'이라는 이 유산을 간직하든지 버리든지 해야 한다고 생각할지 모른다. 이 혁명에 대한 무조건적인 찬양을 하든지, 아니면 '청교도적인 반작용'에 투덜거리며 동참하든지 하는 식으로 말이다. 우리는 다른 선택이 없고, 명분은 합의된 것으로 생각할지 모른다.

그런데 물론 이 명분은 합의된 것이 아니다.

서양에서 일어난 성의 혁명은 속박과 배척 제도를 쳐부수었다. 이것들을 복원한다는 것은 미친 짓일 것이며, 그 반대로 약해지지 말고 계속해서 싸워야 한다. (동성애 공포증·남성우월주의·금지·죄의식 등과 말이다.) 그렇지만 성의 혁명은 또한 수많은 망상들을 실어 왔으며, 수많은 어리석은 말들을 쏟아냈고, 유산(遺産)과 무분별하게 합체된 거짓말들을 유포시켰다. 우리가 인내를 가지고 들추어 내야 하는 것은 바로 이런 것들이다. 그런데 어떻게? 아마 방법은 그 놀라운 실타래를 푸는 단 하나의 '실'을 움켜쥐고, 이 실타래를 처음부터 끝까지 따라가는 것일 터이다. 이 실은 처음부터 걸어온 여정에 표지를 설치하게 해줄 것이다. 이 방법은 다른 방법과 같은 가치가 있다. 그런데 이 실로 말하자면, 우선 빌헬름 라이히라는 하나의 고유명사이다. 1957년에 사망한 오스트리아의 정신분석학자인 그는 실제로 60년대말부터 서양에서 발생한, 제재를 거부하는 그 자유주의적인 큰 동요의 중심에 침투했다. 왜냐하면 그는 결국 그만큼 이 동요 전체를 잘 요약했기 때문이다——아니면 상징했기 때문이다.

조그만 이야기로서 우리가 상기해야 할 것은 1968년초에 낭테르대학에서 '빌헬름 라이히와 성본능'에 관한 강연이 있었는데, 이것이 바로 대학의 내부 규칙에 대항한 투쟁으로 귀결되었다는 것이다. 이 투쟁은 3월 22일에 촉발된 운동의 기원이 되었다. 당시의 한 텍스트는 이렇게 단언하고 있다. "이 강연은 많은 탄원을 야기시켰고, 특히 기숙사 학생회가 팜플렛을 만들어 배포하도록 만들었다. 이 팜플렛이 고발하는 것은 대학 기숙사 당국이 여학생들과 남학생들을 분리시킴으로써 조직적으로 성적 억압을 하고 있다는 것과, 아울러 이와 같은 억압을 보여 주는 일련의 주제들이다."[2]

우리가 이와 같은 측면을 통해 보여 주고자 하는 것은, 당시에 각자가 《성의 혁명》으로부터 《오르가슴의 기능》에 이르기까지 라이히의 모든 작품을 읽고 또 읽었다는 것이 아니다. 우리가 주장하는 것은 서양의 대중들이 《젊은이들의 성적 투쟁》이나 《여보게, 들어 보게》를 익히고 암송했다거나, 《성격 분석》이나 《우주적 겹침》의 가르침이 세대들 전체를 통해 경건하게 전달되었다는 것이 아니다. 이와는 반대로 라이히의 작품을 읽은 이들이 아주 적었을 가능성이 있고, 그것도 피상적으로 읽혔을 가능성이 있다. 그런데 체 게바라의 사진을 자기들의 방 벽에 붙여 놓았던 68년도 학생들은 볼리비아 게릴라전의 돌발적 사태들과 **게릴라 거점** 전략에 대해서 잘 알고 있었는가? 이것은 그 어떤 것보다 불확실하다. 체 게바라는 역사의 그 명확한 순간에 반항 세대의 상징적 준거·상징, 그리고 문화적 약호체로서 단순히 개입한 것이었다.

빌헬름 라이히 또한 본질적으로 신화적인 역할을 했다. 이것이 바로 정당한 평가를 위해 거리를 두고 바라볼 때 분명해지는 것이다. 1965년부터 1975년까지 10년 동안 그는 우선 하나의 '상징'으로서 반항의 타오르는 모호한 지평이었고, 하나의 담론에 대한 알리바이였다. 그의 유일한 이름과 책들의 제목은 지식의 깊이에서 생각해 볼 필요조차 없는 놀라운 사상의 존재를 증언했다. 이보다는 못한 정도이지만, 허버트 마르쿠제—— 그는 읽기에 답답하고 어려운 철학자이다——는 정치적 영역에서 동일한 기능을 일시적으로 수행했다.[3] 그러나 그의 작품은 연구가 제대로 되지 않았었고, 사실 그렇게 본질적이지도 않았다. 그는 읽히지도 않고 부각되는 주요 사상가들에 속한다. 이 사상가들의 책들은 열리기도 전에 복음서의 지위에 도달한다. 그렇게 되는 것이다.

라이히의 경우가 꼭 그러하다. 그가 이 성의 대사건에서 수행한——그리고 계속해서 수행하고 있는——역할은 상상적인 배태 작용과 개념적인 돌출로부터 비롯된다. 우리가 언급해야 할 것은 60년대에 이 '인물'의 출현이 당시에 확산되어 있던 몇몇 요구들과 매우 비상하게 일치하여 이 요구들을 정확히 만족시키게 된다는 점이다. 우리는 역사적 우연이 어떻게 이 단 하나의 고유명사에 그토록 많은 메시지와 장래성을 결집시킬 수 있게 되었는지를 사후에 헤아려 보고 착잡한 심정까지 드는 것이다. 그리고 우리는 재단한 듯한 전기(傳記)에 대해서도 동일한 말을 할 수 있다.

한 숭배의 탄생

1897년 오스트리아의 갈리치아에서 태어난 라이히는, 우선 프로이트와 빈에서 20년대에 만났다가 단교했다. 다음으로 베를린에 정착하여 공산당에 가입한 그는, **프롤레타리아 성**(性) **정치협회**(섹스폴)를 창립하면서 10월 혁명의 이데올로기적인 열기에 참여했다가 1933년 공산주의 운동으로부터 축출된다. 유대인인 그는 나치당의 주장들과 싸우기 전에 신기하게도 이 주장들에 동조했다. 제2차 세계대전 직전에 미국으로 망명한 그는 조금씩 과학적 착란에 빠져들었는데——우리는 이 문제를 다시 다룰 것이다——1956년 그의 작품들, 그의 '생산물들' 그리고 그의 실험실들을 파괴한 **FBI**에 의해 박해를 받았다. 펜실베이니아에 있는 루이스버그의 감화원에 갇힌 라이히는, 학대의 상징체에 정치적 박해라는 논란의 여지가 있는 가정을 덧붙이면서 1957년 11월 3일 그곳에서 사망했다.[4]

처음부터 끝까지 그의 여정은 전범적이었다.

과연 이와 같은 생애의 각 단계가 60년대 학생들의 반항에 고유한 감성과 얼마나 즉각적으로 공명을 일으킬 수 있었는지를 이해해야 한다. 잘 생각해 보아야 할 것이다! 프로이트와의 첫관계 그리고 결별은 정신분석학의 이해 관계를 증언하고 있지만, 특히 정신분석학의 **초월**로 해석될 수 있는 그 무엇을 나타낸다. 대략적으로 볼 때, 이것이 프로이트 학설과 그와의 관계에서 당시의 모든 애매성이었다. 같은 식으로 라이히의 여정이 가르쳐 주는 것은 그가 볼셰비즘을 '거쳐 갔고,' 다음으로 스탈린주의의 '매혹적인' 방향 전환에 항거했다는 것이다.

그런데 1968년 5월의 유럽 젊은이들이 나타낸 것이 볼셰비키파의 과격한 수사학, 이것의 상징들과 기억들, 그리고 영웅적 몸짓(1905년 크론슈타트 해군 기지에서 일어난 장갑선 봉기 사건 등)을 고풍스럽게 재수용하려는 의지였다 할지라도, 그들은 근본에 있어서 마르크시즘과 확실하게 단절하고 있었다. 그 어느것도 라이히의 경우만큼 이와 같은 모순과 신비하게 일치할 수 없었을 것이다. 실제 라이히 덕분에 서양의 '성의 혁명'은 프롤레타리아 대혁명, 즉 전향 작업과 탈선 이전의 그 젊고 우렁차게 포효하는 혁명에 신화적으로 그리고 지속적으로 연결되었던 것이다. 그것은 성본능·욕망·쾌락의 전복에서 혁명에 대한 관념 자체의 힘을 길어올렸다. 서구의 마오쩌둥주의가 다른 식으로 그렇게 했듯이 말이다. FBI가 이 오스트리아인 이민에게 양키 감옥에서 죽을 때까지 가한 것으로 추정되는 학대에 대해서 말하자면, 그것은 물론 60년대의 반아메리카니즘에 불을 지폈다. 그래서 그것은 '미국의 제국주의'에 대항해 분기한 유럽——또는 캘리포니아——젊은이들의 분노와 잘 맞아 떨어졌다. 이 제국주의는 B52 폭격기에 의해 박살난 베트남과 불가분의 관계가 있었다.

덧붙일 것은, 라이히가 선호하는 주제들 가운데 하나가 처음부터 어린이와 성인의 성을 해방시킨다는 것에 다름 아니었다는 점이다. 그에 따르면 어린이와 성인은 "권위주의적인 이데올로기와 보수적인 정신 구조를 만들어 내는 공장"으로 묘사된 가정(家庭)의 희생자들이라는 것이다. 마지막으로 우리가 상기할 것은 70년대의 사회 운동이 그렇듯이, 라이히가 일상적인 삶과 특히 성본능을 재정치화하려 했다는 점이다. 그 어떤 것도 이 관용적이면서 급진적인 '성의 젊음주의〔jeunisme sexuel, 성의 젊음을 만끽하자는 주장〕'보다 학생들의 반항에 더 걸맞을 수 없었다. 더구나 이 시기에 출간된 최초의 국제 무정부주의적인 책자들 가운데 하나(《대학생층에 나타난 섹스의 비참함에 대하여》)는 직접적으로 라이히로부터 영감을 받은 것이었다.

프로이트의 반항적 아들, 이단적 마르크스주의자, 반나치 유대인, 미국의 '탄압'을 받은 것으로 추정된 희생자 빌헬름 라이히가 걸어간 여정의 각각의 세부 사항은 막스 베버가 '특별한 페이소스'라 불렀던 것에 거의 기적적으로 합체되었다. 여기서 이 페이소스는 60년대의 혼란스럽고 낭만적인 페이소스이다.[5] 그가 말년에 드러낸 우주적 착란과 마땅히 발광 상태라고 불러야 할 것조차도 때마침 부활한 이 사상가의 매력에 랭보적인 또는 후기 초현실주의적인 차원을 추가해 주었다. 그의 이론들에 대해서는 보다 자세히 고찰해야 할 것이다……

이와 같은 거의 종교적인 지지는 1968년과 1978년 사이에 라이히에게 할애된 수많은 기사·기록·주석·설명 속에서 행마다 문단마다 확인된다. 재출간이나 재번역의 양식,[6] 이것들 각자가 라이히의 엄격한 정통성의 이름으로 환영받고 풀이된 방식, 서문이나 언론의 평론에서 표현된 궤변적인 숭배, 이 모든 것들은 성사적(聖事的)인 동일한 태도의 성격을 띠는 것 같다. 사람들이 재발견한 것은 단지 하나의 작가만이 아니라 하나의 예언자였다. 라이히의 작품은 유럽에서 재발견되자마자(극좌파의 독일 대학생들에 의해 재발견됨[7]), 곧바로 단지 인정된 몇몇 해석학자들만이 열쇠를 쥐고 있는 거대한 신비철학으로 지정되었다. 유언의 합법성 및 유산과 관련된 싸움까지 포함해, 해적 출판물의 존재와 몇몇 출판사들의 고소는 이러한 시도에 **사후**(死後) 소송을 나타내는 모양새를 곁들여 주었다.

이러한 모양새는 신화의 관리에 어울리는 것이다.

라이히의 주장들——이 주장들에는 그야말로 엉뚱한 것들도 포함된다——은 프랑스에서 10여 년 동안이나 태연자약하고 **진지하게** 설명되고 인정되었는데, 긴 시간을 두고 충격을 주는 것은 이 태연자약한 진지함이었다. 그것은 해설의 침착함이었고, 찬양을 과장되게 맹목적으로 추종하는 것이었다. 이것이 바로 서구의 지성을 의심해야 되는 이유인 것이다. 사실 사람들은 하나의 사상을 진정으로 '발견했던 것'이 아니라, 이 사상을 무조건적으로 통찰도 없이 순간적으로 찬양했던 것이다. 왜냐하면 그것이 **때마침 왔기** 때문이다. 일단의 사제-매개자들(이들은 열 손가락으로 꼽을 정도다[8])에 의해 라이히 숭배가 고안된 데서부터 곧바로 상당히 초보적인 대중적 해석이 나왔고, 이 해석만이 전적으로 대중화되고, 매체를 타고, 유포되고, 각인되었다. 그리하여 우리 사회는 프로이트 학설을 지지하거나 구조주의 학설을 지지했던 것처럼, 부지불식간에 다소 '라이히를 지지하게' 되었다. 30년이 지난 후에도 이 사회는 여전히 라이히를 지지하고 있다.

이 대중적 해석은 오늘날까지 살아 있다. 비록 우리가 그것의 정체를 더 이상 확인할 수 없을지라도 말이다. 대략적으로 빌헬름 라이히가 제안한 네 개, 또는 다섯 개의 가설——기본적인 믿음이라 말해 두자——은 계속해서 이 시대에 자리잡고 있다. 그것들은 가장 순진한 자들과 가장 망상적인 자들에게까지 강박관념처럼 계속해서 따라다니고 있다. 그것들은 잊혀진 한 예언자의 서간문들——세상의 종말로부터 살아남은 자들이 기계적으로 읊조리는 그런 서간문들——과 다소 같다고 할 것이다. 그리하여 역사가 삼켜 버린 프롤레타리아 대혁명——이 혁명은 역사적 이성의 정점을 통과해, 도처에서 전체주의의 피비린내나는 이단으로 지목되었다——으로부터 아직도 여전히 이 유일한 문제, 즉 '성의' 문제가 지속되고 있다. 이 문제는 원래 상태로 간직되어 있고, 물론 비판으로부터도 벗어나 있다.

루소적인 환상

그렇다. 이 문제는 비판과 판단으로부터 벗어나 있다. 우리는 상당히 쉽게 분간해 낼 수 있는 몇몇 큰 '방침들'이 라이히의 사상을 지배하고 있다는 점을 주장하면서 라이히를 폭로하려는 것이 아니다. 그것들은 역사가 하나의 운명을 만들어 주었지만 여전히 살아남은 가설들이다. 가장 완전한 루소주의, 절대적인 반자본주의, 정신분석학의 거부, 종교적인 것에 대한 증오, 근본적인 과학만능주의, 그리고 극단적 활력론이 그것들이다. 이것들을 좀더 자세히 살펴보도록 하자.

라이히의 루소주의가 오늘날 우리에게 무섭도록 순진하게 보인다고 말하는 것만으로는 충분치 않다. 라이히가 확신하고 있었던 것——그는 이것을 끊임없이 글로 썼다——은 인간의 성이 자연 상태에서는 조화롭고 평화적이라는 점이다. 단지 사회적인 소외와 권위주의적인 사회의 억압이 이 성을 병리적인 것으로 탈선하게 만든다는 것이다. 그는 이렇게 단언하고 있다. "배고파 죽을 지경이 되지 않은 사람은 도둑질하고 싶은 충동을 느끼지 못하며, 따라서 그로 하여금 도둑질하는 것을 막는 도덕성을 필요로 하지 않는다. 동일한 근본적 법칙이 성에도 유효하다. 성적으로 만족한 사람은 강간하고 싶은 충동을 느끼지 않으며, 이러한 충동을 구속하는 도덕성을 필요로 하지 않는 것이다. 이것이 바로 강압적인 도덕적 조절과 반대되는, **성의 경제**에 따른 자동 조절이다."

자연 상태에서는 변태도, 폭력의 충동도, 소유 본능도, 어린이를 성적으로 유혹하는 일도, 질투도, 엿보기 취미도, 성교 불능도 라이히에게는 존재하지 않는다. 마찬가지로 도둑질도, 살인이나 배신도 존재하지 않는다. 인간성은 자연 상태에서는 선하다. 성도 자연 상태에서는 '건강하다.' 이와 같은 비상한 낙관론은 분명한 확신과 일종의 완고한 순진함을 드러내며 그의 작품 전체를 통해 표현된다. 이 확신과 순진함은 정신분석학자의 필치 아래서 전혀 예기치 않은 것이다.

라이히는 또한 이렇게 쓰고 있다. "건전한 개인은 자기 자신 안에 도덕성을 더 이상 거의 지니고 있지 않다. 왜냐하면 그는 도덕적 금지를 부르는 충동이 없기 때문이다. 반사회적인 충동

에서 존속하고 있는 것은 기본적인 생식적 욕구가 만족되는 순
간 쉽게 통제할 수 있다. 이 모든 것은 오르가슴적 힘에 도달
한 개인의 태도에서 분명하게 나타난다. (……) 이 힘은 어떤
금지도 없이 생물학적 에너지의 흐름에 자신을 맡길 수 있는
능력이고, 육체에 쾌적한 무의식적 수축을 통해서 억제된 모든
성적 흥분을 완전히 발산할 수 있는 능력이다. (……) 창녀와
의 관계는 불가능하게 된다. 사디슴적인 환상은 사라진다. 사랑
을 하나의 권리로서 기다린다거나, 나아가 파트너를 강간한다
는 것은 생각할 수 없으며, 어린이들을 유혹한다는 관념도 사
라진다. 항문과 관련된 변태, 음부노출증이나 기타의 변태들도
사라진다. 그리고 이와 함께 이것들을 동반하는 사회적 불안이
나 죄의 감정들도 사라진다. 부모·형제 그리고 자매에 대한
근친상간적인 병적 애착도 흥미를 잃고, 이러한 측면은 이 애
착에 연결된 에너지를 해방시킨다. 간단히 말해 이러한 현상들
은 유기체의 타고난 자동 조절 능력을 나타낸다."[9]

  분명히 말해서 라이히는 기본적이고 '자연적인 생식적' 욕
구의 지배적 지위에 대한 확신을 가지고 있다. 이 욕구를 억압
하고, 도덕적으로 혹은 종교적으로 조절한다는 것은——이것
만으로도——개인을 신경증, 온갖 종류의 악덕, 사회적 원한, 심
지어 파시즘으로 몰고 간다는 것이다. 요컨대 도덕의 개념 자
체를 불필요하게 만들기 위해서는 이 욕구의 자유로운 만족을
확실히 보장해 주는 것으로 충분하다는 것이다. "성욕을 충만
히 만족시킬 수 있는 건전한 개인은 자동 조절을 할 수 있다."
달리 말하면, 민중의 성적 행복은 사회 전체의 안전을 최고로
보장해 준다. 그리고 아마 그것만이 유일한 보장책일 것이다.
사회 생활을 평화롭게 해주는 것은 '건전한' 성적 쾌락을 순

화시키거나 가정적(家庭的)으로 조절하는 것이 아니라 그것을 자유롭게 만족시키는 것이다.[10] 이와 같은 생명의 생식적 기능들이 지금까지 우리 부르주아 사회에서 변질되어 있었던 것은, 구박받은 성적 에너지를 사회를 위해 왜곡시키는 사회 체제와 제도들 때문이다.

라이히에 따르면, 대다수의 정신병들 자체가 어린 시절부터 생식적 활동을 억압한 데 그 기원이 있다. 이러한 억압과 죄의식화는 그가 '감정적인 페스트'라 일컫는 것을 낳는다. 이 페스트는 대부분의 인간들을 전염시키고, 이들을 "권위주의와 파당적 정치, 도덕주의, 신비주의, 밀고와 중상, 권위주의적인 관료주의, 호전적이고 제국주의적인 이데올로기, 인종적인 증오로 몰고 갈 수 있다."[11]

인류 역사가 아직 진정한 문화도 문명도 경험하지 못했다고 확신한 그는, 임박한 성의 혁명 덕분에 이러한 문화와 문명이 "사회의 무대에 나타나려 하고 있다"고 단언한다. 요는 성을 억압하는 가정·도덕, 그리고 온갖 형태들과 싸우면서 그것들의 도래를 앞당기자는 것이다. 그런데 라이히에게 "어떤 의심도 더 이상 불가능한 것이 있다. 그것은 성의 혁명이 전진하고 있으며, 세상의 어떤 힘도 이 혁명의 진행을 멈추지 못할 것이라는 점이다."[12]

검토해 보고 적당한 거리를 두고 보면, 이러한 주장은 우스꽝스럽다고 할 정도로 순진하고 간단하다. 공감이 가면서도 상당히 어리석은 것이다……. 그야말로 기막힌 것은 루소적인 환상이 20세기에 그토록 순진하게 표현될 수 있었다는 것이 아니다. 그보다는 그토록 많은 추종자들·해설자들·비평가들, 또는 문자 그대로 투쟁적 열성분자들이 있었다는 점이다. 그리고 그것도 수십 년 동안 말이다. 당시에 철학자 프랑수아 조르주에 동조하여, 호감을 주지만 매우 초보적인 이 자연주의를 점잖게 빈정거린 사람은 아주 적었다. 이 자연주의는 "리비도, 즉 사랑의 능력이 역사·주관성·인간 세계가 존재케 하는 사회적 구조에 따라 조직화된다는 점을 이해할" 수 없었다. 프랑수아 조르주는 라이히의 사상이 자연의 이름으로 얼마나 성을 '생리학적·생물학적 측면으로 축소시켰는지'를 강조했다. 이러한 축소의 목적은 "인간 드라마에 성의 참여와, 이 성이 체험된 현실의 총체적 의미와 맺는 관계를 무시할 수 있도록 하기 위한"[13] 것이었다.

이러한 지적은 25년이 지난 지금에서야 환영받아야 하는 고립된 목소리였고, 최소한의 명철함이었다.

성은 혁명적인가?

라이히의 반자본주의——적어도 그가 미국에 정착하기 전까지——는 그의 루소주의 못지않게 근본적이다. 그의 주장은 단순하다. 부르주아 사회가 그토록 한결같이 어린이들의 성적 에너지, 그리고 성인들의 성적 에너지를 억압하는 데 집착하는 것은 이 에너지가 생산을 위해 확보되도록 조처하기 위한 것이다. 중요한 것은 노동자를 그의 직위에 유지시키고 프롤레타리아들을 '성의 비참함' 속에 유지시키는 것인데, 이는 특히 그들로부터 잉여 가치의 형태로 가장 훌륭한 부분을 몰수하기 위한 것이다. 그리고 '성의 혁명'이 그저 혁명의 성격을 띠고 있는 것은 그것이 이러한 예속 상태를 무너뜨리고, 인간들을 '감정적 페스트'로부터 해방시키고자 하기 때문이다.

라이히는 1935년 11월에 이렇게 쓰고 있다. "자본주의의 도 덕성, 즉 계급적 도덕성은 성과 **대립하며**, 따라서 그지없이 갈 등을 만들어 낸다. 혁명 운동은 우선 성에 호의적인 이데올로기 를 구축하고, 새로운 법률과 새로운 성생활 양식의 실질적 형 태를 성에 제공함으로써 이 갈등을 제거한다. 다시 말해서 권위 주의적인 사회 질서와 성의 사회적 억압이 함께 가고, 혁명의 '도덕성'과 성적 욕구의 만족이 함께 간다는 것이다."

본질적으로 부르주아적이고 자본주의적인 발상이라는 성의 억압에 대한 이러한 관념은 60년대와 70년대 대운동에서 편재 하게 된다. 성을 억압하는 자연적인 주체들 가운데, 돈과 대자 본이 중요한 위치를 차지하고 있다. 이는 좌파와 극좌파에서 광범위하게 공감된 '분명한 점'이었다. 우리는 이에 대한 흔적 을 당시의 모든 정치적 문학에서 재발견한다. 예를 들어 1972 년 12월 공산주의 연맹(트로츠키파)의 주간지 《루즈》는, 제자 들이 빌헬름 라이히와 가브리엘 뤼시에에 대한 토론회를 조직 하도록 방치했다는 이유로 정직당한 한 교수의 옹호에 할애한 사설을 실었다.[14] 결론으로서 사람들은 다음과 같은 교의적인 무거운 회상을 읽을 수 있었다. "성의 억압이 무감각한 우리 사회의 걸작이라고 한다면, 또한 중요한 것은 쾌락의 실천이 지닌 사회적 차원을 묵과하지 않는 것이다. 성행위를 배운다는 것만으로는 자본주의 사회가 마비된 도구와 생산체로 변모시 킨 육체를 해방시키는 데 충분치 않은 것이다."

지배적인 관념은 일종의 항구적인 음모——오래 된 음모—— 의 관념이다. 이 음모는 노동 계급이 노동력을 낭비할 수 있는 쾌락에 자유롭게 접근하는 것을 반대하는 지배 계급이 획책한 것이다. 부르주아 도덕의 성적 부권주의 뒤에 있는 '이 우월한 사회 계층'의 의도를 벗기는 것이 중요한 것이다. "이 계층은 경제적 능력의 증가를 통해 권력에 접근하면서 자연적인 욕구를 억압함으로써 일정한 이득을 본다. 그렇지만 이 욕구는 그 자체로서는 사회성에 **전혀** 방해가 되지 않는다."[15] 이러한 분석이 낳은 결과는 권위주의적인 모든 도덕에, 그리고 이 도덕의 토대 구실을 하는 신비주의들——특히 종교적인 신비주의들——에 결정적으로 던져진 '의혹'이다. 사실 도덕적 선전열의 중심에는 계략과 근본적인 거짓이 영원히 자리잡고 있다. 그것은 계급적 이권들을 보편적 가치들로 통하게 하면서 이 이권들을 방어하려는 것이다.

라이히에게 10월 혁명은 민중을 이와 같은 압제로부터 벗어나게 하면서 처음으로 비상한 '성의 혁명,' 다시 말해 인류를 사회적 전복에 있어서 절대적으로 새로운 단계로 들어가게 할 그 '성의 혁명'을 가능하게 만들었던 것이다. 아직 매우 젊었던 그는(1917년에 그는 20세였다) 빈으로부터 혁명의 초창기를 특징짓는, 사회적 제재를 거부하는 자유주의적 태도의 폭발에 열광한다. 1917년부터 자유로운 사랑이 설파되고, 알렉산드라 콜론타이에 의해 실천된다.[16] 1917년 12월 레닌에 의해 발표된 법령들과 1918년의 첫 소련 법전이 인정한 것은 자유로운 결합이었고, 부부 가운데 한쪽의 요구에 따라 무조건적으로 이혼할 수 있다는 것이었으며, 자유롭고 무료로 유산할 수 있는 권리였다. 초기의 이와 같은 혁명 열기 속에서 모스크바에는 교환 공동체들이 창설되었는데, 여기에서 이른바 **새로운 삶의 형태들**(Novii Bit)을 닮은 온갖 종류의 실험이 이루어진다.

그러나 이와 같은 광란적 자유주의의 태도는 몇 년밖에 지속되지 않는다. 특히 그것은 청소년의 범죄 문제와 어린이 매춘에 부딪친다. 1923년부터 소련의 정치적 문학에서 계시적인 경계가 나타난다. 고삐 풀린 성본능과 가정의 파괴는 '부르주아의 악덕들'을 정당화하고, 공산주의의 젊은이들을 혁명에 필요한 덕목으로부터 탈선케 하려는 것이 아니었다. 모스크바의 사회보건국장 바트키스는 《소련에서의 성의 혁명》이라는 제목이 붙은 소책자를 발간했다. 그는 여기에서 다음과 같은 불안을 공개적으로 표현했다. 그는 단언한다. "우리는 미지근해지고 취기에서 깨어난 젊은이들이, 1905년에 그랬던 것처럼 이제 지나친 에로티시즘에 빠지지 않을까 두렵다. (……) 소련에서 자유로운 사랑은 고삐 풀린 야만적인 방종이 아니라, 서로 사랑하는 자유롭고 독립적인 두 사람의 이상적 관계를 말한다."

사실 가정은 곧바로 복원된다. "퇴폐한 부르주아의 문화적 타락 현상"으로 제시된 동성애는 1934년에 다시 감옥형의 처벌을 받는 '사회적 범죄'가 된다. 1936년에는 유산을 금지시키는 새로운 가정 법전이 선포된다. 더욱 가관인 것은 일부 늙은 볼셰비키들이 혁명의 이름으로 금욕주의적인 이상과 '성적인 것이 배제된' 이데올로기가 지배토록 하겠다는 의지가 나타난다는 것이다. 이 이상과 이데올로기는 실제로 30년대말부터 소련의 문화 전체를 특징짓는다. 그리고 이것은 끝까지 지속된다.

라이히는 자신이 혁명의 '배반'으로 간주하는 것에 적대적이되어, 1930년대부터 오스트리아 공산당으로부터 제명되고 빈을 떠난다. 그는 이렇게 쓰고 있다. "대중에게 지상의 낙원을 약속했던 무책임한 정상배들이 그들의 조직에서 우리들을 축출했다. 왜냐하면 우리가 자연적인 사랑에 대한 어린이와 성인의 권리를 옹호했기 때문이다." 그의 《성의 혁명》에 대해서 말하자면, 첫판은 1930년에 빈의 뮌스터 베를라그출판사에서 《성적 성숙, 절제, 부부간의 도덕》이란 제목으로 나왔는데, 그가 본질적으로 목표한 것은 이 분야에서의 소련의 실패를 설명하고 고발하는 것이었다. 1944년에 그는 주저하지 않고 이렇게 쓴다. "소비에트 러시아는 프롤레타리아 혁명 때문에 존재하게 되었는데, 오늘날 성의 정치와 관련해서는 반동적이다. 반면에 미국은 부르주아 혁명을 기반으로 하여 적어도 성의 정치에서 진보주의적이다. 따라서 순전히 경제적인 내용을 지닌 19세기의 사회적 개념들은 20세기의 갈등들이 진행되는 동안 나타나는 이데올로기의 층들에 더 이상 적용되지 않는다."[17]

우리는 이보다 더 선명하게 방향 선회를 상상할 수 없을 것이다. 그러나 신기하게도 소련의 경험과 미국의 '경우'가 진지하게 공격을 퍼부었던 라이히의 최초 반자본주의는 60년대 그의 독자들과 신봉자들에 의해 혼란스럽게 복원되었다. 하지만 이러한 복원이 더할 나위 없이 허약한 고리이고, 우리가 (사회적 제재를 거부하는) '자유주의적 태도의 이데올로기'라 일컬을 수 있는 것에 대한 더할 나위 없이 이론의 여지가 있는 신조라는 것을 보게 될 것이다. 실제 지배 계급에 의한 성도덕의 도구화는 자본주의의 초기 시대와 최초 칼뱅주의 청교도들을 특징지었다. 이데올로기적 의미에서 그것은 19세기의 문제점들로서 오늘날에는 더 이상 현실성이 없다.[18]

관능적인 그리스도

이와는 상당히 비교가 되는 것이지만, 종교——특히 유대교와 그리스도교——에 관한 라이히의 주장들은 그의 유산을 물려받았다고 주장하는 사람들 자신들에 의해 풍자되었다. 처음에는 아무런 의심도 없었다. 빌헬름 라이히는 '종교적 신비주의'를 억압적인 성도덕의 주요 요소들 가운데 하나로 집어넣었다. 그러나 《환상의 미래》를 쓴 매우 반종교적인 프로이트와는 달리, 미국에 망명하기 전의 라이히는 복음서의 고발에 거의 자리를 할애하지 않았다. 여기저기에서 암시를 하거나 간접적인 언급을 했을 뿐이다. 그 이상 아무것도 없었다.

50년대부터 빌헬름 라이히는 미국의 메인 주에 정착하여 그리스도교에 대한 전적인 매혹을 드러낸다. 이 매혹은 그처럼 단호한 과학만능주의자에게는 예기치 않은 것이다. 1953년(그가 죽기 4년 전)에 출간된 《그리스도의 살인》에서, 그는 일종의 혁명적인 성적 충만함을 구현하고 있는 관능적이고 에로화된 예수를 생생하게 그려낸다. 그는 그리스도를 자신의 싸움 속에 등록시킴으로써 그를 '오르가슴적 힘'을 드러내는 찬란한 인물로 만들고 있다. 여기에서 이 힘은 절정에 이르러 인간들로 하여금 갇혀 있는 생명 에너지——다시 말해 성의 에너지——를 자신 안에서 해방시키도록 권유하고 있다. 그리스도의 살인에 대해 말하자면, 그것은 지배를 유지하고자 하는 사회적·경제적·정치적 세력들의 승리(일시적인)를 특기하여 나타낸다.

라이히의 찬양자들에게 라이히는 가톨릭의 기만을 고발하면서 그리스도를 액면 그대로 받아들이고 있는 것에 불과하다. 이 기만은 "그리스도를 신비화하고, 탈육화시키고, 완벽하게 (그리고 지나치게) 정신화한 데 있다." 강자들의 덕성스러운 위선과 대결한 유랑적이고 비폭력적이고 관능적인 그리스도에 대한 비전은 물론 당시의 미국 젊은이들을 유혹한다. 그래서 《그리스도의 살인》은 역설적으로 **비트 운동**, 그리고 다음으로 히피 운동을 창설하는 텍스트들 가운데 하나가 된다. 이렇게 말년의 라이히는 오늘날까지 여전히 살아 있는 **뉴 에이지**의 정신성을 나타내는 선구자로 기록되고 있다.

어쨌든 막연하고 범섹스적인 이 정신성은 그리스도교에 대한 맹렬한 증오와 대조를 이룬다. 그것은 또한 극좌파에 속한 일부 그의 후계자들, 특히 상황주의자들(시튀아시오니스트)[기성 사회 체제와 질서를 거부한다]이 니체로부터 영감을 얻은 무신론과 대조를 이룬다. 예를 들어 우리는 라이히를 원용하는 라울 바네장에게서 그리스도와 그리스도교에 반대하는 전대미문의 폭력적 비난을 발견한다. 이 비난은 이어서 '모범이 된다.' 《젊은 세대들을 위한 처세술론》(1967년 출간)에서 바네장은 '종교들이 지닌 천박한 결함'(p.57) '성직에 종사하는 해충' '십자가에 못박힌 인간의 혐오스러운 초상' '호전적인 순교자의 어리석은 후광'(p.58) "나자렛에서 십자가에 처형된 두꺼비의 그림자"[19]라고 몰아붙이며 격분한다.

이와 같은 노기등등한 비난은 특히 가톨릭에 대해, 그리고 전반적으로 '똥찌꺼기 같은 죄의식'을 지닌 종교들에 대해 퍼부어졌는데, 현대의 대중적 해석을 구성하는 반유대-그리스도교의 열광적인 해석에 다름 아니다. 그것은 이렇게 반복한다. 성이 오래 전부터 억압되었다면, 그 이유는 주로 종교적인 편협한 신앙심 때문이다. 육체가 아직도 죄를 짓는 것으로 간주되고 부끄럽다면, 이에 대한 주요 잘못은 종교들에 있다 등. 이러한 비난은 매우 편협한 비전이고, 매우 이론의 여지가 있는 가설이지만, 대다수의 사람들이 공감했다.[20]

라이히의 후계자들이 이 점에서 그의 사상에 불충실하다 할지라도, 이것을 놀랍게 생각하기는 어렵다. 사실 50년대의 미국인 라이히는 갖가지 형태의 착란 속에 침몰했다. 그의 복음적인 신(新)신비주의는, 그의 가장 가까운 열성분자들과 그의 세번째 아내조차도 엉뚱하다고 판단하는 과학만능주의적인 집요함과 공존한다.[21] 그는 자신의 이론적 작품을 다윈·니체·레닌, 심지어 아리스토텔레스의 저작들과 비교하면서, 생명 에너지의 원천과 성본능의 생물-전기적 성격을 결정적으로 발견했다고 생각한다. 그가 볼 때 북극광은 우주적인 거대한 오르가슴에 다름 아니고, 이 오르가슴의 에너지, 다시 말해 오르곤을 채집하는 것이 틀림없이 가능하다는 것이다.

메인 주에 있는 자신의 대저택을 **오르고논**이라고 명명한 라이히는 여기서 온갖 종류의 기괴한 실험들에 몰두한다. 비행접시의 추격, 불감증과 암을 치료한다고 되어 있는 '오르곤 축적기'의 제조와 상품화, '은하(銀河) 오르곤의 엄청난 양'에 대한 서정적 묘사, 나무 실린더를 통한 하늘의 관찰 등이 그런 것들이다. 사실을 말하자면, 정신분석학을 거부하는 라이히에게는 이제부터 우주와 삶에 대한 엄밀하게 과학만능주의적인 비전이 자리잡고 있는 것이다. 1944년 11월에 그는 이렇게 선언한다. "우리는 생명의 과정들에 기계적·정치적 또는 신비주의적으로 접근하는 대신에, 그것들을 **자연과학**의 방법들과 접근시키기 때문에 혁명가들인 것이다. 생명체들에게서 생물학적 에너지로 활동하는 오르곤의 발견은 우리의 사회적 연구에 자연과학적인 튼튼한 토대를 부여한다."[22]

인간성에 대해 말하자면, 그것은 외부의 자연에 완벽하게 일치한다——아니면 최대한으로 일치되게 되어 있다. 달리 말하면, 무엇보다 중요한 것은 개인의 삶이 우주라는 거대한 기계

장치와 조화를 이루는 것이다. 생물학적인 욕구·건강·위생, 생명 에너지의 해방만이 중요하다. 프랑수아 조르주가 주목하고 있듯이, 라이히가 볼 때 "행복은 사회 질서에 복종함으로써 달성될 수 있는 것이 아니라, 우주적 질서에 복종함으로써 달성될 수 있는 것이다. 마찬가지로 현실은 사회 법칙들이 아니라 우주의 대분출에 의해 정의된다."[23]

'활력론'의 애매성

자연주의직인 이러한 도취, 생명 에너지를 베푸는 모체적인 자연과 하나가 되려는 이와 같은 의지는 후에 사람들이 **심층생태학**이라고 부르는 것과 유사성이 없지 않다. 이 심층생태학은 70년대말 미국에서 데이비드 에렌펠드나 제임스 러브록 같은 저자들에 의해 이론화되었다.[24] 이 **심층생태학**은 계몽주의의 '오만한' 인본주의의 몇몇 가설들을 인정하지 않으면서, 인간의 권리뿐 아니라 때로는 이 권리에 반대하면서 자연·나무·산에게도 진정한 '법률적' 권리를 인정할 것을 촉구한다. 이 권리는 우리에게 불가피하다는 것이다. 이 심층생태학이 특히 설파하는 것은 살아 있는 생명체와 자양의 어머니로 지명된 지구, 즉 **가이아**와의 융합적 관계이다. 그것의 가장 극단적인 표현은 테크닉·근대성, 서구 인본주의 등을 거부하는 쪽으로 나아간다. 이는 우리 쪽에서 뤽 페리[25] 같은 저자들이 비난했던 암울한 방향 전환이다.

그러나 금지·도덕·죄의식으로부터 해방된 '성적 에너지'에 대한 숭배가 준거로 내세우는 것은, 특히 보다 신랄한 니체적 활력론이다. 라이히가 '심적 등딱지' 또는 '감정적 페스트'라는 용어로 지칭하는 그 한계로부터 해방된 생명력 말이다. 생물학적(특히 '생식적') 생명력에 부여된 낙관적 신뢰와, 이 생명력을 도덕주의·금욕주의·신비주의의 굴레로부터 해방시키려는 의지는 하나의 낭만적 전통, 즉 유럽에서는 프랑스와 독일의 반혁명 사상가들로 거슬러 올라가는 그 낭만적 전통에 속한다. 이 전통은 향락적인 에너지의 찬양과 범신론적인 쾌락주의의 숭배인데, 범신론적 쾌락주의는 흔히 가장 강한 자의 이성과 나란히 하고, 인간들의 '자연적' 불평등의 수락과 나란히 한다.

　세세한 것으로 중요한 것은 사람들이 일반적으로 다음과 같은 사실을 잊고 있다는 점이다. 즉 이와 같은 감성이 러시아혁명의 초창기에 존재했고——매우 활동적이었다는 점 말이다. 그것이 대부분의 혁명 초기에 그렇듯이 말이다. 빈 시절의 젊은 오스트리아인 빌헬름 라이히는 자신도 모르게 몇몇 러시아 작가들과 멀리서 공감하고 있었다. 이 작가들은 모스크바의 대소요를 환각에 사로잡혀 기술하는 연대기작가들이었다. 예를 들어 우리는 30년대말에 타계한 속칭 '필냐크'라는 러시아 작가 보리스 안드레예비치 보가우의 문학을 인용할 수 있다. 이 작가의 인물들 가운데 한 명은 의미심장하게 이렇게 외치고 있다. "내가 느끼는 것은 모든 혁명이 성기관의 냄새를 풍긴다는 것이다!" 러시아 문학전문가인 조르주 니바 교수는 이 무명의 작품에 의미 있는 묘사를 하고 있다.

　그는 이렇게 쓰고 있다. "필냐크에게 볼셰비키 혁명은 건전한 야만성에로의 회귀이며, 인민 집단의 폭력에로의 회귀이다. 피·땀·난폭함이 뒤섞인 급류가 나라의 토대를 뒤흔들고 있다. 한편 딱딱한 껍질, 다시 말해 도시들이 불길하게 삐걱거리고 있다. (……) 필냐크의 세계는 무엇보다도 생물학적 세계이다. 아마 그의 작품에 통일성을 부여하는 것은 동물적 에너지의 찬양일 것이다. 혁명은 성적이고 동시에 생리학적인 이 에너지의 해방이다. (……) 그것은 즐겁고 근육질인 동물의 회귀이다. 그것은 대초원으로부터 오고 있고, 유랑적인 심층으로부터 대초원의 고난을 느낀다. (……) 그리하여 무정부주의적인 새로운 러시아는 전설적인 옛 러시아 위에 상징적으로 진을 친다. 마술사들·강간·통음난무의 장면, 이교적인 기원을 가진 시골풍의 의식(儀式), 이런 것들은 의도적으로 난잡한 이러한 연대기의 배경을 형성한다. 끝으로 더럽혀진 사원은 한밤중에 불에 타고, 시내는 사라지고, 유일하게 불가해한 것, 즉 이교적이고 향토적인 파괴할 수 없는 러시아만이 남는다."[26]

라이히의 사상이 드러내는 통음난무적이고 신성모독적인 신그리스도교에 관해서 말하자면, 그것은 다른 러시아 작가 바실리 로자노프(1856-1919)의 작품과 놀랍게도 유사한 점들을 나타낸다. 정교 본당의 특이한 신도이고, 슬라보니아의 노래들과 종교 의식에 홀딱 반한 로자노프는 그리스도를 증오하고 성적 금욕과 단식의 설교를 혐오하지만, 그는 러시아 교회의 힘 있는 조화를 숭상한다. 그러나 그가 아쉬워하는 것은 젊은 사제들이 더 이상 그들의 여자를 임신시키지 않는다는 것이다. 그래서 그가 제안하는 것은 장래에 결혼을 통해 처녀성을 빼앗는 일이 정교의 교회에서 일어나야 한다는 것이다!

조르주 니바는 이렇게 주목한다. "신성모독자라기보다는 그리스도교도인 로자노프는 자신의 모든 저술들 속에 그리스도의 '불임성'에 대한 증오를 뿌리고 있다. 그는 《우리 시대의 세계 종말》에서 다음과 같이 쓴다. 우리는 그리스도가 다윗처럼 시타르(하프 비슷한 악기)를 들고 노래하고 기도하는 것을 결코 보지 못한다. 그리스도는 육체와 세계에 죄를 뒤집어씌운다. 그가 표현한 유일한 진정한 기도는 반음악적이고 '냉담하다.' '지상의 밀알'은 존재하지 않고, 그는 수태 능력을 알지 못한다. 그런데 그는 신의 아들이고, 아들은 하느님 아버지의 부족감을 말하고 있다. 아들은 아버지에게 거부하는 것이다……. 로자노프는 그리스도교가 야기시켰다고 생각하는 **퇴화**에 사로잡혀 있었다. 인간 안에 있는 신성은 성(性)이다. 모든 종교들이 인간의 생식기를 찬양했다. 그리스도와 더불어 우월하다고 선언된 것이 의지적인 내시이다."[27]

로자노프는 베르디예프나 불카코프 같은 작가들에 의해 구현된, 러시아 그리스도교의 인격주의적인 운동에 중대한 영향을 미치게 된다. 사실 성에 대한 그의 묘사는 신에 준거하고자 한다. 그는 《따로 떨어져》에서 이렇게 쓰고 있다. "성과 신과의 관계는 지성과 신과의 관계보다 더 클 뿐 아니라, 도덕적 의식과 신과의 관계보다도 크다."[28]

빌헬름 라이히를 계승한 68년의 아이들이 이와 같은 활력론적인 감성과 의식적 또는 무의식적으로 보이는 유사성은, 적절한 거리를 두고 보면 혼란을 야기시키는 것 이상이다. 예를 들어 우리는 기꺼이 라이히(그리고 니체)를 내세우는 시튀아시오니스트들의 명확한 선언들을 만난다. 라울 바네장이 쓴 선언서를 보자.

"누구나 즐기고자 하는 억제할 수 없는 정열에 사로잡혀 있기 때문에, 자신의 쾌락을 만족시키고 이 쾌락을 방해하는 것을 파괴코자 하는 동일한 폭력성을 자신 안에서 발견하지 않는 사람은 없다. 혁명은 살아 있는 것이 생명을 향해 나타내는 출령임이다. 이러한 해일이 계층 구조, 국가, 상업 문명(……)의 회반죽 벽을 그대로 놓아둔다는 것은 말이 안 되는 것이다. 내가 주장하는 것은 모든 테러와 모든 지적 혁명을 감수했던 이 상업 사회가 극단적 쾌락의 전사들과 새로운 순진함의 창조자들에 버티지 못할 것이고, 삶의 격렬함을 통해서 대비할 수 없는 어떤 죽음이 존재하는지 알고 싶지조차 않은 이들에게 버티지 못할 것이라는 점이다."[29]

원죄 혹은 '혈기'?

그러므로 실상 빌헬름 라이히의 전작품과 이 작품을 이어받은 후예들이 위치하는 것은, 20년대의 빈학파의 엄격한 프로이트-마르크시즘을 10월 혁명 속에 존재하는 급류 같은 그 활력론과 분리시키는 그 불분명한——그리고 위험스러운——경계선상인 것이다. 프로이트와의 완전한 결별과 '억압적'이라고 판단된 정신분석학의 거부 이후에, 라이히는 세기를 피로 물들이게 되는 두 개의 큰 이데올로기적·문화적 흐름의 혼란스러운 교차점에 있는 것이다. 미셸 푸코는 라이히를 한번도 인용하지 않고, 라이히가 분명히 거부한 **법칙에의 준거**가 정신분석학에서 차지하는 초미의 중요성을 여러 번에 걸쳐 강조했다. 이 중요성은 특히 정신분석학이 파시스트의 활력론에 대립시키게 되는 저항 때문에 제시된 것이다.

푸코는 이렇게 쓴다. "성욕의 일상을 통제하고 관리해야 한다고 주장했던 권력 메커니즘 속에 돌이킬 수 없게 번식할 수 있었던 것을 수상히 여긴 것(이러한 의심은 정신분석학이 태어날 때부터, 다시 말해 정신분석학이 퇴화의 신경정신병학과 결별의 노선을 택한 때부터 시작된다)은 정신분석학의 명예이다. 아니면 적어도 정신분석학 속에 존재할 수 있었던 보다 논리 정연한 그 무엇이다. 이로부터 성욕에 원칙으로서의 법칙——결혼, 금지된 부계 혈족 관계, 아버지-절대권자의 법칙——을 부여하기 위한 프로이트의 노력, 요컨대 **욕망의 주변에 권력의 모든 옛 질서를 소환하기 위한** 그 노력(아마 이 노력은 그와 동시대적이었던, 인종차별주의의 부상에 대한 반작용으로 나왔을 것이다)이 나온 것이다. 이 덕분에 정신분석학은 파시즘과 이론적으로, 그리고 실질적으로 대립 관계——약간의 예외를 제외하고 본질적으로——에 있었던 것이다."[30]

빌헬름 라이히에 관해 말하자면, 그는 성과 관련하여 '법칙'이나 금지의 모든 관념을 거부하고, 플라톤에게 이미 존재하고 있는 조절의 관념 자체를 물리친다. 이 조절은 욕망의 그 힘, 폭군 같은 그 **에너지를 조절하는** 것으로, 이 에너지는 그 자체가 '나쁘기' 때문이 아니라 지나친 경향이 있기 때문에 (조절이) 필요한 것이다. 라이히는 **법칙**을 거부하면서 이교적인 쾌락주의와 생명 공간을 옹호하는 의심스러운 변호론자들이 차지하고 있는 영역의 언저리까지 모험을 감행한다.

좀더 분명히 해보자. 물론 라이히를 나치즘에 영합했다고 비난하는 것은 터무니없다 할 것이다. 반대로 그는 히틀러의 파시즘과 성의 억제 사이의 밀접한 관계들을 고발하는 데 자신의 책 한 권, 그것도 비중이 적지않은 책 한 권을 할애했다.[31] 이 관계의 첫번째는 사디슴적 표현일 것이다. 심지어 그는 인종차별주의와 나치의 반유대주의가 **본질적으로** 성의 금지로부터 태어난 환상들을 옮겨 놓은 것이라고 집요하게 주장했지만,

이것에 대해 진정으로 설득시키진 못했다. 그럼에도 1935년에 쓴 《성의 혁명》에 나오는 두 대목, 해석자들이 전혀 해설을 하지 않은 두 대목은 나치의 활력론에 대한 일시적인 인정을 투명하게 나타내고 만다. 이와 같은 인정을 일화적인 것이라고 간주해야 할 것인가?

라이히는 우선 이렇게 쓰고 있다. "국가-사회주의의 이데올로기는 합리적인 핵심을 지니고 있는데, 이 핵심은 '피와 대지에 충실함'이란 슬로건 속에 표현되어 있다. 이 핵심은 반동적인 운동에 예외적인 도약을 제공한다. 반면에 국가-사회주의의 실천은 혁명적 행동의 원칙을 방해하는, 다시 말해 사회·자연·기술의 통합화를 방해하는 사회 세력들을 끊임없이 지지하고 있다. 그것은 국민이라는 통일성의 환상이 전혀 제거하지 못한 계급들로 이루어진 사회의 원칙을 끊임없이 지지하고, '공익'의 관념이 전혀 제거하지 못한 생산 수단의 사적 소유를 끊임없이 지지하고 있다. 국가-사회주의가 이데올로기를 통해서 신비주의적으로 표현하고 있는 것은 반동적인 운동에서 합리적 핵심을 구성하는 것, 즉 계급 없는 사회와 자연과의 조화로운 삶의 관념이다."

나중에 그는 보다 선명하게 다음과 같이 덧붙인다.

"식물적 삶이 독일의 국가-사회주의라는 신(新)이교와 더불어 새롭게 침입했다. 식물적 충동은 교회보다 파시스트 이데올로기에 의해 더 잘 이해되었고, 초자연적인 것의 영역으로부터 뽑혀 나왔다. 이와 관련하여 '혈기'와 '대지에 충실함'이란 슬로건을 내세운 국가-사회주의의 신비주의는 원죄라는 그리스도교의 낡은 관념에 비해 진일보를 나타내었다. 그러나 그것은 새로운 신비주의적 개화와 반동적 정치에 의해 진압되었다. 여기서도 마찬가지로 삶의 긍정은 자기 희생과 충성·의무라는 금욕주의적 이데올로기 형태로, 삶의 부정으로 바꿔진다. 이런 측면에도 불구하고 우리는 좋은 길로 방향이 잡혀지게 될 '혈기'의 가르침보다 원죄의 가르침을 선호할 수 없는 것이다."[32]

달리 표현하면, 빌헬름 라이히가 1935년의 이 글들——그는 이 글들을 1949년 3월에 다시 읽고 긍정하였다——에서 스탈린주의가 지닌 '성적 도덕주의'를 비난했다면, 나치즘에 대해서는 다만 '계급 정치의 실행'을 비난하고 있다. 더구나 가치 질서에 있어서 이와 같은 비상한 혼란은 생각보다 덜 비논리적이다. 실제로 성적 미성년에 대해 히틀러 체제가 후에 보여준 억압 정책, 자유주의적 태도에 대해 나타내게 되는 증오, 그리고 서정적으로 출산을 장려하기 위한 아리안족 가계의 찬양, 이런 것들은 히틀러 체제가 처음에는 그렇지 않았다는 것을 잊게 만들었다. 20년대와 30년대에 국가-사회주의는 여전히 소부르주아의 도덕주의에 대립하는 전복적인 힘으로 기꺼이 자신을 나타냈다. 이 힘이 애쓴 것은 생명의 공간을 추구하는 혈통적 공동체의 이름으로 가정을 파괴하고, 국가의 보호 아래 우생학적인 가계(그 유명한 'lebensborn')들을 조직화하는 것 등이었다. 결국 당시에 비도덕성, 특히 일부 나치들이 나타낸 동성애적 자기 만족을 고발한 것은 독일 좌파이다. 좌파 쪽 사람들은 고리키가 말한 것으로 간주된(라이히에 의해) 이런 문장을 자주 인용할 정도였다. "동성애자들이 모두 사라지게 하자. 그러면 파시즘도 사라질 것이다."

1934년 11월 24일자 프라하의 《유로파이슈 헤프테》라는 잡지에 실린 놀라운 증언에서, 작가 클라우스 만은 바로 독일 좌파를 비난하는데, 그는 독일 좌파가 분명하게 반파시즘의 이름을 내세워 동성애자들에 대해 증오를 나타내며 억압적이라고 판단하는 것이다.

그는 이렇게 쓰고 있다. "소련에서 최근에 공포된 법률은 동성애를 무거운 형벌에 처하도록 하고 있다. 이것은 놀라운 일이다. 그래서 우리는 사회주의 정부가 분명한 한 인간 집단의 권리를 잘라내고 모욕하기 위해, 어떤 논리와 어떤 도덕에 근거하여 자기 방어를 할 수 있는지 자문한다. 이 집단의 '죄과'는 자연이 준 특별한 성향에 근거한다. (하지만 우리들 속에서 내가 또한 주목하는 것은) 호모-에로티시즘과 관련된 모든 것에 대한 혐오인데, 이 혐오의 정도가 대부분의 반파시스트 단체들과 거의 모든 사회주의 단체들에서 강렬하다는 것이다. 사람들은 동성애를 파시즘과 동일시하려 하고 있다. (……) 이런 이유로 나치 신문들에서 '국민의 배반자와 유대인들'이라는 표현을 자주 읽게 되듯이, 우리는 반파시스트 신문들에서 '암살자들과 동성애자들'이란 표현을 자주 읽게 된다."[33]

분명한 것은 30년대초 독일에서 룀〔히틀러 정권에 가담해 비밀경찰과 군대를 조직한 우두머리였으나 쿠테타 혐의로 체포되어 처형되었다〕과 긴 칼의 밤 사건〔룀 사건에 따른 피비린내나는 처형을 말한다〕 이후에, 소련 언론이 동성애에 반대하는 믿을 수 없을 정도의 격렬한 운동을 시도했다는 것이다. 소련 언론에 동성애는 "파시스트 부르주아들의 타락을 나타내는 징후로 보였던 것이다." 당시에 매우 영향력이 있었던 소련 언론인 콜초프는, 일련의 기사들을 써 "괴벨스〔독일 정치인이다〕 휘하의 선전부에서 일하는 귀여운 애들"과 "파시스트 국가들에서 나타나는 성적 통음난무들"을 상기시켰다. 같은 식으로 소련에서 사람들은 배우 구스타프 그룬드젠스와 같이 나치들과 가까운 일부 인물들의 동성애를 야유했다.

물론 이러한 측면이 뒤이어 일어난 나치측 동성애자들이 희생자가 된 그 박해를 잊게 할 수는 없다. '나치스국가노동조합 연맹'의 한 강령은, 전쟁이 계속되는 동안 어떻게 국방군 병사들 가운데 이와 같은 '탈선 행위'를 감지해 낼 것인가를 설명하고 있었다. 1997년 6월 베를린에서 마련된 한 전시회는 한 세기 동안 독일에서 전개된 동성애 퇴치를 위한 투쟁적 자세를 회상시키면서, 나치즘으로부터 12년 동안 박해받은 동성애자들의 수를 10만 명 정도로 추산했다. 그 가운데 약 5만 명이 처벌을 받거나 추방되었다.[34]

비극적 오해

'성의 해방'과 니체적인 함축을 지닌 쾌락주의라는 이중성은 전적으로 라이히의 담론이 지닌 맹목적인 점이다. 그것은 바로 그의 해석자들이 보고 싶지 않은 점이다. 문제는 단순히 해석의 어려움이 아니다. 전혀 그렇지 않다. 빌헬름 라이히의 저술들이 오늘날 아직 비극적 오해를 드러내는 것으로 나타나지 않는다 할지라도, 이와 같은 해석은 지체하지 않고 나타날 것이다. 이 오해는 계속해서 시대를 따라다니고 있다. 욕망을 해방시키고, 구질서와 도덕을 거부하며, 금지된 것들을 몰아내고, 구속 없이 그리고 법칙 없이 즐긴다는 것——그렇다. 유토피아는 아름다웠다.

잘못은 이 유토피아가 결과적으로 아무런 중대한 문제가 없다고 믿은 것이었다……

3

고무 성벽

30년이 지난 후에도, 우리가 큰 소리를 지르고 주먹을 휘두르며 감시하는 것은 여전히 동일한 성벽이다. '반작용'에 대항해서 민중을 신속하게 동원하는 우리는 약해지지 않고 '도덕적 질서'의 회귀를 비난하고 있다. 이 도덕적 질서가 약간은 도처에서 그치지 않고 위협을 주고 있다. 우리는 지난날과 마찬가지로 그렇게 경계를 하며 국가의 검열, 대외적 위선, 그리고 지나친 미덕을 강하게 비난한다. 우리는 계속해서 그 유명한 '금기'들과 살인적인 침묵에 대항해 영웅적으로 싸우고 있다. 우리는 거세를 하는 신부들, 페탱파의 가정주의, 그리고 애정 생활을 심문하는 자들을 지치지 않고 손가락질하고 있다. 잡지들·텔레비전·광고·라디오 또는 영화 등 모든 전선에서 우리는 이렇게 계속해서 기계적으로 투쟁, 즉 욕망의 해방을 위한 투쟁을 계속하고 있다. 우리는 무슨 수를 써서라도 쾌락, 즐거움, 빛나는 관능의 열광자들로 남을 것이다.

싸움은 심리적 만족감을 주는 것이다! 그것은 아직도 의미가 있는 것일까?

대답을 하기 전에 범위를 확대해야 한다. 30년 전에 성의 혁명은 일반 혁명과 다소 동일시되었다. 성의 혁명은 혁명의 성격을 띠고 있다고 생각했던 것이다. 30년! 시간은 서구 사회 위로 지나갔고 더 이상 아무것도 전과 같지 않다. 오늘날 역사적 진보나, 심지어 사회 정의의 정의(定義)에 대해서 합의를 보아야 할 때 어느 누구도 전처럼 단호하지 못하다. 붉은 구원론이 무너지고 베를린 장벽이 허물어진 이후로, 최후의 목표에 덜 신경을 쓰고 의미 자체에 대해 흔히 무관심한 순수한 '활동'이 우리를 집단적으로 사로잡고 있다. 생산주의적인 염려와 자유주의의 합의, 돈의 지배, 용의주도한 축재, 그리고 **세계관의** 환상에서 깨어남, 이런 모습이 **대략적으로** 본 새로운 풍경이다. 나머지에 대해서는…… 적어도 일시적으로는 공동체적인 계획을 지닌 사상들이 서구에서 소멸한 것처럼 보인다. 미래에 대한 제시는 혼란스러워졌고, 즉각성이 지배를 하고, 거대 시장이 승리를 하고 있다. 우리는 우리가 현실주의라고 명명한 싹싹한 견유주의에 그럭저럭 익숙해졌다. 환상은 마귀한테나 가거라! 예전의 유토피아로부터 남은 것은 오직 보잘것 없는 잿더미뿐이고, 우리는 정중하게 성호를 그으며 이 잿더미 앞을 지나간다. 혁명에 대해서 말하자면, 우리는 이 혁명이 대량 살육의 보급 주체에 불과하다는 것을——결정적으로——배웠다는 점에 특히 자부심을 느끼고 있다. 우리는 다시는 혁명에 이끌리지 않을 것이다.

자, 봅시다. 우리 주위에 부유한 자들은 더 이상 두려워할 이유가 별로 없고, 가난한 자들은 이미 아무것도 기대하지 않는 데 익숙해지고 있다. 보다 나은 세계에 대한 계획은 이제 시사성을 상실한 게 사실이다. 사실 역사적인 희망 자체가 현재로선 낡은 개념이다. 희망과 의지, 공공 정신이 만들어 낸 오래된 이 두 주장보다 역사의 새로운 전진에 더 낯설어 보이는 것은 아무것도 없다. 변화시키고 개혁하고 변모시킨다고? 이것들은 우리가 우스꽝스럽게 여기도록 배운 낡은 어휘들이다. 우리가 진정으로 인정하지도 않은 채, 세계는 우리가 거의 지배할 수 없는 숙명적인 것들에 의해 주로 지배된다는 것을 받아들인 것이다. 금융 시장, 국제 무역, 비물질적인 조직망들 같은 것

말이다. 약간은 도처에서 제어할 수 없는 세력들이 우리의 야심을 제한하고, 우리의 '의지주의적인' 생각들을 약화시키러 온다. 정신적 풍경의 이와 같은 비상한 반전이 심층적으로 무엇을 의미하는지 생각해 보자.

지금은 변화를 꿈꾸는 시기가 아니라 적응에 동의하는 시기이다. 개인적 또는 집단적 장점은 현실에 저항하는 능력보다는 **적응에 있어서 다소간 큰 유연성이 있느냐**에 따라서 평가된다. 세계를 있는 그대로 받아들여야 하는 것이다. 이 세계 속에 자신의 에너지를 쏟아붓는 것을 배우는 것이다. 합리적인 유연성과 겸손한 이성을 더 좋아해야 하는 것이다. 이러한 서구의 새로운 독사(doxa)는 애매성이 없다. 그것은 우리에게 불운에 대해 마음을 착하게 가지라고 말한다……. 우리가 아직도 우리 자신에 대해 만족할 권리를 요구한다면, 이것은 다른 사람보다 세계의 명령들에 잘 복종할 줄 알았다는 것이 되리라는 점을 알자. 이것이 바로 재능들에 대한 새로운 표준 지표인 것이다. 예전에는 우리가 굴복시키고자 희망한 것이 세계 자체였다. 오늘날 우리는 전에 반항에 대해 긍지를 느꼈던 것보다 우리의 타협——이 타협은 명철성의 명백한 증거라는 것이다——에 대해 더 긍지를 느끼고 있다. 그렇다. 시간은 방향을 완전히 바꾸었다. 시대는 이제 '구속'에의 적응이라는 이 회색빛 미덕을 장려하고 있다. 우리의 명철성을 입증하는 것은 사태에 한결같고 무기력하게 동의하는 것이다. 이것이 전부는 아니다.

결국 우리가 거의 믿게 되는 것은, 세계사 자체가 인간의 순수한 의지보다는 인류학적인 어두운 결정론을 더 따르고 있다는 것이다. 경솔하게도 우리는 정치적 계획, 영향력 있는 제시, 결정 같은 것을 추진하는 탄력적 힘을 포기하는 지경에 있다.

우리에게 혁명의 관념이 이미 재미있는 향수 이상의 것이 아니라면, 단순하고 겸허한 민주주의——민주주의의 고유한 운명에 협력하겠다는 그 야심——는 큰 비극 없이 조금씩 조금씩 시들어 가고 있다. 이것은 우리를 민주주의로부터 엄격한 시장 경제로 저항할 수 없이 이끌어 가게 될 은연한 중간 과정인 것이다. 그러면서 그것은 민주주의와 시장 경제라는 두 용어가 동의어라고 우리를 속여 믿게 할 것이다. 우리가 치를 준비를 하고 있는 것은 결국 정치, 공익, 공동체적 의지의 초상(初喪)이다.

섹스는 좌파인가?

천만다행으로 이러한 잿더미 사막에서 아직도 등대처럼 반짝이는 성의 혁명이 남아 있다.

바로 이와 같이 우리는 민주적인 절대 고독의 맥락에서 이러한 예외에 매달리는 것이다. 이 영역에서, 그리고 오직 이 영역——성의 영역——에서만 무장을 한 진보주의가 역사의 무거움과 공동체적 폭정에 대항해 멋지게 분기를 계속하고 있는 것 같다. 여기서 개인의 투쟁은 과거처럼 계속되고 있는 듯하다. 이와 관련하여 변한 것은 아무것도 없다 할 것이다. 30년 이래 어떤 것도 반박되거나 부패되지 않았고 왜곡되지도 않았다. 혁명의 수사학도, 유토피아의 파괴적 힘도, 기존 질서에 대한 존재론적 양심도, 이것들을 쾌락에 적용하여 말한다면 단하나의 주름살도 생기지 않았다 할 것이다. 우리는 이러한 확신 속에서——아니면 이러한 환상 속에서——진보의 적들과 맞서 다시 일어설 수 있기 위한 충분한 에너지를 길어올리는 것이다. 이 적들은 통과하지 못할 것이다! 아마 우리는 꿈속에 있을지 모르지만, 또한 가장 확실한 절대 자유주의적인 계속성 속에 있다. 이것이 바로 결국 포기해서는 안 되는 성벽이라고 생각한다. 그것은 세계의 모든 청교도들이 연합해서 압력을 행사한다 할지라도 철수하고 싶지 않은 참호인 것이다. 범섹스주의와 이것의 혁명은 유토피아의 궁극적 피난처를 나타내고, 다른 곳에서는 모두 멈추어 버렸다 할 영웅적 싸움의 질긴 재생을 나타낸다. 당신은 다른 곳에서는 타협과 유순함만이 지배한다고 말하십니까? 할 수 없지요. 왜냐하면 여기서는 적어도 아직 반항의 정신이 승리할 수 있기 때문이다. 도덕 질서에 대해서 노(No)일 것이다!

그리하여 성을 목표로 한 동원에 진정한 의미를 부여하는 것은 주변의 각성이다. 이와 같은 투쟁적 집요함을 그만큼 더 값지게 만드는 것은 도처에서 보여지는 현상의 질서로의 복귀이다. 성은 봉기의 마지막 메타포가 될 것이다. 어쨌든 우리가 성에 부여하는 것인 이런 종류의 역할이다. 즉 다른 모든 이데올로기적 '흔적들'이 사라질 때 최후의 피난처 및 상징적인 최후의 '자국남기기'의 역할 말이다.

흔적들이 사라졌다고? 헤아려 보도록 하자. 경제적인 자유주의가 아니라 자본주의가 현대주의적인 계획이 되었다. 반대로 지난날의 평등주의적인 갈망은 시대착오적 발상으로 상당히 '촌스러운' 것이고, 성장이 없으면 터무니없이 비싸게 치러야 하는 것이며, 나아가 전체주의적인 저의가 있다고 의심을 받는 것이다. 공공 정신 —— 공익 감각이라고 말하자 —— 이것은 구식으로 통한다. 복지 국가는 거대 시장의 현대성에 의해 죽어

가게 되어 있다. 이와 같은 새로운 분류에 직면하여 파당적인 정체성들을 분별하고, 무엇이 아직도 우파를 좌파에서 구분해낼 수 있는지 분간하기가 점점 덜 용이해진다. 공적이냐 사적이냐? 평등이냐 경쟁이냐? 가난이냐 실업이냐? 진보주의냐 보수주의냐? 오늘날 이와 같은 주제들에 대해 선명하게 말할 수 있는 이는 매우 교활한 자이다. '역사의 종말'이 확실하지는 않지만, 역사의 전면부가 장애를 일으키고 있는 것은 이미 매우 현실적이다. 프랑스에서 보여지는 새로운 실천이 이를 입증하고 있다. 그것도 상당히 코믹하게 말이다. 이 실천은 다름 아닌 '동거' 정부이다. 이것은 단순히 제5공화국의 헌법적인 변모가 아니라, 결함을 통해 세기말을 정의하는 조정적인 합의에 대한 완벽한 상징이다.

지표들이 혼탁하다고? 이데올로기가 빈곤하다고? 그렇더라고 사람들은 보통 대답하며, 그렇기 때문에 '성의 혁명'이 그만큼 화려한 예외를 나타낸다고 덧붙인다. 성, 그것은 언제나 좌파라는 것이다! 사회적 진보주의가 공산주의 이후의 안개 속에, 그리고 세계화의 애매성 속에 방향을 잃고 있다 할지라도, 어쨌든 이와 같은 전선에 '도덕적인 좌파,' 다시 말해 정당하게 반인종차별주의적이고, 동시에 포르노 절대 자유주의적이며 무정부적-자유주의적인 좌파가 존속할 것이라고 믿어지는 것이다.

이에 대해 필요 이상으로 야유하지 말자. 성의 '정복'을 중심으로 한 극적인 동원은 대개 코믹하지만, 어쨌든 진보의 개념에 대한 오만한——막연하고 혼돈스러우며 빗나가기까지 한——집착을 증언하고 있다. 적어도 그것이 말하는 것은 이른바 자연적이라는 질서, 즉 알다시피 항상 정글의 질서를 복귀시키는 그 질서 앞에서 무조건적으로 항복하는 것을 우리가 거부한다는 것이다. 그것이 표현하는 것은 우리가 도처에서 음울하게 '회귀'하고 있음을 확실히 보고 있는 영원한 회귀의 신화에 전적으로 동의하는 일을 거부하는 것이다. (쉽게 확인할 수 있는 반동적인 수사학적 표현[1]은 이렇다. 세상은 변하지 않는다. 가장 훌륭한 자들이 승리를 한다. 영원성은 조만간 복수를 한다. 있어야 할 것이 남아 있는 것이다. 지나간 일은 되돌아올 것이다. 가부장제와 나머지 것들도 말이다 등.) 그리고 다음으로 정확한 것은 풍습과 관련하여 일부 정복된 것들은 방어되어야 할 가치가 있다는 점이다. 또한 사실인 것은 우리들 주변에 경계를 늦추지 말도록 부추기는 억압적인 유혹들(청교도적이거나 남성 우월주의적이며, 동성애에 대해 공포적이거나 위선적인 유혹들)이 배회하고 있다는 것이다. 공화국의 은밀한 곳에 10명 또는 1백 명의 나폴레옹 지지자들이 항상 살아남으며, 러시아의 깊숙한 곳에 5백 명의 카자흐 기병들이 살아남고, 알비 지방의 십자군 원정이 있은 후 5세기가 지난 후에도 카타르파에 충실한 몇몇 사람들이 살아남듯이, 실제 우리 사회에는 몇몇 폐품 같은 지나친 정숙한 짓거리들과 수음자를 '귀먹게 만드는 수음'을 재빨리 비난한다거나 여자들을 가정에 서둘러 돌려보내는 약간의 어리석은 짓거리들이 남아 있다. 역사에 있어서 오래된 불변 요소가 있다. 어떤 시대 어떤 지역에서도 사람들은 여전히 무장 상태에 있는 것이 당연하다고 느끼기 위해 상당히 많은 위협을 적시(摘示)한다는 점 말이다.

이것이 말하고자 한 것이다.

도덕적 질서의 익살

그래도 여전한 것이 있다! 향락의 자유를 위협할 '도덕적 질서'의 주술적 호출, 망령 같은 것들 앞에서 매일같이 휘둘려지는 그 창들, 과장된 그 가요들, 저항하라는 그 촉구들, 혼용지로 만든 작은 장난감 성채 같은 그 허약한 방책들, 이 모든 것이 여전히 특기하는 것은 상당히 특이한 편집증의 형태이다. 역사가 모리스 아귈롱이 놀란 것이 틀리지 않았다. 사람들이 오늘날 아직도 1873년에 마크 마옹이 선언한 '도덕적 질서'와 뭔가 알 수 없지만 현대의 지나친 정숙으로의 퇴보를 웃지 않고 혼동할 수 있다는 점이 놀라운 것이다.[2] 우선 되풀이된 이와 같은 역사적 참조가 오해이기 때문이다. (마크 마옹이 '물질적'과 반대되는 '도덕적'이라는 형용사에 부여한 의미는 현대적 의미에서 교화적인 계획과 아무런 관계가 없었다.) 다음으로 그리고 특히 우리 사회의 전적인 상태가 이와 같은 공포심을 상당히 우스꽝스럽게 만들고 있기 때문이다.

사람들은 과시적인 것을 사실로 믿는 걸까? 우리 주변을 살펴보자. 위협하는 것이 정말로 질서인가? 해체된 우리 사회, 주위의 폭력, 유쾌한 견유주의, 화면을 휩쓰는 섹스, 더럽혀진 어린이, 가정의 혼란, 그리고 TV의 골든 아워에 방영되는 살육, 이런 것들을 좀 보자. 정말로 도덕적 질서인가?

사실 '도덕적 질서'의 고발은 단순히 코믹한 테마 체계가 아니다. 그것은 특히 유익한 전략이다. 그것 덕분에 우리는 자유의 특권들과 동시에 불일치의 장점들을 즐길 수 있는 것이다. 우리는 시대의 자유주의적인 안락함을 이용한다. 그렇다고 반항의 상징적인 보너스를 포기하지 않는다. 아마 우리는 사용자일 터이지만 어쨌든 병사이다. 관용의 수혜자이지만 잠재적으로 박해받은 자이다. 평균적 정직성을 지닌 시민이지만 상상의 항독운동가이다. '도덕적 질서의 회귀'를 강하게 비난하면서, 우리는 자리에서 움직이지 않고 별 노력 없이도 자신의 머리 위에 온순한 소비자의 이점들과 무법자의 위신을 축적할 수 있다.

더 좋은 것이 있다. 현대성의 자격을 얻기 위해 항상 공개된 경쟁 속에는 보답을 받으면서도 비용이 안 드는 투자가 있는 것이다. 교화하려는 어리석음을 어림잡아 강하게 비난하고 '검열자들'을 공격하는 일로 모든 것이 충분한 것이다. 좌파의 진정한 멋이 되는 것이다! 게다가 우리가 차지할 수 있는——또는 차지할 수 없는——지위들은 중요하지 않다. 풍속과 관련한 고발적인 열정이 백지 위임장의 가치가 있기 때문이다. 우리는 또한 마찬가지로 봉급과 관련된 불의의 불가피성을 큰 소리로 야유할 수 있으며, 즐겁게 돈에 몰두할 수 있고, 기업을 우상처럼 숭배할 수 있으며, 힘 있는 자들을 더 좋아할 수 있고, 연대감을 묻어 버릴 수 있으며, 민중을 비웃을 수 있고, 참된 성찰로부터 벗어날 수 있고, 사회적 인종차별주의와 다른 많은 것들을 감수할 수 있다. '도덕적 질서'와의 싸움은 결정적으로 미덕을 획득할 것이고, 방탕한 놀이에 대한 찬사는 현대적 정신을 부각시키는 데 충분할 것이다. 80년대에 돈과의 결합, 사회 불의의 증가, 실업자들의 비장한 추방, 공공 도덕의 실추, 이런 것들이 어떤 식으로 '풍속'과 관련된 몇몇 몸짓 뒤에 은폐되었는지 회상해 보자. 물론 동성애자들과 방종한 예술가들, 베일을 쓰고 다니지 않을 수 없는 여고생들, 또는 국고(國庫)와 미묘한 관계에 있는 매춘 정치가, 이들에 대한 압제에 대항해 항의를 하는 것이——이것이 불가피할 때——부당한 것은 아니다. 그러나 그저 압제에 대한 무관심을 정당화하기 위해서 이러한 연대적 항의로부터 구실을 끌어내지 않는다는 조건이 따른다. 예를 들어 가난한 자들이 받는 압제에 대한 무관심 같은 것 말이다. 이것이 한없이 이루어진 것이다……

난투의 달콤함

따라서 머릿속에 간직해야 할 중요한 관념이 있다. '도덕적 질서'에 대한 극화(劇化)된 저항이, 그 내용이 공허할 때조차도 그토록 세밀하게 묘사되고 반복되고 지속된 이유는 그것이 그 모든 안락함들을 나타내기 때문이라는 점 말이다. 모든 것은 마치 사람들이 행복의 진영과 고행의 진영 사이에 구경거리적인 대결을 부추기려고 노력하는 것처럼 일어난다. 이 대결은 쾌락의 즐거운 변호자들과 성의 슬픈 멸시자들 사이의 대결이고, 욕망의 즐거운 혼란과 도덕의 차가운 질서 사이의 대결이다. 그 결과 발레 무대에서 커플이 함께 내미는 규칙적인 한 스텝 같은 것이 나오고, 동일한 코스들을 다시 통과하며 동일한 구절들을 다시 이용하고, 판에 박힌 논지들을 되뇌이는 아주 잘 알려진 오페라 대본 같은 것이 나온다. 그래서 각 진영은 '합의된' 결투, 그러나 건망증의 도움을 받아 그때마다 여론의 불을 다시 지피는 그런 결투의 공범자로 나타난다.

어떤 영화 포스터가 성적으로 신성을 모독하는 도발을 수없이 많이 시도한다. 어떤 영화가 물신 숭배, 시간(屍姦)[3]·근친 상간의 주제에 매우 많은 다른 주제들을 덧붙인다. 어떤 소설

가가 몰상식하게 보이는 영역까지 자신의 과감함을 밀고 나간
다. 이런 일들이 일어나게 되면 틀림없이 동일한 난투가 조직
될 것이고, 우리는 이 격투의 단계들을 미리 묘사할 수가 있다.
도덕과 비도덕은 그 속에서 서로를 이용하는 역할을 한다. 청
교도적인 지나친 엄격함은 제재를 거부하는 자유주의적인 무
책임에 충실하게 반항한다. 분노가 드러내는 약간 우스꽝스러
운 엄숙함은 지나침이 드러내는 광포한 오만에 화답한다. 모든
것은 싫증이 날 정도로 예측이 가능하며 미리 규정될 것이고,
할 말은 별로 없고 사유는 빈곤할 것이다. 모든 것은 특히 표
준적이 될 것이다. 그렇게 여러 해 전부터 세상일은 돌아가고
있다. 그렇게 사람들은 다달이 중요한 도덕 문제들에 대해 토
론을 하고 있다고 생각한다. 사실은 난바다로 나가고 있는데도
말이다.

　알베르 오 이르슈만이 다음과 같이 빈정대는 것은 당연하다.
"어떻게 민주주의에서 토론하지 않을 수 있겠는가. 가장 '선진
적인' 민주주의 정치에서조차도 클라우제비츠처럼 말한다면,
결국 방법을 달리해 전쟁을 계속하는 것에 불과한 논쟁들이 많
다. 일상과 관련된 정치는 '민주적인' 논쟁의 예를 너무 많이
제공할 뿐이다. 이 논쟁들의 진정한 목표는 상대를 죽이는 논
거를 찾는 것이다."[4]

　공평히 하기 위해 덧붙일 것은 안락과 게으름이 각 진영에
존재한다는 것이다.

　도덕가들 쪽을 보자. 극단적 정숙함에 대한 향수는 여자들이
복종하고, 순결한 로맨스가 있고, 아이들이 동정을 지켰던 황금
시대를 꿈꾸면서 얕은 잠이 든다면 상쾌할 그런 '개집' 같은 것
이다. 눈썹을 치켜세우고 예전의 성스러운 원칙들과 정숙함으

로 돌아가자고 주장하는 것은 세기의 모순들에 대해 초연하고, 시간의 전진과 피임약, 은밀한 포르노, **여장 호모** 또는 인터넷을 잊어버리는 방법이다. 늙다리 군인처럼 불평불만만 늘어놓는 이 진영은, 특히 자신의 분노에 열중하며 이 분노가 말로만 일을 꾸민다는 것을 잊어버리려고 애쓴다.

이와 맞선 방종한 자들 쪽을 보면, 그들의 자세가 보여 주는 안락함도 그렇게 다르지 않다. 이쪽에서도 사람들은 그토록 관용적이고 고상하게 느껴지는 것이 지겨울 뿐이다. 그리고 그것도 그토록 값싼 노력으로 말이다! 전진하고 있는 '반동'을 손가락질하고, 원칙들을 불러모으고 육체의 즐거움, 쾌락의 순진함, 위반의 특권, 이런 것들에 대한 으뜸가는 진실들을 경쟁하는 것, 이것은 아무것도 책임지지 않고 스스로 우쭐해하는 것이다. 성공은 쉽다. 화가 난 도덕가가 자유로운 욕망의 방어자 앞에서 나쁜 역할을 맡을 것이기 때문이다. 그러나 그런 식으로, 다시 말해 보란 듯이 싸우면서 사람들은 근본적인 모순을 조금이라도 책임지는 것을 면제받는다. (가정이란 무엇인가? 윤리는 어디에서 시작하는가? 혈통의 원칙을 부정해야 하는가? 충실함은 의미가 있는가? 그리고 **그밖의 여러 가지**……) 사람들은 옹호를 공짜로 할 수 있는 그 아름다운 무상으로 만족한다. 또한 사람들은 자신의 선택 결과들에 대해, 혹은 자신이 선호하는 것들의 사회적·정치적 함축에 대해 설명하는 의무를 결코 지지 않을 것이다. 그들은 어떤 매력적인 실체——풍속의 혁명, 욕망의 자유, 육체의 즐거움, 또 뭐가 있을까?——를 소환하는 것으로 그친다. 하지만 이것은 너무나 막연해서 문제가 되지 않는다. 달리 말하면, 제스처의 아름다움과 말의 울림밖에 남지 않는다.[5]

　　그렇게 각 진영은 현재 통용되는 타입의 도덕적 논쟁에서 추구했던 것을 발견할 것이다. 제재를 거부하는 자유를 옹호하는 자들과 억압을 지지하는 자들 사이의 이와 같은 공모 관계는 각자를 범속한 현실에서 벗어나게 해준다. 현실이 우리를 괴롭힐 때, 말〔言〕 속으로 탈출하자! 이와 같은 겁먹은 탈출이 철학 교수인 한 예수회 수사의 다음과 같은 질문 속에 환기되고 있는데, 상당히 설득력이 있다.

　　"성욕-생식 능력이 불러일으키는 매혹은, 우리 시대의 '도덕적 혼란'을 단칼에 자르려는 이들과 마찬가지로 이미지와 풍속의 '해방'을 강조하는 자들을 모두 그물 속에 잡는 것이 아닐까? 역설적이지만 서로가 낯설기 이를 데 없는 감성들이 동일한 어려움을 겪고 있다. 성이 연루시키는 모든 것에 대해 두려움, 당당한 공포를 나타내는 것이다. 보기를 거부하는 것(현실을 거세시키는 것)이나 보도록 강요하는 것(현실의 한계를 넘는 것)은——의식적이든 무의식적이든——사람들이 현실을 해결하고, 이 현실이 주체나 단체에게 함축하는 책임성을 해결하는 데 어려움이 있다는 것을 인정하는 것이다. 거절의 형태(인간들은 천사들 같다)이든 도발의 형태(인간들은 금수들 같다)이든, 어느 한 측면으로 귀결시키는 축소가 지배하는 곳에서는 강박관념이 분별을 불가능하게 만들면서 의식의 모든 영역을 차지한다."[6)]

　　우리가 알다시피 분별의 결핍은 때로는 체험하기가 부드럽다. 연극적인 그 모든 농간에 익숙한 교활한 늙은 배우들인 '성적 논쟁'의 주역들이 이 논쟁에서 빠져 나오고 싶은 생각이 없는 이유는, 그들이 논쟁적인 안락함 속에서 매우 기분이 좋기 때문이다. 사실 30년 동안이나 그들은 빠져 나오지 않고 있다……

숨겨진 지식?

실제 이 헛된 되풀이는 의도적으로 유지되고 있다. 사람들이 주요 문제들에 대해——항상——일부러 모험을 무릅쓰는 것은 경솔해서가 아니다. 그것은 의식적으로 그러는 것이다. 이를 증명하는 것이 존재론적 조심성을 나타내는 그 솜씨이고, 상대방의 공격을 우아하게 피하는 그 기술이며, 무의미에 대한 미묘한 경향을 통해 본질적인 것을 지속적으로 교묘히 피해가는 그 방법이다. '기분 좋은' 허풍과 관용적인 항의를 넘어서, 옛날 그리스인들을 그토록 열광시켰던 복잡한 그 문제군들 가운데 어떤 것도 드러내지 않으려는 것이다. 공동의 법칙들을 조직하고 방어된 행동을 지정하는 수많은 방법들, 적법한 것과 불법적인 것을 분명히 판가름내는——이어서 이것들을 내면화시키는——가장 훌륭한 방법, 각자의 갈망과 모든 이들의 단결 사이의 이상적인 균형점에 가장 가까이 다가가는 방법 같은 문제들 말이다. 요컨대 우리가 하나의 문명이라 일컫는 그것, 즉 인간적으로 고심하여 개발된 '그것'을 구축하려는 고심을 하지 않으려는 것이다.

우리는 이 말에 얼굴을 붉힐 것인가?

그러나 문제는 바로 그것이다. 각각의 인간 사회는 일정수의 생물학적 불변 요소들, 사회적 구속들(아이를 낳고 교육시키는 일), 또는 욕망의 항적 속에 배회하는 위험들——이들 가운데 첫번째 대열에 있는 것이 폭력이다——과 대결해야 한다. 각각의 사회는 금지된 것들을 통해서 '고유한 문화,' 다시 말해 향유와 사회적 신중함이라는 모순된 명령들을 결합시키는 특수한 하나의 양식 ——끊임없이 문제시되고 '논의되는' 양식 ——을 표현한다. 이 특별한 방식은 개인적인 폭력이나 집단의 해체 위험을 모면하는 방식이다. 마법적 사상과 상징적 모습을 넘어서, 금지된 것들은 집단 및 집단의 생존과 관련하여 숨겨진 지식을 간직하고 있다. 우리는 이 지식의 내용을 고찰하지 않을 수 없다.[7]

30년 동안의 제재를 거부하는 자유주의적인 커다란 소요 속에서 위와 같은 최소한의 명령들 가운데 보존된 것은 아무것도 없다. 오히려 그 반대이다. 사람들이 더 이상 논의하고 싶지 않은 문제가 있다면, 그것은 바로 금지된 것 자체의 문제이다. 어려운 일은 더 이상 이 문제를 검토하고, 이의를 제기하고, 다시 정의하거나 조정하는 것이 아니라 단순히 그것을 철수시키는 것이었다. 앞장에서 검토한 라이히의 유토피아가 연 지평은 '초월할 수 없는'[8] 것으로 분명하게 각인되었다. 그것은 더 이상 금지된 것은 있을 수 없다!라는 몇 마디로 진술되었다.

그런 식으로 한 사회가 지속적으로 살아갈 수 있을까? 사실은 사람들이 문제를 집요하게 ——그리고 심지어 퉁명스럽게 ——회피했던 것이다. 그런데 그런 식으로 행동한다는 것이 항상 쉬운 것만은 아니다. 현실 세계는 완고하다. 회고해 볼 때 충격적인 것은, 현대 개인주의의 대립적인 두 요소(금지된 것의 거부와 인권의 보호)를 문자 그대로 **단락**(短絡)시켜 연결하는 이러한 문제가 어떻게든 제기되었을 때 혼란스럽게 확인된 그 공황이다. 예를 들어 여권주의와 강간·근친상간·에이즈·성희롱, 또는 어린이에 대한 성적 유혹, 이런 것들과 관련된 문제들이 그 경우였다. 당시에 사람들은 '총괄적인 것'은 ——결코 ——연루시키지 않고 이 사건들을 '국지적으로' 다루기 위해 예수회 교의의 보배들을 전개했다. 이는 개념적인 임기응변을 기막히게 실천한 것으로, 거의 반세기 동안 사람들이 공산주의 교의 자체는 문제삼지 않고 공산주의의 몇몇 학대나 '실수들'을 끈질기게 고발했던 것을 상기시킨다.

그렇게 사람들은 강간범들에 대한 사법 기관의 소심한 친절이나, 성적으로 괴롭힘을 당한 여성들에 대한 상스러운 멸시를 강하게 비난하는 것을 배웠다. 그러나 사회적인 것의 강박적인 에로화나, 우리의 집단적 삶을 히스테릭하게 만드는 향유에 대한 계약(아직 상대방으로부터 인정받지 못한)[9]에 대해선——결코——걱정해 본 적이 없다. 사람들이 있을 법한 모든 일을 넘어서면시까지 부정하려고 전력을 기울인 것은 전자와 후자 사이에 관계가 있을 수 있다는 것이다. 이 관계를 인정하면 '반동'에 굴복했다는 것이 되기 때문이다.

어린이에 대한 성적 유혹: 주술적인 희생

앞에서 우리가 보았듯이, 지배적인 담론의 편집증이 절정에 이른 것은 어린이에 대한 유혹과 관련된 것이다. 우리는 어린이에 대한 성적 유혹과 관련된 포르노 영상물을 소유한 자들을 갑자기 추적한 것——이 추적은 대대적으로 대중 매체를 탔다——을 오랫동안 기억할 것이다. 우리는 우편으로 몇 개의 카세트를 샀다는 이유로 갑자기 익명의 상태에서 벗어나 카메라 앞에 던져져 '괴물들'로 지정된 그 교사들·신부들, 또는 소아과 의사들을 잊을 수가 없다. 우리가 특히 기억하게 될 것은, 이른바 어린이들을 성적으로 유혹한 그 50대들 가운데 여러 사람이 자살한 사실이다. 이들은 단번에 사회의 형벌에 처하게 되었던 것이다.[10] 마찬가지로 우리가 잊지 못할 것은 사형(私刑)을 가하는 데 동조한 일부 언론의 물결이다. 이 언론은 드러내 놓고 '혐오스러운 것,' '범죄,' 또는 '인간 육체의 암거래'를 상기시키면서 한술 더 뜨는 데 바빴다. 이러한 것들은 이중적으로 주술적인 그만큼의 희생이었다. 우선 과거의 친절을 보상해 주기 위해 아무리 노력해도 결코 충분하지 않을 것이기 때문이고, 다음으로 나머지 다른 사람들에 대해 성찰해야 할 의무를 회피했으므로 아무리 처벌이 표적이 되었다 하더라도 **충분치** 않을 것이기 때문이다.

이 순간에 문제를 제기하는 것은 물론 어린이에 대한 성적 유혹의 거부가 아니다. 명백히 아니다. 그것은 본질에 있어서 우리 사회가 도덕과 관련하여 "명백한 의사 표현을 못하고 계속 우물쭈물하고" 있기 때문에 그만큼 성급하게 죄인들을 드러내 보이는 그 분격한 방법이다. 그것은 '반동'을 지지하지 않나 두려워 어린이 상대 성범죄의 전후 상황에 대해 눈을 감아 버리려는 그 집요함이다. 이 전후 상황은 상업 사회에서 하나의 경영 기법이 되어 버린 포르노, 한계에 대해 거의 신경을 쓰지 않는 **우연의** 텔레비전, 과거의 놀라운 관용주의, 그리고 현재의 근시안적 관점으로 이루어져 있다. 호언적인 허세를 부리지만 혐의자들을 대상으로 한 분명한 범주에 한정된 이러한 일제 단속은, 예전 공산주의 체제들이 시도한 주기적인 의식(儀式) 행사를 상기시킨다. 즉 몇몇 부패하고 불운한 공산당 비밀정보부원을 희생시켜 체제를 구하고 불길을 막는 것이다. 마찬가지로 어린이를 성적으로 유혹하는 자들에 대한 공개적 추적과, 이 추적이 후에 야기시킨 몇몇 논쟁은 은밀하게 이러한 기도를 정당화시킨 음험한 공포의 일단을 엿보게 해주었다. 그리고 이 기도가 진압을 통해 기대했던 일시적인 안도가 이어졌다.

그렇다면 금지된 것의 문제는 전적으로 나이와 주민등록증의 문제로 귀결되었는가? 빌어먹을! 나이가 15세, 16세 아니면 17세 반이었다는 것이다. 그래서 한쪽에는 합법적인 쾌락주의가 있었고, 다른 한쪽에는 비열한 범죄가 있었다는 이야기이다. 몇 개월 차이로 말이다. 사람들은 선과 악 사이를 이처럼 간략하게 산술적으로 나눔으로써 안도했다. 도덕적인 큰 혼란은 다시 달력의 문제가 되었다. 결국 말이다! 다른 데서는 도처에서 축제가 계속되고 있다는 것이다. 몹시 싫어하는 문제——어떤 사회에 어떤 성적 도덕이 필요한가?——앞에서 달아나기 위해 사람들은 이런 식으로 이중의 언어와 점진적 담론의 실천을 숙달시켰다. 한쪽에는 눈살을 찌푸린 억압의 언어(혐의가 조금이라도 있는 자에 대해서는 꼼짝 마라! 한다든지, 너무 애무를 심하게 하는 선생들을 처벌하라!든지)가 있다. 다른 한쪽에는 니체적인 수다와 제재를 거부하는 자유주의적인 **여론**(포르노를 방영하는 텔레비전 만세! **나이트 클럽**에서 만나 즐기고, 체인징 파트너하는 짝짓기 만세!)이 있다. 아침에는 엄숙한 훈계의 담론(어린 시절의 순수성을 보호하자! 동물적 욕망을 부끄러워하자!)을 펼치고, 저녁에는 자유주의적인 항의(도덕적 질서를 부정하는)를 하는 것이다. 이중의 언어를 구사하는 이와 같은 병리 현상은 회피하고 보자는 하나의 전적인 기능만을 가지고 있다. 그리하여 우리 사회는 억압하면서 동시에 관용을 베풀고, 스스로 더 이상 단호하게 결정할 수 없는 딜레마들을 경찰에 맡김으로써 용기 없이 도피하고 있다. 그것도 섹스와 섹스를 동반하는 문제들을 정면으로 바라보고 있다고 믿으면서 말이다. 피에르 마낭은 이러한 현대인의 비겁함이 드러내는 역설을 이렇게 강조하고 있다.

"우리 사회는——아마——가장 덜 에로틱할 것이다. 사실 외양적 모습은 기만적일 수 있다. 그러나 우리가——특히 얼굴을 붉히지도 않고——모든 것을 말하고, 모든 것을 보여 주며, 모든 것을 바라보려고 그토록 애쓰고 있다는 사실 자체가 에로스를 있는 그대로 바라보는 대신에 오히려 그것을 피하고 있다는 것을 입증한다. 사람들은 에로스를 '있는 그대로' 단순히 바라볼 수가 없다. 욕망과 법칙 또는 정숙함 사이에 우리가 현상을 객관적으로 응시할 수 있는 그 중립적인 장소를 찾아낼 수 없는 것이다. 우리가 하는 일은 에로스에 추상적인 것들로 이루어진 그물——여성 잡지들이 열정적으로 한 주간의 특색을 잡아내는 '사건들'과 '성의 권리들'——을 던지는 것이다. 이 추상적인 것들은 우리에게 허구적인 지배를 획득하게 해주고, 이로부터 우리로 하여금 관능적인 것은 전혀 없지만 우리의 가장 큰 즐거움인 그런 즐거움을 끌어내게 해준다. 이 즐거움은 우리의 세계 이전의 모든 세계들보다 우리가 우월하다고 느끼는 즐거움이다. 왜냐하면 우리의 과학이, '삶 앞에 우리의 현실주의'가 이 세계들을 지배했던 편견들을 정복했기 때문이다. 각각의 시대는 이 시대가 지닌 인습의 노예이다. 그래서 이와 관련하여 우리 시대는 모든 인습을 청산했다고 주장하는 것만으로 더 나쁘다고 할 것이다."[11]

그러나 공적 담론의 양면성이 부조리의 절정에 다다른 것은 에이즈와 에이즈로부터 보호받는 방법과 관련된 것이다. 이번에는 죽음이 문제되었다. 쾌락의 영역에 죽음——이 죽음은 특히 친구들의 얼굴과 이름을 하고 끔찍스럽게 축지할 수 있는 모습을 띠고 있다——의 요란스러운 침입은 사람들이 처음에 믿었던 것보다 훨씬 더 많은 것들을 심층적으로 뒤흔들었다. 후일의 방황을 보다 잘 평가하기 위해서 우선 기억해야 할 것은 전염병이 발생한 특별한 문화적 맥락——80년대 벽두의 맥락——이다. 우선 이 병은 오직 동성애자들('암적 존재인 게이')의 탓으로 돌려졌으며, 처음에는 그 병리 현상이나 확산이 제대로 알려지지 않았다. 그리하여 그것은 전염(땀·침 등을 통한)의 환상적 두려움을 발생시켰다. 그것은 특히——그리고 즉각적으로——히스테리에 가까운 교화적인 비난을 부추겼다.

우리가 알다시피, 미국의 도덕적 다수에 속하는 텔레비전 복음주의자들은 에이즈의 발생에서 전반적인 정욕의 종말을 알리는 섭리적인 징후를 보았다. 그들은 에이즈를 죄를 지은 현대 도시에 내린 '신의 경고'로 해석했고, 벌을 받게 되어 있는 향락적인 새로운 소돔으로 해석했다. 좀더 분명하게 말하자면, 그들은 그 속에서 동성애·월경·사랑의 배신 등과 관련된 인류학적 또는 종교적 금지 사항들을 귀납적으로 정당화시킬 수 있는 것을 찾아냈다.

미국과 그리고 다소 덜하지만 유럽에서 맹위를 떨친 이 교화적인 설교가 주표적으로 삼았던 것은, 겨우 오욕에서 해방되

고 최근에야 불안정한 사회적 인정을 받은 동성애 집단이었
다.[12] 동성애 집단은 다시 지목되었고, 죄를 뒤집어썼으며, 추방
되었다……. 이 문제에 대해 많은 글을 쓴 사회학자이자 역사
가인 마이클 폴락(그 자신 1991년에 에이즈로 사망)은, 1982년에
서 1986년 사이의 그 종말론적 분위기와 이에 따른 동성애자
들의 공포를 훌륭하게 그려냈다. "모든 도덕주의를 삼가려고
애쓰는 해설에서조차 에이즈는 이 자유 시대의 종말로서, 또한
동성애를 체험하는 어떤 방법의 종말로서 나타나고 있다."[13]

이와 같은 억압적이고 고발적인 분위기는 역사에 이미 기록
된 집단적 반동과 비교될 만했다. 국민 보건상의 유사한 위험
이 출현할 때마다 나타난 그 반동 말이다. 예를 들어 14세기의
큰 페스트가 나타났던 시기에 소수 집단들(유대인들·마녀들·
동성애자들……)은 재앙에 책임이 있는 것으로 지목되어 박해
를 받았다.[14] 그러나 또한 보다 분명한 방법으로 이루어진 것은
성욕에 그 책임이 직접적으로 돌려진 질병들이 나타났을 때였
다. 16세기초 프랑스에서 매독이 '나폴리의 병'이라는 이름으
로 확산되어, 가톨릭의 반종교 개혁에 의해 시작된 도덕적 경직
화를 조장했을 때가 그런 경우이다. 또한 16세기초와 1630년경
옛 중국에서 매독과 관련된 큰 전염병들은 어떤 사람들에게는
극단적인 정숙함의 회복을 야기시켰고, 또 어떤 사람들에게는
쾌락을 광적으로 추구하게 만들었을 때가[15] 그런 경우이다. 마
찬가지로——이 경우는 훨씬 덜 알려져 있다——18세기말에
프랑스에서 동성애자들이 몹시 두려워한 이상한 병——크리스
탈린——이 나타났을 때도 그런 경우이다. 이 병은 음경의 표
피나 항문 부위에 투명한 액(고름)이 가득 찬 농포로 (증상이)
나타났는데, 정자나 피의 접촉을 통해서 걸리는 것으로 생각되

었다. 의사들은 이 병을 치료할 권리가 없었다. 크리스탈린은 특히 혁명의 마지막 시기에 청교도적인 가혹함을 정당화시키기 위해 원용되었다.[16)]

그러므로 에이즈가 서구 사회에 나타난 것은 열성적으로 도덕적 복수를 하거나 **성의 혁명을 막는** 이와 같은 동일한 분위기에서였다. 에이즈가 '반동'에 알리바이 구실을 하지 않을까 하는 두려움은 결정적이었다. 왜냐하면 그것은 에이즈에 관한 담론의 음조를 고정시켰기 때문이다. 그것도 오랫동안 말이다. 그것은 맨 처음에 동성애자들의 조직들로 하여금——그리고 또한 좌파 전체로 하여금——위험의 심각성을 부정하도록 부추겼다. 사람들은 억압적인 환상을 고지식하게 믿을 필요가 없다고 생각했다. 이는 이해할 수 있지만 무책임한 태도로서, 10년 혹은 12년 후에 민감한 주제로 남는다. 우리는 그 증거를 1996년 호전적인 동성애 사회에서 프레데릭 마르텔이 다음과 같이 쓴 글이 야기시킨 격렬한 반응에서 보게 된다. "80년대 동안에 사회에 대항해 동성애자들을 보호해야 한다고 주장한 릴레이식 지원 주체들(단체들·신문들·기관들)은 역설적으로 ——아마 **비극적이라고** 써야 할 것이다——동성애자들을 위협하는 전염병의 현실에 관해서 이들을 속였다."[17)]

한쪽에는 청교도적인 반동의 위협이 있었고, 다른 한쪽에는 위험의 부정이 있었다. 우리가 보다시피 에이즈의 도전은 단순히 보건적이거나 의학적인 문제가 아니었다. 그것은 상징적인 장치를 온통 뒤흔들었던 것이다. 어떤 이들은——때때로 성실하게, 그리고 지나친 설교에 빠지지 않고——에이즈가 70년대의, 제재를 거부하는 자유주의적 태도에 대한 '경고'라고 자축이라도 하는 것 같았다. 반면에 다른 이들은 에이즈로 인해서 아무것도 변하지 않도록, '성적 기득권'이라고 부를 수 있는 것에 광적으로 세심하게 주의를 기울이려고 했다. 양쪽에서 사람들이 예감한 것은 에이즈의 출현과 긴급히 마련해야 할 예방책이 개인주의의 우선권과 성의 자유, 다시 말해 서구 근대성의 중심 자체를 문제화시킬 것이라는 점이었다.

이로부터 사람들이 예방책을 마련하려고 애쓰면서 몰두한 언어적인 환상들이 나왔던 것이다.

'건강한 포르노'

시대 정신의 입장에서 볼 때 상징적 도전이라는 것은 그렇게 대수롭지 않은 것만은 아니었다. 우선 중요한 것은——전에 없던 계획으로서——죽음의 관념과 쾌락의 관념을 한 쌍으로 만드는 것을 다시 배우는 것이었다. 또한 숙명·전염, 또는 병적 성질을 사랑의 쾌락주의의 한가운데로 도입하는 것이었다. 그리고 신중함을 바탕으로 한 예방책을 진작시키는 것이었다. 그렇다고 제재를 거부하는 새로운 자유주의적 태도에 대해 가졌던 관념과 불가분의 관계에 있는, 에로틱한 환상 및 방황의 기존 방침에 영향을 미쳐서는 안 되었다. 한 마디로 에이즈는 성에 대한 가짜 논쟁을 좀더 희화시키면서 드라마화시켰다. 이제 죽음은 주요한 증인으로서 소환되었다. 그것도 각 진영으로부터.

그래서 낯설고 병적인 대칭 관계가 지배했다. '에이즈 처벌'에 관한 우파의 담론이 지닌 불공평에 직면하여, 희생자들의 보상적인——그리고 약간은 망상적인——영웅화가 이루어진 것이다. 자유롭게 받아들인 동성애의 '탈선'에 병의 책임을 전가

한 자들(이들은 이러한 전가를 분명 추구했다)에게 혈청 양성반
응자의 거의 그리스도적인 모습이 대립되었다. 이 반응자는 집
단적 무관심, 방역의 거부, 국가의 의무 태만이 낳은 희생자라
는 것이다. (예를 들면 마이클 폴락이 인용한 **액트 업**(Act up,
에이즈환자협회)의 한 멤버가 한 다음과 같은 상징적인 선언이 그
러하다. "나는 2년 전에 에이즈에 전염되었는데, 그 책임은 정부
가 져야 한다."[18]) 에이즈에 걸린 환자나 혈청 양성반응자는 때
로는 혐오스러울 정도로 잔인하게 추방되었고, 때로는 알 수
없는 누군가에 의해 '억압받는' 자이자 상징적으로——그리고
영웅적으로——괴롭힘을 당하는 자로 변모되었다.

　한쪽에서는 동성애를 반대하는 증오와 희생자들에 대한 무
관심을 배경으로, 사람들이 방역상의 비극을 처벌을 위한 알리
바이로 변모시켰다. 다른 한쪽에서는 사람들이 운명의 희생자
로 보여진 에이즈 환자——또는 에이즈를 전염시키는 자——
에게 모든 개인적 책임을 면제해 주었다. 처벌적인 과오에 과
오의 전도된 얼굴, 다시 말해 개인적인 무책임성의 파국적인 과
대 평가가 대응했다. 사람들은 자신들의 경솔이나 선택에 대해
서조차도 책임을 지지 않았다. 재앙의 내재성에 직면하여 사랑
의 행동에 있어서의 자유와 그 필연적 결과, 즉 떠안은 책임이
둘 다 막연하고 동일한 무고함 속에 해체되었다. 그리하여 암,
B형 간염, 그리고 심장 혈관 계통의 질병들과는 달리 에이즈라
는 병은 추상적인 의미들을 띠게 되었다. 주요 목적은 이미 더
이상 의학적이 아니라 이데올로기적이 되었다.

　정신분석학자 토니 아나트렐라(그는 동시에 목사였다)가 이
에 관하여 다음과 같이 주목한 것은 틀리지 않았다. "그리하여
에이즈의 진정한 사회적 연출이 탄생되었던 것이다. 방역에 관

심을 보이는 성직이 나타났고, 유죄성과 고발에 토대를 둔 선전적 투쟁 운동과 조직이 출현하였다. 또한 행렬을 이루고 매체가 중계를 하는 의식 행사가 나타났다. 마지막으로 성문제에 따라다니는 죄과를 상징적인 희생양에 능란하게 옮겨 놓는 독트린이 출현하였다."[19]

이처럼 격론들이 망상에 접근한 것은 예방책을 마련하는 데서였다. 콘돔과 그것의 사용·수용·권유, 미성년자에게의 처방과 상품화 같은 것들이 서구 사회를 투쟁적 웅변의 광란 상태에 빠지게 했다. 죽음이 문제되지 않았다면 우스꽝스럽다고도 할 수 있을 정도였다.

사실 이 사건에서 모든 것이 애매했다. 가능한 한 가장 효율적인 예방책을 마련해야 한다는 필요성은 우선 사람들이 성과 관련하여 공적이고, 분명하고, 구체적이고, 교육적이고, 직접적인 이야기를 할 수 있도록 구실을 제공했다. 성관계의 실상을 어떤 사회도 아직 경험하지 못한 정도로 보다 치밀하고, 보다 분명하고, 보다 상세히 묘사하도록 권장하는 것이 중요하였다. 위협의 범위와 결과의 책임은 사람들이 정숙함, 미묘한 메타포, 혹은 암시적인 이미지에 마음 쓰는 것을 금지시켰다. 사람들은 까놓고 말해야 하면서 성기(남자의)의 오럴 자극을 성기의 오럴 자극이라고 말해야 했을 뿐 아니라, 해당자들의 추정된 나이나 성숙과 관련된 전통적 조심성으로부터 해방되어야 했다. 광고 선전의 의도적인 적나라함으로부터[20] 매체나 학교 교육을 거쳐 학교에서 콘돔을 나누어 주는 이들에 이르기까지, 에이즈와의 투쟁은 몇 년 안에 새로운 '성의 담론'을 만들어 냈다. 이 담론은 편재하고, 강박적이고, 차가우며, 임상적이고, 설교적이지만, 짓누르는 것이면서도 언급되지 않는 것, 즉 죽음이 가능하다는 것에 의해 정당화되었다.

공적 자금을 동원하는 것을 포함한 예방책은, 아무것도 요구하지 않는 사람들까지 대상으로 하여 객관적으로 충격적이지만 비판할 수 없는 '위생적인 포르노'를 도처에서 만들어 내고 촉진시키도록 유도했다. 이 포르노는 예방적 의무의 상징 자체가 되었고, 그 자체로서 국가가 책임지고 어린이나 사춘기 아이들까지 포함해서 모두를 대상으로 했다. 사실 이러한 현상은 역사상 전례가 없었던 일이다. 이 모든 것이 야기시켰던 논쟁들은 동일한 논쟁적 대칭을 따랐다. 예방 운동이 드러낸 '무례한' 과감성에 언짢아했던 사람들에 반대하여 의학적인 필요의 중요성이 제시되었다. 양쪽은 과장적이고 판에 박은 비난을 주고받았다.

수십 개의 예들 가운데 단 하나의 예만을 들겠다. 1995년 7월, 파리의 게이 레스비언 센터는 정부가 '처음으로 암시되었던' 동성애자 커플의 이미지(이 이미지는 아무것도 신지 않은 두 쌍의 남자 발로 되었다가 마지막 판에서는 두 쌍의 남자 구두로 대체되었다)를 없애 버렸다고 비난했다. 또한 사람들은 예방 장치를 한, 성기의 오럴 자극을 권장하는 것을 목표로 한 몇몇 사진을 이 캠페인으로부터 정부가 몰수했다고 비난했다. 사회당은 놓치지 않고 이 사건이 '도덕적 질서의 회귀를 당황스러운 방식으로' 밝혀 주고 있다고 평가하며, '현재의 지나친 정숙'을 비난했다.

신문의 해설 또한 못지않은 의미를 담고 있었다. 왜냐하면 그것은 원칙적이 되었든 습관적이 되었든 "이러한 문제들을 상기시키는 데 전형적으로 추위를 타는 프랑스인들의 모습"을 개탄했기 때문이다. "스칸디나비아인들이나 영국인들은 에이즈에 직면하여 개인적이고 집단적인 자각을 권장하는 데 목적을 둔 '사실' 이미지들에 대해 이미 오래 전부터 모욕을 느끼지 않았는데 말이다."[21]

교황이 없다면…

또한 보다 구체적인 방식으로 사람들은 위험이 없는 행위들을 강조해서 긴급하게 권장하도록 유도되었다. 집단적 수음과 단속(斷續)적인 성기 오럴 자극, 정교한 애무, 또는 '사이버 섹스' 등이 그런 것들이다. 사람들이 의식하지 못한 채, 그런 식으로——달리 어떻게 한단 말인가?——특별히 권유한 것은 성에 대한 단호하게 기능적이고 유아(唯我)주의적이며 위생주의적인 접근이었다. 이러한 접근은, 예를 들어 이와 같은 교육의 주요 대상인 청년들의 감성과는 거의 관계가 없었다. 그리하여 긴급성이 정당화시킨 것은 쾌락 표현의 서글픈 빈약화였다. 쾌락은 하나의 기능, 몸짓의 지위로 떨어졌고, 더욱 고약한 것은 그것이 면역적인 전략의 지위로 떨어졌다는 것이다.

시나리오 작가 소피 쇼보는 이렇게 고찰했다. "우리는 이제 젊은이들을 위험 집단으로 다루고 있다! 도대체 우리는 젊은이들에게 성관계를 이야기할 때 에이즈에 대해서만 말하면서, 이들에게서 성과 관련하여 어떤 이미지를 펼치고자 기대하는가? 사랑과 쾌락인가, 신성한 것으로 통해 있는 섹스인가? 그들은 이런 성에 대해선 전혀 들어 본 적이 없다. 저런! 그들은 홀로 청년의 침대 속에서 이것을 꿈꾸는 일이 있다. 그러나 그들은 자신들의 혼란에 대답해 줄 사람을 아무도 찾아내지 못하고 있다. 우리는 그들에게 현재의 절대적 명령을 내리고 있다. 에이즈, 에이즈, 실업, 실업…… 하면서 말이다. 시한폭탄의 똑딱거리는 소리처럼."[22]

철학적 또는 종교적 신념의 이름으로 이러한 '위생적 포르노'의 문화적 비참함을 비판한 모든 사람들은 위험과 타협한다고, 에이즈 나아가 죽음의 공범자라고 비난받았다. 생명에 호소하는 데 토대를 둔 이런 종류의 위협과 대면한다는 것은 쉽지 않다. 사랑을 성행위와 동일시하고, 성행위를 유체들의 기계적 활동과 동일시하는 것은 정치적으로 정확하게 되었다. 나머지 모든 것은 다소간 편협한 신앙심의 성격을 띠고 있었다. 실제 우리 사회 이전의 어떤 사회도 사랑과 쾌락의 문제를 이처럼 초보적인 경우들로 귀결시키지는 않았다.

콘돔에 대해 말하자면, 그것은 이제 더 이상 단순히 도구가 아니라 기막힌 깃발이었다. 그것은 범죄에 대한 우리의 대답이자 죽음에 직면하여 간직하는 부적이며, 우리가 용감하게 버티는 신호이고, 우리가 운명의 숙명성과 동시에 도덕의 명령을 거부하는 증거였다. 모든 것은 단순해졌다. 라텍스(콘돔) 옹호자들은 인간의 진보에 대한 신뢰를 나타냈다. 궤변가들과 온갖 종류의 트집쟁이들인 다른 사람들은 청교도적인 질서를 주장하는 슬픈 무리를 구성하고, 전염적인 범죄의 명백한 동조자들을 구성했다. 사태는 분명했다. 사람들은 이제 여기저기에서 이 고무 장벽에 대해서 서로 싸웠던 것이다. 콘돔의 문제 하나가 쾌락에 대한 인간의 모든 성찰을 고갈시키지는 못한다고 위험을 무릅쓰고 반대 의견을 내세웠던 자는 누구나 단호하게 면박을 당했다. 당신은 살인자가 될 생각입니까?라고 말이다.

보건상의 긴급함은 사태를 단순화시키는 기계처럼 기능했다.

아마 사람들은 이러한 측면만을 기다리지 않았을까? 사회는 최초 반사 작용, 열정, 집단적 움직임, 또는 갑작스러운 공황에서 복잡성을 혐오했다. 콘돔의 단순한 서정성을 거부한 자는 누구에게나 린치를 가한다는 것이 매체를 통해 확실하게 되었다. 이 얇은 고무 장벽은 단순히 두 진영을 분리한 것이 아니다. 그것은 우리가 정복한 모든 것들을 보호해 주었다. 조금이라도 그것의 마술적——그리고 유희적——지배권을 문제삼는 것은 단념을 받아들이는 것이었다.

그리하여 교황 요한네스 파울루스(요한 바오로) 2세와 그 믿을 수 없는 논쟁이 거리를 두고 엮어졌다. 이 논쟁은 여러 해 동안 공적 공간의 본질적인 것을 차지했다. 폴란드 가톨릭교의 전통을 계승한 교황은 풍속에 관한 한 풍자적으로 보수주의자로 인식되었는데, 이에는 몇몇 이유가 있었다. (경제적·사회적 문제에 관해서는 그렇지 않았다. 이 문제에 있어서 야만적 자본주의에 대한 교황의 비판은 좌파에 가까운 사회적 가톨릭 교리로부터 다분히 비롯되었다.) 도덕에 할애한 텍스트와 회칙(回勅)에서 그는——특히 성의 문제와 피임에 관해서——제1·2차 세계대전 사이에 교회가 취했던 입장인 엄격하고 규율적인 입장을 되살리는 것 같았다.

예를 들어 1930년 12월 31일자 피우스 11세의 회칙 '카스티 코누비(Casti connubi, 순결한 결혼)'가 표현한 입장이 그런 것인데, 이 회칙은 결혼의 교리에서 보수적인 반격을 나타냈다. 사실 이 텍스트를 통해서 피우스 11세는 하나의 지적 흐름을 의도적으로 진압했다. 이 흐름은 1925년과 1930년 사이에 피임의 방법에 대해서는 신경을 덜 쓰고 부부간의 의도에 보다 주의를 기울이는 도덕신학을 구상하기 시작했던 것이다. 이 시기의 한 전문가는 이렇게 쓰고 있다. "이 흐름이 새로운 힘을 가지고 전면에 다시 나타나서, 가톨릭 세계 전체에 질문을 하기 위해 종교 회의를 이용하는 데 30년이 걸렸다."[23]

피임과 콘돔, 그리고 에이즈와의 투쟁 우선에 관해서 요한네스 파울루스 2세는 의도적으로 '성적으로 정확한 것'을 거부하고, 콘돔 사용을 찬성하는 설교를 다소 명료하게 거부하는 쪽에 자리를 잡았다. 그는 이것을 권위적이고 낡은 경직성을 보이며 나타냈으므로 실천적 가톨릭 신자들까지 당황케 했다.

바티칸이 자신의 역할에서 벗어나 교리를 잊어버리고 시대의 분위기에 넘어가 "콘돔을 끼고 네가 원하는 것을 해라라는 지배적인 메마른 담론에 영합하는 것"[24]을 기대한다는 것은 엄밀하게 말해서 터무니없는 일이었다. 그러나 그것이 지배적인 담론과 대중 매체들이 집요하게 요구한 것이다. 콘돔과 교황만이 문제가 되었으며, 둘은 당시의 기호(嗜好)에서 우스꽝스러운 만화의 인물들로 변모되었다. 사람들은 교황과 교회가 '콘돔'을 찬성하는 성명을 보다 명료히 발표하라고 독촉했다.[25] 이것으로 충분한 것이 결코 아니었다. 더 이상 얼버무리는 것은 '죄를 짓게' 되었다. 교황은 침묵을 함으로써 '살인자가 되었다'는 등의 말이 쏟아졌다. 이는 한심스러운 귀결주의이지만 하늘의 도움을 받는 계략이었다. 교황이 보기에 콘돔은 죽음에 직면하여 내놓은 고무의 즐거운 단순성을 가지고 있었다. 교황은 사람들이 스스로 제기하기를 거부하는 모든 문제들을 편리하게 ──다시 말해 쉽게 조롱을 당하는 고풍스러운 형태로 ──구현했던 것이다.

4

자본의 진정한 행복을 위해

우리가 알지 못하는 사이에, 최근 10년 동안 성의 해방에 관해 또 다른 반전이 이루어졌다. 이는 매우 중대한 가치의 전도이기 때문에 현재로서는 아직 우리가 진정으로 **생각지도 못했**던 것이다. 예측할 수 없는 계략을 써서 역사는 마침내 지난날의 그 신선한 '전복'을 기존 질서를 구성하는 요소로 변모시켰고, 지난날 요구되었던 자유들을 상업적 기구를 받치는 기둥들로 변모시켰다. 오늘날 제재를 거부하는 주변의 자유주의적 태도는 거대한 자유 시장의 이익과 돈의 지배에 배치되는 것이 결코 아니라, 확실하게 이것들에 봉사하고 있다. 그리하여 수많은 방법으로 에로틱한 쾌락주의는, 마지못해 그렇다 할지라도 이제 확실하게 경계가 설정된 시장의 범주 내로 들어가고 있다. 기조가 분명히 밝힌 7월 왕정의 유명한 충고 '부자가 되시오'라는 말에 반향하는 역설적인 명령 '즐기시오'라는 말이 여론 속에 회자하고 있다. 이 명령은 옛날의 요구들을 보다 잘 배신하기 위해 그것들을 액면 그대로 받아들이고 있다.

'부르주아 질서'에 대한 부정!

아주 단순히 기억해야 할 것이 있다. 30년 전부터(그 전부터라고도 말할 수 있다) 도덕적 질서에 이의를 제기했고, 육체의 즐거움에 자유롭게 접근하기 위해 투쟁했던 사람들이 하나의 기본적인 확신을 다소간 공유했다는 것이다. 사람들은 성생활의 모든 묘사가 생산의 절대적 필요성을 만족시키면서, 다시 말해 국민들을 일하도록 하면서 어떤 지배를 영속화하고, 어떤 권력을 튼튼하게 하려는 염려를 주로 추종하고 있다고 생각했다. 수많은 방법으로 거부된 이와 같은 분석은 그것이 세속적이 되었든 종교적이 되었든, 성도덕을 봉건적·귀족적 또는 부르주아적 질서를 위한 '전략'으로 다시 지정하게 되었다. 성도덕이 영속화시키려고 애쓴 지배는 물론 남자의 여자에 대한 지배, 부자의 빈자에 대한 지배, 유산자의 무산자에 대한 지배였다. 사람들은 도덕이 어떤 종교적 또는 신비적 변장을 하든 다른 목적이 없다고 말했다.

사실 집단적 기억은 오랜 세월 동안 방종이 귀족의 특권이었다는 점을 간직하고 있었다.[1] 마찬가지로 사람들이 기억하고 있었던 것은 산업 혁명의 초기에, 그리고 19세기 내내 부르주아 도덕의 강박관념이 야만적으로 들끓고 있다고 추정된 노동자들의 성욕을 지배하고 규율하거나 억제하는 것이었다는 점이다. 이 관념은 기존의 도덕적 질서, 특히 공장들의 평화를 위협하는 하층민의 무도덕성에 대한 환상적[2] 비전이었다.

마르크스는 다음과 같이 썼다. "자본주의자는 생리학상 임금을 최소한으로 끊임없이 줄이려는 경향이 있고, 노동의 하루를 생리학적으로 최대한 연장하려는 경향이 있다. 노동자는 반대 방향으로 끊임없이 압력을 가한다."[3] 사랑의 쾌락은 사치이자 낭비로서 산업이 감수하기 어려운 것이다. 이것은 또한 엥겔스가 《가정, 사유 재산 및 국가의 기원》에서 밝힌 주장이다. 이 책은 레닌이 읽기를 권장한 책이라고 한다. 막스 베버가 자본주의의 창시자들로 인용한——우리는 이것을 다시 다룰 것이다——17세기와 18세기의 개신교 도덕주의자들 이래로 '존재의 청교도적인 개념'이 "근대의 **반경제적인 인간**의 요람을 감시했다"[4]는 것은 말할 필요도 없다.

프로이트에게도 '문명에 의한 성생활의 순화'와 '충동의 억압' 위에 구축된 '개화된 성도덕'의 진작은 훨씬 오래 전부터 기존 질서와 체결한 일종의 불평등 조약을 나타냈다. 그는 금세기초에 이렇게 쓰고 있다. "각각의 개인은 자신의 소유물과 주권적 힘의 한 조각을 양보하고, 인격의 공격적이고 복수적인 경향을 양보했다."[5] 60년대와 70년대의 비판적이며 제재를 거부하는 자유주의적인 모든 문학 또한 다음과 같은 신념에 물들었다. 일부일처제 결혼, 출생률을 높이려는 이데올로기, 금욕과 부권적 권위, 이런 것들에 토대를 둔 전통적 도덕은 우선 '부르주아 사회'를 지배하는 착취자들의 손안에 있는 무기이다.

빌헬름 라이히는 보수주의적인 성도덕이 '경제적 이해 관계의 정확한 표현'이라고 끊임없이 주장한다. 그는 이렇게 주목한다. "반동적 사회의 모든 도덕은 필연적으로 성생활에 부정적이다. 그것이 성생활의 현실에 어떤 양보를 하든, 지배 계급의 성생활에서 원칙과의 거리가 어떠하든 말이다."[6] 사실 금세기초에 그보다 몇 년 앞서 프랑스 무정부주의 운동의 최초 투쟁자들은 라이히적이라는 말이 생기기 전에 이미 라이히적이었다. 그들은 자유로운 사랑과 피임을 요구했다. 그들은 자신들속에 몇몇 재주 있는 포르노작가들을 끼워 주기까지 했다.[7]

68년 5월과 그 이후로 배포된 팜플렛·슬로건·성명서들을 보면, 우리는 '파시스트'·'부르주아' 또는 '상업적인' 질서에 대한 집요한 고발을 재발견할 수 있다. 이 질서는 대중의 자유로운 성관계를 금지해 생산력을 보다 잘 착취하려 한다는 것이다. 마찬가지로 우리는 이와 같은 억압의 주요 도구로서 제시된 권위의 원칙에 대한 고발을 재발견한다. "부르주아지는 대중들 모두의 품위를 떨어뜨리는 것 이외에 다른 즐거움이 없다"라고 68년 5월의 한 낙서는 귀엽게 선언했다.

1959-69년 시기의(기성 질서와 체제를 반대하는) 시튀아시오니스트들의 보다 엄격한 텍스트들은 '성의 전복'을 직접적으로 드러내는 것을(우회적 예증을 통한 암시적 방법을 제외하면) 거의 포함하고 있지 않다. 그러나 위반적이고 방종적인 초현실주의적 유산은 처음부터 그 속에 명료하게 요구되어 있다. 기 드보르의 보고서에는 이렇게 기록되어 있다. "욕망과 놀라움의 절대권을 주장하고 삶의 새로운 이용을 제안하는 초현실주의의 프로그램은, 사람들이 일반적으로 생각하는 것보다는 훨씬 풍요로운 건설적 가능성으로 가득 차 있다."[8] 1968년에 《학생들 세계의 비참함에 대하여》라는 시튀아시오니트들의 유명한 소책자에 영감을 불어넣는 것은 바로 이와 같은 감성이다.[9]

뿐만 아니라 이 시기의 '과격한' 수사학에는 한편으로 노동투쟁이나 반제국주의 투쟁과, 다른 한편으로 풍속과 관련된 새로운 요구들(동성애의 주장, 피임, 여권주의 등) 사이의 관계가 지속적으로 확립된다. 파업중인 노동자들에게 보낸 3월 22일 운동의 팜플렛은 이렇게 선언하고 있다. "당신들의 투쟁은 우리의 투쟁이다. 우리는 대학을 점령하고, 당신들은 공장을 점령한다." 일상 생활과 관련된 새로운 투쟁 영역들과 프롤레타리아의 유산(遺産) 사이에 주장된 이와 같은 연관은 동일한 '압제'의 고발——이 고발은 모두에게 명백한 것 같다——에 토대를 두고 있다. 요컨대 동성애 혁명 행동 전선, 반정신의학적 운동, 감옥정보협회 같은 조직들을 창설한 자들은 70년대에 큰 역할을 하게 되는데, 대부분의 경우 정치적 극좌파로부터 왔다.

당시 대학생들로 말하자면, 그들은 시튀아시오니스트들의 텍스트들뿐만 아니라, 예를 들어 환기적인 제목을 가진 철학자 앙리 르페브르의 《파리 코뮌의 선언》 같은 것들을 읽었다.

정치적인 것으로부터 문화적인 것으로

더구나 두 타입의 혁명 사이의 이와 같은 최초의 연결은 프랑크푸르트학파의 이론가들에 의해 상당히 광범위하게 개념화되었다. 전투적 여권주의의 옛 여성 투사였던 에블린 쉴르로는 이 점을 회고적으로 약간의 아이러니를 곁들여 강조하고 있다. 그녀는 이렇게 쓰고 있다. "프랑크푸르트학파 전체——아도르노·호크하이머·프롬, 그리고 특히 마르쿠제——가 전력을 기울인 것은 아버지의 모습을·단순히 가정적 권위의 조정자뿐 아니라 넓은 의미에서 권위, 정치적 권위의 조정자——이 때문에 그는 모든 의심과 저주를 받아 마땅한 것이다——로 재해석하는 것이었다. (……) 사실 합법적인 아버지의 권위는 정치 권력을 강화한다. 우리는 이런 상황에 있는 것이다. 이것이 '68년도의 사상' 으로서 '압제' 에 대항한 싸움에서 표현되고, 젊은이들을 포용하게 된다."[10]

부르주아 도덕을 무너뜨리기 위해 싸우면서 사람들은 단순히 포스트모던한 개인주의의 도래를 준비하는 것이 아니다. 그들은 또한——특히——돈의 소외적인 횡포, 상품의 천박성, 청교도적인 경제 제일주의와 싸운다. 후에, 훨씬 후에 "68년 5월의 프로메테우스적이고 정치적이고 공동체적인 개인주의와 70년대말의 자기 도취적이고 무관심적인 개인주의 사이에" 단절이——담론이 아니라 현상에서——일어난다. 질 리포베츠키는 이에 대한 이론가가 된다. 이 단절은 '정치적 좌익주의와 문화적 좌익주의' 사이의 분리라는 것이다.[11)

따라서 1968년에——그리고 1789년 혁명 이후로!——일반적으로 공유된 가설은 애매성이 없다. 이 가정은 이렇게 단언한다. 욕망이 오래 전부터 모든 성직의 열성적인 지원을 받아 억압당하고 있다면, 이것은 우선 소수의, 특히 경제적 이익을 위한 것이다. 미셸 푸코가 성의 역사에 대한 긴 성찰을 도입하면서 명료하게 고려하고 있는 것은, 비록 그가 거리를 유지하고 있다 할지라도 모든 사람들에게 거부할 수 없는 진리로 보이는 것이다. 그는 이렇게 자문한다. "우리가 2세기 내지 3세기 전부터 성풍속을 중심으로 요란을 떨고 있는 이 모든 수다적인 주의는 하나의 기본적인 염려로 정리되는 것이 아닐까? 인구를 확보하고, 노동력을 재생산하며, 사회적 관계의 형태를 갱신하는 염려 말이다. 요컨대 경제적으로 유용하고 정치적으로 보수주의적인 성풍속을 만들어 내는 일 말이다. 나는 그것이 궁극적으로 목표인지 아직 알지 못한다."[12)

오늘날 아직도 동일한 확신이 주위에 떠돌고 있다. 그것이 비록 정신적 흔적이나 반사 작용, 또는 정치적 편견의 형태를 하고 있을지라도 말이다. '도덕적 질서'라는 표현에는 '질서'라는 낱말이 있는데, 이 말이 암시하는 것은 **몇몇 사람들을 위한** 현실의 규율적 조직화라는 관념이다. 그것은 모든 이들에게 유용하다고 보여지는 유희적이고 자유주의적인 '혼란'의 막연한 가정(假定)과 대립한다. 우리가 교화적인 향수나 신청교도적인 행동을 비난할 때 본능적으로 생각하는 것은, 이런 종류의 음모 속에는 확신이나 종교적 신념의 단순한 문제 외에 다른 무엇이 있다는 것이다. 즉 비록 장기적 전망의 막연한 것이라 할지라도, 소수를 위한 구체적 '이익'에 관한 계획 말이다. 어떤 이익인가? 권력의 안정성과 불평등의 유지, 예속의 강화 등 아무것이라도 상관없다. 우리의 정신이 당연한 것으로 받아들이는 것은 모든 '도덕적 질서'에는 이익을 보는 자들이 있으며, 따라서 국민들로부터 무언가를 훔치려는 전략들이 있다는 것이다. 바로 이러한 이유로 모든 성도덕은 엄밀한 의미에서 의심스러운 것이다. 지배적인 사상에서 그것은 계속해서 하나의 억압으로 특별히 인식되는 것이지 내면화된 카치들의 총체로 인식되는 것이 아니다.

그런데 이 모든 것은 오늘날 철저히 전복되어 있다. 경제를 지배하는 체제의 성격 자체, 통제가 풀리고 번성하면서 우리에게 새로운 운명으로 제시되는 이 거대한 시장, 패권적인 전대미문의 이 부르주아 질서, 이런 것들은 더 이상 이전처럼, 다시 말해 공장 및 중공업의 시대처럼 기능하지 않는다. 무슨 말인가? 매우 단순한 것이 하나 있다. 그것은 자유로운 성의 소비가 새롭게 확립된 질서에 해를 끼치기는커녕 이 질서의 요구에 부응하고 이익을 만족시킨다는 것이다.

좀더 자세히 사태를 검토해 보자.

상품의 복수

첫번째 차원에서 우선 확인할 수 있는 것은 쾌락의 돌이킬 수 없는 상품화와 일반적인 가격화이다. 이것은 수없이 되뇌인 분명한 사실이지만, 침묵할 수 없는 것이다. 장사, 금전적 보상,

유일하게 공급과 수요를 통해서 이루어지는 조절 같은 것들이 오늘날 거의 사랑의 영역 전부를 식민지화해 버렸다. 포르노로부터 직업적 또는 일시적 매춘 행위에 이르기까지, 환상을 시간적으로 정확히 만족시켜 주는 일(배달 등)로부터 '서비스' 사업(사우나, 술집, 다양한 클럽 등)에 이르기까지, 전문화된 잡지로부터 이른바 파생 산업에 이르기까지 성은 사물화되고 해방됨에 따라 상품으로 판매되고 있다. 이와 같은 새로운 시장들에 대한 회계적인 묘사가 지난날의 도덕적 문제들을 대체할 정도가 되었다. 이것은 문제의 가장 일화적이고, 말하자면 가장 사소한 측면이다.

일상적이고 상당히 비장한 이미지가 이러한 변화를 상징한다. 한 주부가 백화점의 포르노 상품 코너 사이로 남자 판매원을 평화롭게 밀어붙이는 이미지 말이다. 테마적이고 전문화된 일련의 볼거리들 가운데 선택된 비디오 카세트는 한 통의 월경대와 파스티스 술 한 병 사이에 살짝 끼워져 자동 등록 계산대까지 흘러갈 것이다. 틀에 박힌 상업적 일이고, 셀로판지 아래 감추어진 위반이며, 염가로 판매된 쾌락이다. 카세트가 주파한 길은 참으로 대단한 길이다!

이것은 이미지에 불과하다. 이보다 더 엄격한 현실들이 있다. 미국 또는 유럽의 성적 소수 집단들은 대개 높은 구매력을 지니고, 그만큼의 마케팅 목표를 구성하는 특별한 압력 단체가 되었다. 그것도 오래 전부터 말이다. 60년대 캘리포니아의 반문화 운동을 주도한 인물들 가운데 한 명이자 《그것을 하라》의 저자인 제리 루빈은, 이러한 측면을 80년대초부터 《뉴욕 타임스》에 예고했다. (월 스트리트의 금융 대리점을 인수한 후에.) 그는 이렇게 썼다. "정치와 반항이 60년대를 풍미했다. 자아의 추구가

70년대를 특징지었다. 돈과 권력이 80년대에 주의를 끌 것이다."[13] 그의 설교가 정확한 것으로 드러났다고 말하는 것만으로는 충분치 않다.

동성애 연구자 마이클 폴락은 더욱 엄격했다. 왜냐하면 그는 이와 같은 상업의 침투 시기를 성의 해방 초창기로 잡기 때문이다. 그는 다음과 같이 썼다. "60년대에 해방은 성의 상업화가 폭발하도록 만들었다. 술집·영화관·사우나의 증가 이외에도 관찰되는 것은 동성애 잡지, 포르노 산업, 그리고 성 관련 용구와 보조 기구 산업의 발전이다. 이런 기구들은 가죽 장난감, 섹스 반지, 크림으로부터 포퍼(최음제로 이용되는 혈관 확장제)에 이르기까지 다양하다. 게이 리브(Gay Lib, 자유로운 게이) 운동의 초창기 투사들이 이렇게 물었듯이 말이다. "우리가 혁명을 한 것은 7백 개의 가죽 바(가죽 제품을 파는 바)를 더 열 수 있는 권리를 가지기 위한 것인가?"[14]

오늘날 이런 현상은 더욱 대량적이다.

많은 것들 중에서 하나의 의미 있는 상징은 게이 프라이드[Gays Prides, 게이들의 축제 행사] 같은 자극적인 대규모 행사들이 세밀하게 기획되고, 스폰서의 후원을 받고 영리화된 쇼 비즈니스 사업의 형태를 띠고 있었다는 것이다. 이제 이와 같은 호모 비즈니스의 출현이 때때로 짜릿한 우울증을 곁들인 대중 매체의 주요 해설거리를 제공하고 있다. "무엇 때문에 연관 세계와 호전적 태도를 강화시키겠다고 주장한단 말인가? 게이 프라이드가 슈퍼 소비 활동이 되고, 호전적이라기보다는 경제적인 목표를 가진 상업 회사에 의해 조직되는데 말이다. 그리고 우리가 만나는 것은 요구 사항들이 아니라, 티셔츠·시계 그리고 무지갯빛을 띤 타월과 같은 상품 거래일 뿐 아니라, 5백79

프랑으로 루아르 강가의 성들을 하룻동안 방문하는 게이인데 말이다."[15]

지난날까지만 해도 위반이나 호전적 태도에서 비롯되었지만, 지금은 완전히 장삿속의 미끼를 덥석 문 집회·만남·데모, 개인적 거동에 대해서도 동일한 지적을 할 수 있으리라. 가장 급진적이었던 옛 투사들은 성의 혁명이 이처럼 진부하게 가격화된 현상이 불러일으키는 슬픈 분노를 감추지 않는다. 라울 바네장은 이렇게 쓰고 있다. "쾌락에의 권리는 이미 상품에 의해 정복되어 버렸다. (……) 쾌락에의 민주적 개방은 전혀 우연치 않게 즐거움이 안락이라 불리고, 행복이 나의 것으로 만드는 것(appropriation)이라고 불리는 새로운 시장의 정복과 일치하고 있다. (……) 어떤 의미에서 종교적·도덕적 터부와 금지 사항들은 상업적 환수의 위험으로부터 오르가슴을 보호해 주었던 것이다."[16] 사랑과 쾌락에 관한 새로운 금지 사항은 오늘날 그라튀이테(공짜)라는 세 음절로 요약된다. (공짜 금지 사항은 없다.) 유료가 아닌 것만이 의심을 받는다. 비참하지 않을 수 없다!

사실 이러한 상업적 환수는 엄청난 재정적 목표를 겨누고 있다. 어떤 경제학자도 통계학자도 **지구** 전체에서 섹스 시장과 직·간접으로 관련된 모든 산업 및 서비스의 총체적 사업 규모의 수치를 아직 평가할 수가 없었다. 그러나 우리가 가지고 있는 몇몇 자료들을 토대로 생각할 때, 이 수치는 거대하게 되었다. 미국에서 포르노 산업은 전체의 아주 작은 부분만을 차지하지만, 그것 하나만으로도 막대한 큰돈을 구성한다. 《유에스 뉴스 엔드 월드 리포트》라는 잡지에 따르면, 1996년에 미국인들은 비디오·핍 쇼(들여다보는 구경거리)·영화·유선 방송 프로·액세서리에 80억 달러(4백80억 프랑) 이상을 소비했는데, 이는 할리우드의 영화 생산물이 뽑아내는 수입 전체보다 많은 것이다. 미국 정부가 20년 전에 이 활동 분야의 사업 규모 수치를 천만 달러로 적게 평가했다는 것을 환기해 보면 비교가 된다.

프랑스에서는 미니텔 로즈(에로물 전문 사이트)가 1994년에 단독으로 전체 7억 프랑의 수입을 뽑아냈는데, 이 가운데 2억 5천만 프랑이 프랑스텔레콤에 로열티로 지불되었다.

달러를 더 벌기 위해...

이 새로운 산업 역시 상징적 인물들, 부자가 된 개척자들, 즉 굉장한 실업계 거물들, 또는 승리한 정복자들을 드러내고 있다. 이들은 세계 경제 연대기의 대영웅담에 자리를 차지했다. 포르노의 왕인 미국인 억만장자 래리 플린트가 그런 경우인데, 밀로스 포먼은 그에 대한 영화(《국민 대 래리 플린트》)를 만들었다. 《피플》지가 '아메리칸 드림을 악몽으로 실현한 것'으로 보았던 이 인물은 포르노 사업의 존경받는 인물로 변모했다. 그는 그리스의 한 섬에서 찍은 재키 오나시스의 나체 사진들을 출간하면서 처음으로 거액을 벌어들였다. 저격의 희생자가 된 그는 1978년 이후로 베벌리힐스에서 금도금을 한 회전 안락의자에 앉아서 살고 있다.

또한 76세가 된 독일 여인인 베아트 우스도 그런 경우이다. 그녀는 제2차 세계대전 동안 공군의 전투기 조종사였는데, 통신 판매 기업 —— 베아트 우스 인터내셔널 —— 을 지배하면서 매년 에로틱하고 성적인 상품들을 4천만 프랑어치나 팔고 있다. "독일인들의 약 98퍼센트가 알고 있는 베아트 우스는 전후 경제 기적의 모델이다. 베를린 장벽이 무너진 후 1백만 이상의 추가 고객들이 확보되어 50여 개의 우송료 면제 가게들이 독일에 배치되었고, 여기에 덧붙여 영국·스위스·오스트리아 그리고 슬로베니아에 통신 판매 지점들이 있다."[17]

거의 각 나라는 섹스 산업의 챔피언들을 가지고 있다. 특히 중부 유럽의 옛 공산 국가들(특히 헝가리)과 옛 소련 연방의 국가들은 전례 없이 노골적이고 추잡하게 이와 같은 미개척 시장들을 점령했다. 동유럽 국가들에서 이 산업은 마약과 무기 밀매처럼 망한 국가들 위에 번창하고 있는 마피아들의 부를 만들어 주고 있다. 사실 동유럽에서는 거의 10년 전부터 시사 뉴스가 매체의 무대 전면에 동일한 광경을 끊임없이 내보내고 있다. 청교도적으로 엄격하고, 굶주리고, 경찰에 의해 감시받는 옛 공산주의 사회의 광경 말이다. 지금 이 사회는 자유뿐만 아니라 불안정, 대규모의 포르노와 매춘에 의해 점령되어 있다. 이에 대한 상징적인 이미지들이 있다면, 그것은 이스탄불·아라비아 또는 유럽의 창녀촌에 인간 짐승들로 변모된 그 폴란드 여인들, 체코 여인들, 헝가리 또는 러시아 여인들이다. 그것은 또한 길거리에 내던져진 콤소몰(젊은 공산주의자들)의 옛 투사들이고, 쉽게 버는 돈에 얼이 빠지고 서유럽에서 온 몰이꾼들에 의해 쫓기는 우크라이나나 리투아니아의 젊은 처녀들이다.

이것이 전체주의적인 지나친 정숙으로부터는 해방되었지만, 이미 돈에 의해 지배되고 있는 새로운 자유주의적 태도(제재를 거부하는)의 이면이다. 그것도 예견된 것보다 더 잔인하게 지배되고 있다. 동시에 동구에서의 불평등과 빈곤의 진전은 역사상 전례가 없는 것으로 나타나고 있다.[18] 그것이 동반하는 것은 가장 가난한 자들이 삶의 희망을 후퇴시키는 것이고, 유아 사망률을 증가시키는 것 등이다. 그리하여 옛 공산주의 국가들은 숨막힐 정도라고는 말할 수 없다 할지라도, 가속화된 리듬을 따라 완결된 '성의 혁명'이 어떤 지경에 이르렀는지 제한된 경우를 제공하고 있다. 사태의 이와 같은 풍자적 측면은 우리로 하여금 우리 자신의 뜻밖의 실패를 되돌아보게 한다. 더욱이 성의 새로운 자유가 이처럼 상업적으로 도구화된 현상은, 우리에게 있어서 문제의 가장 당황스러운 모습이 아니겠는가?

제재를 거부하는 **자유주의적 담론** 자체를 상업이 **회수**해 가버린 것은 더욱 당황스럽게 한다. 왜냐하면 이 회수는 의미와 관련되고, 말의 타협을 가져오기 때문이다. 통신 판매 카탈로그가 비치된 섹스숍, 포르노 비디오의 저질 문화로부터 인터넷이나 미니텔 로즈의 저질 문화에 이르기까지, 누구든 서비스나 상품을 내놓을 때는 지난날 혁명의 대중적 복음서로부터 광고 테마를 빌리는 '해방된' 설교를 곁들이고 있다. 섹스의 상품화는 70년대의 신앙을 음탕하게 바꾸지는 않았다 할지라도, 손님을 끌도록 용의주도하게 바꾸어 일상적으로 확산시키고 있다. 그것은 이 신앙을 광고적인 수완의 효율성을 곁들여 우스꽝스럽게 모방하고 있다. 그것은 '도덕적 질서'의 고발을 형상화시키는 데 상당한 솜씨를 발휘할 것이다. 그것은 이번에 민중 선동적인 반복적 소리를 통해 쾌락의 고귀한 지상권을 광고적으로 찬양하는 기회를 결코 놓치지 않을 것이다. 점점 더 자주 대중 매체들이 이어받은 시위 운동과 자유주의적인 항의를 소집하고 조작하는 것은 돈이 될 것이다.

그리하여 에로스 센터를 폐쇄하고, 한 사람의 왕초가 관리하는 조직을 파괴하며, 포르노 거래를 금지하거나 비디오 카세트

몇 개를 일제 단속하는 것은 청교도적 엄격주의로의 복귀라고 과장되게 비난받게 될 것이다. 아주 순진한 사람들은 진보주의적 항의로 위장한 이와 같은 소란에 속아 넘어갈 것이다. 돈에 의해 이와 같은 장사와 연결된 대중 매체의 논단이 단순하게 부패했다는 가정——일부 경우는 사실로 확인되었다——은 여기서 상기할 필요조차 없다.

　여기에서 현대의 진정한 외설이 드러난다. 그것은 에로틱한 '광경'을 통해 의도적으로 자극하는 것이 아니라, 착취할 수 없거나 계량화할 수 없는 것에는 단호히 무관심한 이익추종자들이 하나의 반항, 하나의 유토피아, 그리고 하나의 언어를 가로채는 것이다. 과세를 할 수 있는 조건에서 섹스 만세인 것이다! 바네장은 이렇게 쓰고 있다. "부르주아들은 그들이 보기에 씻을 수 없는 단 하나의 죄, 즉 대가를 지불하지 않는 죄만을 들추어 낸다. 대가 없는 즐거움은 절대적인 경제적 범죄인 것이다."[19] 축재자들이 사랑의 담론을 이처럼 몰수함으로써 도달하는 것은 존재론적 회전(回轉)이다. 우리는 이 회전이 상궤를 벗어나고 있음을 아무리 고발해도 지나치지 않을 것이다. 담론의 몰수는 반항을 그것의 원점으로 비장하게 끌어내린다. 그것은 '수요'에 '공급'을 제공하기 위해 수요를 액면 그대로 받아들인다. 유토피아를 탈선시키는 완전 범죄와 외설이 아닐 수 없다! 마르크스가 부르주아의 도덕주의가 지닌 거짓을 공격했을 때, 그가 가진 계획은 사랑을 해방시키는 것이었지 새로운 탈선에 떨어지게 하는 것이 아니었다. 그는 이렇게 기록했다. "사랑에 토대를 둔 결혼만이 도덕적이라면, 사랑이 지속되는 결혼 또한 도덕적이다." 마찬가지로 68년 5월의 학생들이 라탱 구(區)의 벽에다 "구속 없이 즐겨라" 또는 "욕망을 현실로 간주하라"고 썼을 때, 그들은 자신들이 **포르노 비즈니스**를 위한 광고 슬로건을 미리 만들어 내고 있다고는 생각지 못했다. 그러나 매우 정확하게 그와 같이 일이 진행되었다. 포드 자동차 피에스타 광고는 이렇게 선언하고 있다. "즉시 요구하십시오."

우리는 돈에 대항해 출발했는데, 결국 돈의 이익에 봉사하는 꼴이 되고 말았다. 여행은 유혹적이었지만 그것의 종점은 우울로 향하고 있다……

나의 시장에 손대지 마라!

어쨌든 이러한 몇몇 환기를 가지고는 우리는 일화적인 것에 머물러 있다. 대(大)반전이 가장 지속적인 효과를 산출하는 것은 다른 깊이에서이다. 세계 경제에서 시장의 지배, 수요와 공급이라는 게임의 헤게모니는 우리가 알다시피 **규제 철폐**로부터 비롯된다. 지배적인 사상은 오늘날 최초 자유주의가 내세운 자유 방임-자유 통행을 되살리고 있다. 이러한 관점에서 볼 때 시장의 무자비함을 완화시키는 데 목적을 둔 규칙의 개입은 모두 낡아빠진 것으로 판단된다. 전진하고 있는 새로운 유토피아는 경제 외적인 모든 구속을 벗어난, 화학적으로 순수한 시장의 유토피아이다. 문화적 특수성, 자기 정체적인 개체주의, 정치적인 의지주의 등 옛날의 조정 형태들은 하나하나 시장을 위해, 오직 시장을 위해 소멸하도록 독촉받고 있다. 사람들이 이 시장으로부터 기대하는 것은 그것이 이상적인 완벽함 속에서 기능하는 것이다. 정신분석학까지도, 자크 알랭 밀러의 표현을 빌리자면 "신분 확인을 분해시켜 버리는(délite) 시장 시대의 동조자"[20]로 만년에 드러나고 있다.

　이제 바로 이러한 맥락 속에 성의 묘사는 자리잡고 있다. 지난날의 터부와 금지 사항들 역시 역사에 의해 초월된 지난날의 조절들로 지목되고 있다. 극단적으로 말해 이와 같은 도덕의 잔재들, 그 금지들, 그 규율들은 **이제 자유의 이름으로가 아니라 경제적 자유주의의 이름으로 전적으로 배척되고 있다.** 이는 완전히 동일한 것은 아니다. 그것들에 가해지는 위협적인 비난은 더 이상 철학적인 이의가 아니라 경제적인 이의에 토대를 두고 있다. 전통적인 성도덕에 전가된 불만은 이 도덕이 자유 무역의 요구와 모순되는 까다로운 법적 체계화의 형태를 구현하고 있다는 것이다.

　이와 같은 경제주의적인 역설은 일부 논쟁들, 예를 들어 인터넷과 관련된 논쟁들 뒤에서 아주 투명하게 나타난다. 지나치게 비도덕적인 선전을 제한하기 위해 세계의 무정부주의적인 전달 서비스를 다소라도 통제하려는 염려는, 단지 기술적일 뿐 아니라 교의적(敎義的)인 어려움에 부딪친다. 비록 신중하고 상대적으로 무장 해제된 것이라 할지라도 모든 법적 체계화는 시장의 비판할 수 없는 원리에 위배되어 빈축을 사게 되는 것이다. 그리하여 도덕적 불안은 증권 시장의 위풍당당한 교의 앞에서 항복을 하도록 유도된다.

　곰곰이 성찰해 보면, 이 모든 것은 미친 짓이다……

　인터넷의 경우——1996년 독일에서 취해진 몇몇 결정의 경우에서 보았듯이——이 조직을 도덕화하기 위해 취해진 각각의 시도는 하나가 아니라 두 개의 실격시키는 반대에 부딪치게 된다. 우선 반복적인 이야기이지만, 경우에 따른 규제는 국가적인 차원에서만 취해지고 적용될 수 있다는 것이다. 따라서 그것은 세계화된——그리고 국경을 건너뛰는——자유로운 의사 소통의 계획과는 양립할 수 없는 낡아빠진 민족주의로부터 비롯된다는 것이다. 인터넷은 이와 같이 계획의 타오르는 상징이 되고자 하는 것이다. 다음으로 우리가 이미 보았듯이, 규제는 자유무역주의적인 교리에 위배된다는 점이다. 이 교리는 미국 헌법을 최초로 수정하는 것만큼이나 위협적인 것이 되었다.

그리하여 하나의 무기력한 사상과 근본적으로 새로운 언어가 성도덕의 영역에 부지불식간에 강제되고 있다. 제재를 거부하는 자유주의적 성향의 변호인들은 상업적인 의미론을 모방하고 있다. 그들은 실질적으로 절대 자유주의적인——그렇지만 경제적 의미(미국의 '대범한 극단적 절대 자유주의자들'이 사용하는 의미)에서——세계관에 물들어 있다. 그들이 이런 식으로 표현하는 것은 우리가 무고하다고 규정할 수 있는 신견유주의이다. 그들이 교화시키려는 의도를 띤 모든 생각을 거부한다면, 그것은 더 이상 진정으로 개인적 반항, 위반의 의지, 반도덕성, 또는 도발을 내세워 거부하는 것이 아니다. 그것은 상업적인 근대성의 객관적 숙명에 보다 단순히 복종하기 위한 것이다. 달리 말하면, 그들에게 도덕적 조절은 국영 공장들, 공무원의 지위, 심지어 할아버지적 성격을 띤 복지 국가와 동일한 범주의 성격을 띤 것으로 보이는 것이다. 즉 그것은 살아남아 측은한 마음을 불러일으키는 것이나, 사회적 주의설을 담은 아주 저속한 작품이라는 것이다.

이와 관련하여 우리가 상기해야 할 것은, 《무정부 상태》·《국가와 유토피아》의 저자인 로버트 노지크가 리더로서 이끄는 미국의 극단적 절대 자유주의자들이 때로는 무정부주의적 자본주의자들로 불린다는 것이다. 완전한 시장 경제의 신봉자들인 그들은 도덕을 강요하는 모든 규제에 실질적으로 적대적이다. 급진적인 성의 해방을 옹호하는 자들로서 그들이 생각하는 것은 시장이 혼자서 우리 사회의 이른바 '도덕적' 모순들을 조정할 수 있다는 것이다.[21] 바로 이와 같은 허무주의를 미국의 좌파와 노동당 당수——영국의 수상——토니 블레어의 '스승들' 가운데 한 명이었던 아미타이 에치오니 같은 일부 '공동체주의자들'이 그들에게 비난하는 것이다. 에치오니는 가차없이 이렇게 쓰고 있다. "그들(극단적 절대 자유주의자들)의 방향은 투쟁이 논쟁을 해결하는 아주 훌륭한 방법이라는 것을 암시하는 작업을 통해 완벽하게 예시되고 있다. 그들은 비행기 납치를 예방하려고 시도하는 것이 재정적으로 합당한지를 자문하거나, 암시장을 만들어 낼 위험을 무릅쓰고 양자를 받아들이는 것을 제도화시키려고 하기보다는, 자유 시장에서 갓난아기들을 사고 팔고 하는 것이 더 효과적이라는 것을 '보여 주고' 있다."[22]

욕망의 '지방색 탈피'

우리 사회에서는 대범한 극단적 절대 자유주의적인 견유주의를 단순화시키고 희화시키는 방식이 상당히 자주 지배한다. 그것이 무엇인지 확인조차도 할 수 없이 말이다. 사실 회전(回轉)은 장관이다. 예전에 성의 위반은 부르주아 자본주의를 거부하는 성격을 띠었다. 그런데 그것이 이제는 '자유주의'라고 새롭게 명명되어, 다시 젊어진 동일한 자본주의에 의해 정당화되고 이용당하고 보호되고 있는 것이다. 이와 같은 회복은 30년 전에 몇몇 통찰력 있는 정신들에 의해 간파되고 예견되고 발표까지 되었다. 당시에 이들의 말에 귀를 기울인 사람은 거의 없었고, 이해하지도 못했다. 라스 율러스탐이나 60년대의 몇몇 사회정신분석학자들과 같은 저자들을 인용해 보자. 당시에 이들이 암시한 것은 "지배 계급들이 성을 법제화된 성의 소비 양식으로서, 다시 말해 탈승화되고 조종할 수 있는 성의 양식으로서 해방시키면 이점이 있다는 것이다." 그리고 그들은 '우리가 체험하고 있는 성의 해방'이 실제로는 "금세기초의 과격한 억압보다 더 탄탄한 사회적 통합을 보장해 주는 것은 아니지 않나"[23] 자문한다.

우리는 이와 같은 통합 시나리오에 분명히 끌려들었다. 오늘날 절대 자유주의적인 자유주의는 성적 자유를 포함해서 자유 속에서 거대 시장에 대한 적응의 형태 이외의 것은 보지 못한다. 현상에 대한 이와 같은 새로운 비전은 누그러뜨릴 수 없으며 동시에 순진하다. 그것은 에로틱한 언어 자체가 경제로부터 오는 어휘 체제에 의해 오염되어 있기 때문에 그만큼 더욱 쉽게 득세하고 있다. 성과와 경쟁, 소비, 비교 평가, 단기 우세 등과 같은 어휘들 말이다.

광고와 소비의 어휘는 이와 같은 언어적 유입을 순진하게 드러낸다. 우리는 그 속에서 남자든 여자든 하나의 기업에 대해 말하듯이 자기 자신에 대해 말하는 이상적 개인의 초상이 그려져 있음을 발견한다. 한 광고전문가는 이렇게 주목한다. "장르들이 이처럼 혼돈스러운 것은 때때로 병리학적 특징을 나타내기조차 한다. 예를 들어 화장품 광고는 미시 경제에 대한 진정한 강의가 된다. 개인은 자신의 에너지를 '관리한다.' 그는 그것을 '영리화한다.' 그는 자신의 형태를 '경영하고,' 자신의 '중대한 수화(水化) 작용'의 변화를 '체크하며,' 젊음이란 '자기 자산을 최적 규모로 계획한다.' 그리고 그는 '자기 관리'에 '투자한다.' 간단히 말해, 그는 자신을 자기 자신의 기업가로 간주하는 것이다."[24]

광고의 담론을 해독하고 비판하는 데 전문가이자 보기 드문 평론가의 한 명인 프랑수아 브륀은 다음과 같은 역설을 강조한다. "이러한 관점에서 전통적 도덕의 검열은 아마 개인들의 자유를 보호하는 역할을 할 정도로, 광고 제국에 장애물을 나타낸다. 따라서 우리는 광고 포스터나 단막 광고가 도덕적 금지 사항들을 보다 잘 내쫓기 위해 그것들을 상기시키려고 애쓰는 것을 보게 된다. "윈스턴, 그것은 매우 좋기 때문에 거의 하나의 죄입니다." 모든 것이 '거의'라는 말 속에 있다. 사람들은 짜릿한 위반의 쾌락을 준다는 약속을 옹호하기 위해 유혹의 낡은 도식을 동원한다. 그러나 동시에 사람들은 그들이 강조하는 죄의식을 다소간 유머로 하락시켜 쫓아낸다."[25]

현실 자체에 대해 말하자면, 우리는 쾌락(또는 욕망)의 현대적 접근과 세계 경제의 실질적 기능 작용 사이에 드러나는 점점 더 뚜렷한 등가치에 의해 충격을 받는다. 수요는 과시되고, 공급은 다양화된다. 경쟁은 세계화되고, 경쟁력은 매잡지마다 평가된다. 사랑의 유랑 생활은 가속화되고 사용 기간(육체의)은 짧아진다. 사람들은 머지않아 긴장된 흐름을 창안하게 될 것인가? 산업에서처럼 우리는 시장들이 나타나고 새로운 욕구들이 표현되는 것을 본다. 섹스 관광은 욕망의 '지방색 탈피'에 상당히 정확하게 부합하고, 바다 건너 매춘 행위는 에로틱 **덤핑**이라 불러 마땅한 것을 강제한다. 먼 나라의 비참함에 관해서 말하자면, 그것은 물론 이 나라의 전통적 도덕이나 정숙함의 기준을 낮추어 조정하도록 만듦으로써 유리하다. 이 도덕이나 정숙함은 다른 나라에서 온 부자 앞에서는 어떻게 할 도리가 없다. 보고타와 마닐라, 또는 상 파울루 거리의 사람들은 살아남기에 분주하다 보니 더 이상 그렇게 거칠지가 않다.

물론 이와 같은 전반적인 제한 철폐는 빈자들에게도 약자들에게도 도움이 안 된다. 돈은 이제 지상의 모든 도덕보다 무한히 더 과격하고 더 부당한 욕망의 경찰처럼 나타난다. 이것이 바로 사람들이 검토하기를 무서워하는 문제의 한 측면이다. 그만큼 이 측면은 우리의 틀에 박힌 정신 상태를 곤란하게 만드는 것이다. 그러나 본질적인 것은 이해하고 확인하기 쉽다. 허용된 쾌락 아니면 금지된 쾌락, 만족된 욕망 혹은 좌절된 욕망, 도달할 수 있는 관능 혹은 도달할 수 없는 관능, 이런 것들의 조상 전래의 선별이 시장에 의해 이루어지는 순간부터 그것은 인간애나 연민에 대해 더 이상 조금도 신경 쓰지 않는다. 선별은 뉘앙스도 타협도 없이 냉엄하다. 사람들은 돈을 내거나, 아니면 하지 않는다. 사람들은 자신의 육체를 팔 수밖에 없거나 아니거나이다. 그들은 경쟁력이 있다고 판단되거나 가치가 없다고 판단된다. 협상의 여지도 융통성의 여지도 더 이상 없고, 기계적 의미에서 유희의 여지도 더 이상 없다. 다시 말해 사랑의 문화가 더 이상 없는 것이다…….

가난한 사회들만이 문제되는 것은 아니다. 우리 사회에도, 비록 사람들이 거의 말은 하지 않지만, 그저 비참함에서 비롯되는 성적 비참함의 형태가 지속되고 있다. 가난한 사회에서와는 반대로 많은 위반이 돈의 순전한 오만함을 표현하고 있으며, 돈은 죄가 면제된다는 것이 너무 보장되어 있다——아니면 보장되어 있다고 믿는다. 어린이를 성적으로 유혹하는 사건들만을 예로 든다면, 이 사건들에서 사람들이 오랫동안 과소평가한 것은 사태의 상업적 측면이다. 사회학자 프랑수아 드 싱글리는 이 점을 강조한 보기 드문 전문가들 가운데 한 사람이다.

그는 이렇게 고찰한다. "순전히 개인주의적인 이 사회의 지나친 것들 가운데 하나는 개인주의의 논리가 힘의 관계를 숨기고 있다는 사실로부터 비롯된다. 그러나 약자도 강자도 없는 것은 더 이상 그런 신분이 없기 때문이 아니다. 그러나 어린이를 성적으로 유혹하는 자는, 권위와 금지된 것들의 종말이 그에게 제공하는 최대한의 가능성을 이용하기 위해 신분들의 이와 같은 가치 하락을 이용한다. 그는 개인적인 신분 상태를 배타적으로 이용하기 위해 왜곡한다. 나는 욕망이 있다. 나는 이것을 채우기 위해 사회를 있는 그대로 이용한다는 식이다. (……) 어린이는 자본주의 시장의 중심에 놓여 있다. 한 가정에서 어린이에게 할애된 예산은 매우 중요하다. 어린이는 더 이상 이와 같은 시장 논리 밖에서 만들어지는 것이 아니다. 이 논리를 극단으로 밀고 나가면, 어린이는 많은 소비 대상들 가운데 하나에 불과할 수 있다."[26]

덧붙일 것은, 많은 경우들 가운데 이제 시장이 특별한 영혼의 상태도 없이 위반의 중대성을 결정하고 가격을 매긴다는 점이다. 1997년 6월, 어린이에 대한 성적 유혹을 단속하는 것이 전문인 인터폴의 여성 조사관 아녜스 푸르니에는 언론의 질문을 받자, 비밀 카세트 비디오의 상업화와 관련하여 이 점을 상기시켰다. "어린이가 어리면 어릴수록 더욱 끔찍함이 극도에 달해서 비디오 가격은 더욱 비싸진다."[27]

'도덕적 진보주의'의 한계

이 속에는 광범위하게 숙고해야 할 내용이 있다. 그런데 적어도 유럽에서는 사람들이 그것을 나날이 회피하려 집착한다. 그것은 사회적 불평등과 결부된 성의 해방이 드러낸 현실이다. 여기에는 분명 정치적으로 부정확한 문제가 있다. 왜냐하면 이 문제는 과시적인 자유주의적 태도(제재를 거부하는)가——때로는——다른 방식으로 추구된 계급 투쟁에 부합하지 않은 것인지 자문하는 것을 의미하기 때문이다. 우리가 보았듯이, 이런 부정적 자문이 나오는 것은 우선 이 태도가 성의 옹호자들에게 그들의 '진보주의'를 보란 듯이 드러내 보이게 해주기 때문이다. 사실은 그들이 부당한 질서에 가담하는 것인데도 말이다. 다음으로 그것이 오로지 풍속에만 적용된 '진보주의'가 드러낸 예기치 않은 몇몇 중대한 결과에 대해 침묵을 계획하여 이 침묵을 연장시키기 때문이다.

한 사회운동가는 그가 유혹 사회라 일컫는 것의 불편함을——완곡한 표현으로——고발하면서, 서양에 나타난 이러한 성 풍속의 전복이 가장 가난한 자들의 이익에 맞게 이루어졌는지 실제로 아무도 자문하지 않았다는 데 주목한다. 그는 이렇게 덧붙인다. 가정의 현대적 허약화는 가장 보잘것 없는 자들의 사회에서 나온 어린이들에게 형벌을 과하는 것이 아닐까?[28] 반대로 저자는 대개 우파로 분류되고, '가정적 가치들'을 소위 옹호한다는 자들이 혜택받지 못한 가정들의 삶에 대해 거의 아무것도 모르고 있다고 비난한다. 이는 주위의 동요 속에서 고립된 증언일까? 아마 프랑스에서는 그럴 것이다. 반면에 풍

속의 변화에 의해 직접적으로 유도된 이와 같은 새로운 사회
적 불평등은 미국에서 훨씬 더 솔직하게 환기되고 있다. 그리
고 그것이 도덕적 성년을 주장하는 자들에 의해서만 환기되는
것은 아니다. 비록 이들이 그러한 환기로부터 논거를 끌어내고
있다 할지라도 말이다.

사실 대서양 너머에서 사회 공동체에 따른 가정의 차별적 변
화와 관련한 수치들은 수치 자체들에 대해 말하고 있다. 극도
의 개인주의가 드러내는 타락한 결과의 하나는 이 개인주의가
특수한 불평등을 낳게 했거나, 이것을 심화시켰다는 것이다. 불
화 가정들, 부모 가운데 한 명이 없는 결손 가정들, 독신 어머
니들은 민중 계급에 더 많다. 그러므로 마약·경범죄, 학교 생
활의 실패는 사회의 낮은 계층에서 비교할 수 없을 정도로 더
자주 일어난다. 그런데 부르주아 가정들은 대학과 그랑제콜을
위해 프로그램화된 자녀들의 교육에 더욱 많이 투자하고 있다.
물론 미국에서는 이와 같은 토론이 인종적 문제를 중심으로 이
루어진다.

"물론 '어머니만 있는' 가정들은 미국의 백인 사회에서도 증
가되었다. 왜냐하면 1940년에서 1984년 사이에 그들의 비율이
6퍼센트에서 12퍼센트로 상승함으로써 배가되었기 때문이다. 그
러나 동시에 흑인 인구에서 아버지가 없는 가정들은 16퍼센트
에서 49퍼센트로 상승했다. 뿐만 아니라 이 '나 홀로 어머니들'
의 대다수가 이제는 이혼녀들이 아니라 독신녀들이다. 그녀들
은 흔히 아버지가 서로 다른 여러 명의 아이들이 있고, 이 아
버지들 가운데 어느 누구도 가정에 없다."[29]

민주당원인 대학 교수로서 클린턴의 협력자들인 로버트 라
이히나 벤저민 바버 같은 이들 역시 이에 관해서 다분히 파국

주의적 방식으로 많은 글을 썼다.[30] 따라서 미국에서 20여 년 전부터 이루어진 불평등에 대한 눈부신 논의는 이런 식으로 해서 도덕의 문제로 귀결된다. 좀스럽거나 엄격한 형태로 강력하게 복귀하는 도덕주의를 빈정대는 것은 잘못일 것이다. 이 형태는 때때로 우스꽝스럽게 보이고, 나아가 낙태에 반대하는 프로 라이프(pro-life) 운동이 문제일 때는 솔직히 무섭게 보이기까지 한다. 전반적으로 도덕적인 염려는 미국에서 더 이상 우파의 전유물이 아니다. 그것은 70년대와 80년대의 지나친 자유주의적 태도(제재를 거부하는)에 부분적으로 그 책임을 전가할 수 있는 막다른 궁지·불의·와해에 대한 자각을 증언하고 있다.

게다가 문화적 진보주의의 타락한 결과는 다른 종류의 성격을 띨 수 있다. 그것은 보다 직접적으로 정치적 성격을 띨 수 있는 것이다. 미국의 자유주의적 좌파는 '성의 혁명'으로부터 비롯된 신분적(신분의 정체성을 요구하는)·공동체주의적 분산이 정치적 영향이라는 면에서 그들 좌파에게 무엇을 대가로 치르게 하는지 이해하기 시작하고 있다. 이 분산과 분산을 동반한 과도함은 민주당원들을 갈라 놓으면서, 80년대초부터 보수적인 우파가 강력하게 부상하는 것을 용이케 했다. 이 우파는 결국 정치적·경제적 차원에서 레이건 시대의 보수적인 큰 역류를 강제하게 되었다.

미국 정치의 한 옵저버는 이렇게 쓰고 있다. "자유당원들은 자신들의 실패를 심사숙고하면서 아마 60년대에 확립된 '아이덴티티 정치[identities politic, 신분의 정체성을 확립해 주는 정치]'에 대한 생명력 있는 대안을 상상할 수 있을 것이다. 좌파가 다양한 신분 그룹(흑인·여자·동성애자들 등)으로 분할된 것은, 여러 지식인들의 눈에[31] 배척과 빈곤에 대항한 싸움에 필수 불가결한 공동 정치 계획의 설립에 진정한 장애물처럼 보인다. 더구나 현재 상태에서 '가난한 자들'은 미국의 공적 공간(아니면 그보다는 대중 매체의 공간)이 되어 버린 '신분 시장'에서 자율적 그룹이 될 수 없다."[32]

유럽에서 이와 비교되는 모순이 90년대 중엽에 나타났다. 사람들은 이때 '도덕적 좌파'와 '정치적 좌파'를 대립시키는 습관이 있었는데, 점점 더 이들의 감성이 분열되게 된 것이다. 독일이나 프랑스에서 환경과 에이즈에 관한 경우가 그런 것이었다. 또한 1997년 2월 이민 문제(신분증명서가 없는 자들의 문제)에 관한 경우도 그러하다. 이러한 모순이 악화되게 된다면, 그것은 아마 미국에서와 같은 결과를 낳을 것이다.

한 가지는 이미 분명하다. 즉 30년 전부터 성의 혁명을 동반하고 있는 성적·신분적, 그리고 공동체주의적 분산은 '자본주의자들'이 잠들어 있도록 거의 막지 못했고, 돈이 지배력을 발휘하는 것을 막지도 못했다. 오늘날 우리가 확인하지 않을 수 없는 것은, 상황이 '고통받는 자들'을 위로하는 것보다는 '힘 있는 자들'을 더 즐겁게 한다는 것이다.[33]

여성성과 계급 투쟁

풍속의 해방을 통해서 가장 가난한 자들에게 형벌을 주는, 보다 미묘한 다른 형태들이 있음은 특기할 만하다. 이 형태들을 상기시키는 것이 "반동을 지지하는 것이 될 수 있다"는 구실 아래, 그것들에 대해 말하지 않는 것이 더 이상 받아들여져서는 안 될 것이다. 이러한 위협은 너무 많이 봉사를 해왔다. 공개적으로 이러한 문제들을 제기하는 것은 여성의 해방이나 동성애의 인정 같은 기득권을 문제삼자는 것이 아니다. 그러나 사실 이런 유형의 변화에 대응하는 상징 조작이 결코 대수롭지 않은 것은 아니다.

프랑수아 드 싱글리가 우리 사회의 여성화, 상징적 표현의 수정, 지배적 문화의 서서한 변모, 이런 것들에 의해 유도된 일부 결과들을 상기할 때 그는 진정한 하나의 문제를 제기하고 있다. 여성화만을 예로 든다면, 그것은 남성성, 육체적 힘, 남성의 권위 등과 같은 보다 오래 된 사회적 가치들의 대칭적 소멸을 논리적으로 동반했다. 이러한 소멸은 남녀 관계의 이와 같은 문제 제기에 가장 많이 연루된 사회 그룹들이 중산 계급이나 상위 계급이었다는 사실에 의해 용이하게 되었다. 이 계급들에게 남성성이나 육체적 힘에 의해 표현된 '상징적 자산'은 거의 중요성이 없었다. 마찬가지로 예전에 여자로부터 기대되었지만 풍속의 변화가 상대화시키게 된 '주부로서의' 자질들도 실질적인 상징적 의미를 지니고 있지 않았다.

그런데 다른 사회 계급들——노동자들·피고용자들·농업 종사자들——에게는 그렇지 않았다. 이들은 이해하기 쉬운 문화적 이유들로 해서 위와 같은 전통적 구분에 무한히 더 집착했다. 한쪽에서 해방으로 체험된 것이 다른 한쪽에서는 가치 하락으로 인식될 수 있다.

프랑수아 드 싱글리는 이렇게 쓰고 있다. "모든 것은 남녀 관계의 재협상이 민중 사회의 등뒤에서 이루어졌던 것처럼 진행되고 있다. 노동자들의 육체적 가치——그들의 유일한 부——와 민중의 가정에서 여자들이 지닌 주부로서의 가치는 함께 현대주의적인 간부급 사회의 남자들과 여자들을 돋보이게 만들었다. 이 지도급 남녀들이 오래 된 옛날 이야기 같은 사회적 투쟁에 대한 이야기를 들으면서 미소지었을 때, 그들은 이 사회적 투쟁에 참여하고 있었다. 낡은 것과 남성적 힘의 잔재, 그들이 동물적 힘(남자 쪽의)이나 인습(여자 쪽의)의 표시로 인식했던 것, 이런 것들에 대항해 싸움을 시작함으로써 말이다."

"지도급 사회의 남녀들이 대부분 동조하는 '성의 중립화'가 그들의 성적 정체성을 크게 불안정하게 만드는 것을 함축하는 것은 아니다. 남자들과 여자들 양쪽이 확신하고 있는 것은, 그들이 유혹의 유희를 하는 순간을 제외하고는 자신들의 남성성이나 여성성을 주장할 필요가 전혀 없다는 것이다. 그들은 이와 같은 낡은 옷을 탈의실에 버렸다고 생각한다. (……) 의식적이든 무의식적이든, 남자들(간부급)의 이러한 전략은 자본의 계층화에 토대를 둔다. 육체적 힘(그리고 과시적인 남성성)이란 '졸'은 다른 졸들, 즉 훨씬 더 큰 가치를 가진 졸들, 특히 과학적 자본을 구하기 위해 희생되었다. 남자들은 남녀 사이의 성의 전쟁을 계급 투쟁의 파생적 형태로 변모시킴으로써 이 전쟁의 위험을 제한하는 데 성공한 것 같다. 사회적 재산과 교육적 재산을 가장 많이 부여받은 남자들은 가장 가난한 자들과 결별했다."[34]

가치의 하락/가치의 회복이라는 의미의 이와 같은 무수한 은연중의 변화를 심층적으로 분석하지 않으면 안 된다. 이러한 가치의 전환은 개인의 자유를 진보하게 했지만, 민중의 일부 범주들 전체를 조용한 굴욕과 지속적인 혼란 상태에 빠뜨리는 데 기여했다. 풍속의 전선에서 민중 계급은 혼란스럽게 '선동된' 상태에 처했고, 때로는 자신들의 '보수주의'로 되돌아간 상태에 처하게 되었다. 이것이 가장 덜 논의된 측면이다. 왜냐하면 그것은 최근 30년 동안의 '성의 혁명'에서 가장 난처하게 한 것이기 때문이다. 매우 오래 된 사상의 전통 하나는 지상의 저주받은 자들을 인간 진보의 전위 부대로 지목했다. (그래서 프롤레타리아는 희망의 전달자로 나타났다.) 이러한 전통과 단절함으로써 사람들은 가난을 보수주의와 동일시하는 습관을 가지게 되었다. 지난날 영웅적 프롤레타리아인 60년대의 투쟁적이고 열광적이었던 전문 노동자는 르 펭(프랑스 극우파 국민전선의 지도자)에게 표를 던지는 보수적 동조자가 되었다. 이것이 바로 인식의 변화였다……. 사실 일부 가치들(가정·도덕·어린이 등)에 대해 실시된 대부분의 여론 조사들이 보여주는 것은, 가장 혜택을 덜 받은 자들이 많은 경우에 있어서 또한 가장 전통주의자들이라는 점이다. 사회 계층 구조에 있어서 가장 낮은 수준에 있는, 감옥 같은 생활을 하는 이들에 대해서는 말할 필요도 없다. 이들은 역설적인 도덕주의의 결과로 인해 범죄적인, 어린이에 대한 성적 유혹에 대해 사회의 나머지 계층보다 더 분명한 태도, 다시 말해 더 엄격한 태도를 드러냈다.[35]

마지막으로 제기되는 문제는 정치적이다. 어떤 사회적 균열, 엘리트와 국민 사이의 어떤 결별도 장기적으로 이만큼 가공스럽지 않다. 프랑스에서 극우를 지지하는 표의 전진에 대한 지속적인 탐구가 보통 도달하는 귀결점은 고전적인 사회-경제적 설명들(실업·불평등·이민·불안정 등)을 보다 중시하고 있다. 문화적 요소들은 진정으로 고려되지 않고 있는 것이다.

우리는 틀렸다.

무질서의 수익성

조금 자세히 설명해 보자. 그런데 자세한 설명이 중요한 것일까? 부르주아의 억압에 대한 전통적 견해에서는——라이히의 견해라고 말하자——성이 노동의 이름으로, 생산의 이름으로, 그리고 인간의 노고에서 선취하는 잉여 가치의 이름으로 억압되었다. 이 견해에서 모든 것은 부르주아들이 **이 노동력을 필요로 한다**는 분명한 사실에 근거했다. 부르주아 사회의 탄생과 산업 혁명의 발생 이후로 자본주의를 창조한 앵글로 색슨계의 청교도들은 끊임없이 이와 같은 필요성에 대해 역설했다. 낭비를 막아야 했던 것은 가난한 자들과 노동자들, 이들의 아내들과 아이들의 노동력이었던 것이다. 성의 억제와 금욕은 이러한 기능을 수행했다. 우리가 기억해야 할 것은 17세기 영국에서 스포츠도 이와 같은 동일한 이유로 노동자에게 금지되었다는 점이다. 그리고 그것도 매우 과격하게 금지되었기 때문에 제임스 1세와 찰스 1세는 이에 반대해 일요일에 스포츠를 허용하는 《스포츠서》를 출간토록 하면서 청교도들의 지나친 영향력을 막았다.

이 일화를 설명하는 막스 베버의 설명을 들어 보자. "군주적·봉건적 사회는 태동하는 부르주아 도덕에 대항해, 권위에 적대적인 금욕적인 비밀 결사들에 대항해 '즐기고자' 하는 사람들을 보호했다. 오늘날 자본주의 사회가 계급적 도덕과 반권위적인 노동 조합에 반대해 '노동하기 원하는 자들'을 보호하려고 애쓰듯이 말이다."[36]

이것은 노동자들을 일하도록 하기 위한 초기 자본주의자들의 고심이 얼마나 강박적이었는가를 말해 주는 것이다. 실은 바로 여기에 성적인 퓨리터니즘의 토대들 가운데 하나가 자리하고 있다. 쾌락에 자유롭게 접근하는 것은 이익을 위협하는 것이었다. 왜냐하면 가장 가난한 자들의 노동은 이익이 나오는 조건 자체였기 때문이다. 도덕 없이는 충분한 노동도 없고, 노동이 없으면 이익도 없다는 것이다…….

그런데 우리의 경제가 현대화되면 될수록, 이와 같은 기본적인 방정식——이미 이 방정식은 라이히의 시대에 이의가 제기되었다——은 틀린 것이 되었다. 오늘날 세계화된 경제는 더 이상 노동자들을 거의 필요로 하지 않고 있다. 아니면 보다 정확히 말해서 노동은 이제 넘치고 있으며, 착취의 대상이 되고 있고, 자본의 이익을 위해 끊임없이 가치가 하락되며 추방되고 탈국지화되며 허약해지고 규제 해제되고 있다……. 대다수의 노동은 **부의 창출에 있어서 더 이상 결정적 요소가 아니다.** 끈덕진 실업은 이를 나타내고 있다. 사람들이 어디서나 조금씩은 노동의 종말에 대해서 이야기하고 있지 않은가? 어쨌든 새로운 자본주의자들이, 새로운 부자들이 가난한 자들을 필요로 하고 있지 않듯이 '대중'을 필요로 하고 있지 않다는 것은 사실이다……. 다음과 같은 결과가 당연히 불가피하다! 따라서 국민은 욕망하는 바를 하라는 것이다. 자본주의자가 보기에 상황은 매우 분명하다. 비록 이 상황이 기괴하다 할지라도 말이다. 제재를 거부하는 자유주의적 무질서가 오늘날 도덕적 질서보다 더 수익성이 있다는 것이다…….

5

쾌락의 고역?

고대 중국에서 인정되어 받아들여진 매춘은 사람들이 상상하는 것과 같은 의미를 항상 띠고 있었던 것은 아니다. 매춘은 종종 성인 남자들에게 성으로부터 벗어나게 해주었던 것이다! 실제로 일부다처제와 부부간 규칙의 체계화는, 이들 남자들에게 매우 꼼꼼하게 규제된 의무를 강제했기 때문에 그들은 결국 쾌락을 고역으로 간주하고 말았던 것이다. 그리하여 중국에서 세련된 기술을 담은 유명한 '성 입문서들'의 전통이 지속되었던 것과 마찬가지로, '성의 의무'라고 부를 수 있는 것이 남자들을 짓눌렀다. **코이투스 레제르바투스**(coïtus reservatus), 다시 말해 사정하지 않고 성교하는 것이 규칙이었는데, 이것이 남자들로 하여금 그런 의무와 대적할 수 있도록 해주었다. 그래도 어쩔 수 없었다!

아주 원숙한 남자가 지닌 사랑의 의무는, 특히 그가 귀족이거나 대부르주아인 경우 어떠한 가정의 탈출도 허용하지 않았다. 6세기 중국 황제의 성생활은 이와 같은 예속의 좋은 예였다. 처들과 첩들로 바스락거리는 궁궐에서 군주가 영위하는 사랑의 삶은 기막히게 세밀하고 구속적인 의전에 의해 지도되었다. 후궁의 수가 왕조가 계속됨에 따라 끊임없이 증가하였으므로 황제의 쾌락을 정확히 헤아리는 것이 필요하게 되었다. 궁궐 사람들은 왕이 성공적으로 치른 성교의 날짜와 시간, 여자들 각자의 월경, 임신의 첫 징후 등을 기록하는 습관이 있었다. 이와 같은 성적 의식을 따르다 보면 휴식은 거의 불가능했던 것이다!

이와 같은 전통을 설명하는 대(大)중국 전문가 로버트 반 굴릭은, 이 전통에서 육체적 쾌락의 접근이 매우 위협적이기 때문에 가장 가혹한 금욕보다도 더 억압적이 되어 버리는 역설을 본다. 그러므로 기원후 초창기 자유주의적인 중국에서 남자들은 실제로 다른 부류들을 찾으러 감으로써 이러한 의무적 쾌락을 벗어나려 애썼다. 그는 이렇게 쓰고 있다. "(상류 부르주아 계층의) 남자가 기생들과 대화를 나누는 것은 잘 확립된 사회적 관습에 따르기 위한 것일 뿐 아니라, 아주 흔히 **관능적 사랑으로부터 벗어나기 위한 것이었고**, 여자들의 방과 때때로 짓누르는 이 방의 분위기, 그리고 의무적 성관계로부터 멀리 떨어져 일종의 위안을 찾기 위한 것이었다. 다시 말해 그들은 성적인 의무에 매이지 않는 자발적인 여자의 우정에 굶주렸던 것이다. 기생과 더불어 남자는 어떤 내밀한 관계까지 갈 수 있었다. 성행위의 완성을 통해 이 내밀한 관계를 마무리지어야 한다는 구속감을 느낄 필요가 없이 말이다."[1]

해방으로부터 명령으로

위협적 쾌락이라고? 의무적인 성관계라고? 우리 같으면 이와 같은 동일한 반대 방향에 도달할 수 있었을까? 우리 역시 쾌락을 너무 조장하고 찬미하는 바람에 쾌락의 매력을 망쳐 버릴 수 있었을까? 철학자 장 기통이 70년대초에 서양의 삶이 선언된 자유주의적 태도(제재를 거부하는 태도)의 구실 아래, '쾌락의 엄청난 고역'이 되지 않을까 무엇보다도 두렵다고 말했을 때, 그는 13세기 동안이나 지속된 이와 같은 중국의 예를 아마 몰랐을 것이다. 고역이라고? 당시에 그러한 불안이 폭발했다. 그보다 그것은 한 늙은 그리스도교 도덕주의자의 망령으로 간주되었다. 예전의 도덕적 구속과 터부인 위선적인 지나친 정숙으로부터 아주 당연히 해방되었다고 일컬어지는 쾌락, 그것이 언젠가는 징벌로 나타날 수 있다는 말인가? 물론 아니다! 70년대의 절대 자유주의적인 낙관론은 이런 문제를 어리석다고 판단했다.

30년이 지난 후, 정신은 현저하게 변화했다. 장 기통이 말한 두려움은 더 이상 그렇게 우스꽝스럽지 않다. 쾌락에의 자유로운 접근은 이미 단순한 **해방**처럼 나타나기를 멈추어 시대를 구성하는 하나의 **명령**, 현대적 예절의 **독촉**이 또한 되고 있다. 광고에 나타난 어떤 수사적 표현이라도 주의 깊게 분석하면 이를 입증할 수 있다. "쾌락은 이 표현에서 이제 임의 선택적인 것이 아니라 명령적인 것으로 제시된다. 우리가 진보를 멈추지 못하는 것과 마찬가지로 쾌락을 멈추지 못한다. 그것은 단지 편재하는 것이 아니라 절대적 권한을 지니고 있다. 그것에 저항하는 것은 잘못이고 오해이며, 공동의 규칙과 진보에 대한 위반인 것이다. (이제) 광고가 설정하는 것은 **쾌락의 의무**이다. 이 의무는 당연히 해방의 모습 아래 감추어져 있다."[2]

빌어먹을! 결과는 사람들이 낡은 세계를 무너뜨리면서 기대했던 것과 완전히 일치하지는 않는다. 시튀아시오니슴의 옛 이론가 라울 바네장은 상당히 귀에 거슬리는 톤으로 이를 불평한다. "의무적 쾌락이 (오늘날) 금지된 쾌락을 대체하고 있다. 향락은 실패나 성공이 따르는 시험의 방식에 직면하고 있다. 마시고 먹고 사랑에 빠지는 것은 이제부터 좋은 평판의 장식물이란 성격을 띠고 있다. 급진적 성격이라는 인정을 받으려면, 여기에 당신이 오르가슴에 도달하는 평균 시간을 적어 보시오.
(……) 예전에 사람들은 희망 없는 투쟁이라도 되듯이 쾌락에
덤벼들었다. 이제 우리에게 덤벼드는 것은 쾌락이다……."[3]

　30년이란 짧은 세월에 이루어진 놀라운 상징적 전복이 아닐
수 없다! 해방으로부터 독촉으로, 정복된 자유주의적 태도로부
터 의무적 즐김으로, 금지로부터 고역으로, 이렇게 걸어온 길은
아이러니컬하게 우리를 출발점으로, 다시 말해 자유의 단순한
문제로 복귀시키고 있는 것일까? 문제가 옮겨 간 것은 아니다.
그 증거는 이와 같은 새로운 고역에 **대항하는** 이상한 거부, 믿
을 수 없는 반항이 이미 시대 속에 돌아다니고 있다는 것이다.
몇 년 전만 해도 상상할 수 없었던 이러한 거부는 종교적 혹은
세속적 도덕주의의 성격을 전혀 띠고 있지 않았다. 비록 그것
이 지난날의 자유주의적 요구들에 반대하고 있다 할지라도 말
이다. 그것은 6세기의 그 짜증난 중국인들을 모방하는 데 있
다. 지나친 성의 요구 앞에서 사람들은 달아나고 있다. 공식적
인 쾌락주의의 암호들 앞에서 사람들은 분열하고 있다. 그리고
그들이 그렇게 행동하는 것은, 이번에는 지나친 정숙에 의한
것이 전혀 아니라 자유 의지의 이름으로 그런 것이다. 다시 말
해 **자유주의적 태도 자체를 액면 그대로 받아들인 것이다.**

　한 주도 거의 거르지 않고 대중 매체들은 다음과 같은 포스
트모던한 증후군에 대해 논하고 있다. 의지적인 절제의 복귀와
전통적 의미에서의 도덕적 반작용보다는, 피로감에 젖은 거부
로부터 비롯된다고 보여지는 순결함에 대한 새로운 경향 말이
다. 예를 들어 **LSD**〔풀죽은 성욕, Low Sexual Desire〕에 대한 묘
사는 서구 언론의 '단골 메뉴'가 되었다. 1995년 3월에 독일의
《슈테른》지는 그것을 1면 머릿기사로 다루면서 '섹스 난무의

종말'을 예고함은 물론 불가피했던 여론 조사 결과를 인용했다. 이 조사에 의하면, 17세와 35세 사이의 독일인 세 명 가운데 한 명은 자신이 성관계를 하지 않고도 지속적으로 살아갈 수 있을 것이라고 평가했다.

앵글로 색슨 국가들에서는 동일한 반응의 성격을 띤, 미국에서 시작된 이 운동을 통해 1997년에 50만 명 이상의 자발적인 젊은이들이 동원되었다. "진정한 사랑이 기다리고 있다(True Love Waits)"라고 명명된 이 운동은 70년대의 여권주의자들의 가치와 슬로건들을 되찾으면서, 젊은 처녀들에게 'No라고 말할 수 있는 권리'를 방어하고 현대의 범섹스주의와 단절하도록 권유하고 있다. 흥미있는 자세한 사항을 보면, 이와 같은 별난 단절이 금지된 것들의 품안으로 회귀하는 일을 수락한 것처럼 제시된 것이 결코 아니라, 전적으로 그 책임을 받아들인 자유의 증거로서 체험되었다. 영국 《가디언》지 여성 구독자들 가운데 한 명은 이렇게 선언했다. "나는 여권주의자이다. 나는 절제가 나의 해방에 대한 가장 훌륭한 증거라고 생각한다." 사실 젊은 미국인들의 성적 행동에 대한 최근 연구는 "결혼 전 성관계를 갖는 여성들의 숫자가 5퍼센트 줄어들었음을 최초 조사들이 시작된 이래 처음으로 보여 주고 있다."[4] 미국에서는 오늘날 새로운 종류의 치료 센터가 번창하고 있다. 환자들은 지나치다고 판단한 성적인 '몰두'를 치료하기 위해 이곳에 온다. 이 몰두는 자유 의지를 해치는 그만큼의 병리 현상이나 종속물로 분류되는 것이다.

섹스 앞에서의 이와 같은 탈주는 분명 자유의 개념을 다시 자기화하려는——하지만 이전과는 반대로——의지를 표현하고 있다. 이것이 각 시대가 경험하는 것과 같은 단순한 돌발 사건이거나 주변적인 매체적 경우를 나타내는 것일까? 그렇게 확실한 것은 아니다. 이와 같은 행동들을 기술하고, 그것들의 확장을 주재하는 증언들이 모두 시시한 것은 아니다. 전혀 그렇지 않다. 정신분석학자이자 인류학자인 보리스 시륄니크 역시 우리 사회에 전도된 이상한 자유주의적 태도(No라고 말하는 것에의 동의)의 출현을 인정하고 있다. 그는 이렇게 단언한다. "20여 년 전부터 우리는 미국에서 자신들을 '성적으로 종속적'이라고 간주하는 사람들을 보고 있다. 이들은 의사들을 찾아와 자신들이 소외, 나아가 일종의 마약 중독이라고 생각하는 것으로부터 벗어나게 도와 달라고 요구한다. 그들의 중심적 관념은 성욕의 제거가 개인적 자유의 획득을 나타낸다는 것이다."

그는 이렇게 덧붙인다. "이러한 현상이 프랑스에서 나타나기 시작하고·있다. 환자들과 강한 리비도를 가진 환자들이 나를 찾아와 자신들의 욕망을 꺼줄 수 있는 약을 처방해 달라고 요구한다. 그들은 자신들이 성적으로 무능하게 된 기쁨을 고백했다. 그들은 마침내 평화롭게 살 수가 있었다. 어떤 여자들은 파트너가 자신들을 즐겁게 해줄 때 종속감을 느끼며, 이러한 종속 때문에 괴롭다고 나에게 말하고 있다. 이런 경우들은 유럽에서조차 점점 더 자주 일어나고 있다."[5]

역설 중의 역설은, 현대의 정신분석학 역시 일부 의사들이 '프로이트를 배신한다'고 비난할 정도로 성욕을 철수시키는 인상을 준다는 것이다. 이것이 어쨌든 1927년에 태어나 라캉을 추종한 정신분석학자 앙드레 그린의 저서 같은 최근의 저서들이 제시한 주장이다. 그린의 평가에 따르면, 성욕은 정신분석학적 이론과 실천에서 거의——그리고 유감스럽게——사라졌다는 것이다. 이 저자가 보기에는, 특히 멜라니 클라인뿐 아니라 자크 라캉에 의해 시도된 충동 이론에 대한 비판이 성적인 것의 기능을 이처럼 평가절하시키는 데 기여했을 것이라는 것이다. 그러나 그가 보기에 이것이 유일한 이유는 아니다. 결국 ——여기서 그의 설명이 보다 흥미로워진다—— 성적인 것은 프로이트의 시대보다 실질적으로 보다 자유로워진 사회에서 그것이 차지하는 **위치에 반비례하는** 위치를 정신분석학의 실천에서 차지한다는 것이다. 달리 말하면, 사회 생활과 공적인 담론, '볼거리'에서의 성의 편재는 정신분석학적으로 성의 가치를 하락시켰다는 것이다.[6] 단지 정신분석학적으로만 그랬을까?

자유의 이름으로

이러한 모든 현상들은 육체의 쾌락·즐거움, 아니면 그저 단순히 행복의 추구에 가치를 부여하는 사람이면 누구에게나 다소 비통한 일이다. 성의 거부, 욕망에 대한 불신, 더 이상 자유로운 성욕을 통해서가 아니라 이것에 **대항하여** 개인적인 자율을 긍정하려는 의지, 에로화된 전반적 풍토에 견주어 볼 때 평온처럼 제시되는 상대적인 순결 등의 움츠러든 이러한 행동들은 70년대 라이히의 대중적 복음서에 의해 약속된 빛나는 미래와는 사실상 반대의 입장에 있다. 그렇기 때문에 우리는 그것들을 이처럼 많은 회의를 느끼며 접수하고 있는 것이다. 그렇다면 그것들은 사람들이 생각할 수 있는 것처럼 새로운——그리고 특이한——것인가? 어떤 것도 이보다 불확실한 것은 없다.

이와 같은 퇴행적 경련들을 매우 정열적으로 고찰하게 만드는 것은 그것들의 급진적인 낯섦이 아니라, 그 반대로 그것들이 세월을 넘어서 역사가들이 완벽하게 알고 있는 관점들 및 행동들을 막연하게——분별없이——다시 존중하고 있다는 점이다. 예를 들어 플라톤의 관점이 그것이다. 플라톤은 《법률》에서 '폭군 에로스'에 저항할 수 있는 능력을 개인적 자율의 증거로서 상기시켰다. 또한 유대인 공동체들(에세네파)이나 초기 그리스도교 공동체들의 행동이 그것이다. 이 공동체들에게 절제는 자유의 포기로서 체험된 것이 전혀 아니라 이 자유의 타오르는 긍정으로서 체험되었다.

고대 말기의 전문가이자 미셸 푸코의 절친한 친구인 피터 브라운은, 남자들과 여자들의 절제적인 집회들을 훌륭하게 묘사하고 있다. 이 남녀들은 "시리아와 이라크 북부의 작은 교회들에서 서로 밀착되어 있는" 모습을 하고 있었는데, "항구적인 평정과 남녀 사이의 일종의 순결한 우정"을 자유롭게 정복했다고 확신하고 있었다.[7] 브라운은 또한 4세기에 그리스도교로 전향한 로마의 여인들이 순결을 선택한 것이 전혀 예속이 아니라 로마 제국의 풍속에 대한 반항, 아버지가 지닌 권위의 거부, 동시에 오늘날 우리가 여권주의적이라고 규정할 수 있는 자유의 요구를 얼마나 잘 표현하고 있는지를 보여 주는 사례라고 주장했다.[8]

쾌락의 단념을 나타내는 제한적이고 분명 병리적인 경우들조차도 우리가 상상하는 것처럼 그렇게 새로운 것이 아니며, 광적이 되어 버린 현대성의 속성도 아니다. 캘리포니아의 뉴 에이지(New Age) 종파들의 착란적인 선택을 인용해 보자. 우리가——특히 1997년 3월 샌디에이고에서 일어난——집단적 자살을 통해서 발견한 것은, 이들 종파들이 신도들로 하여금 성적 충동으로부터 벗어나도록 하기 위해 자발적으로 거세를 하게 만들었다는 것이다. 그런데 이와 같은 **목적에서 실시된** 자발적 거세의 관념 또한 알려지고 목록화된 역사적 현상이다. 그것은 모든 시대에 상당히 빈번하게 발생하고 있다. 그리스도교나 이슬람교 초기(오리게네스는 가장 유명한 예이다)뿐만 아니라, 바빌론 시대와 태곳적부터 말이다.

"이교도의 많은 성직자들이 성관계에 의해 더럽혀지지 않고, 순수함과 성스러움 속에서 인간들과 신 또는 여신 사이의 중재적 역할을 수행하기 위해 자발적인 거세를 실천했다. 이와 같은 문화적 남성성 제거는, 특히 바빌론·레바논·페니키아·키프로스·시리아에 존재했으며, 에페소스에서의 아르테미스 숭배, 이집트에서의 오시리스 숭배, 프리지아에서의 아티스와 대모신(Cybele)의 숭배 속에 존재했다. 이 숭배들 가운데 마지막 것은 동양과 서양에 광범위하게 확산되었다."[9]

따라서 이렇게 볼 때, 우리는 우리의 가장 은연한 불안이나 광기에 이르기까지 아무것도 창조하지 못하고 자신도 모르는 사이에 회귀를 하고 있는 것이다. 우리는 대중 없이 세월의 흐름을 거슬러 올라가고 있다. 어디로, 그리고 무엇 때문에? 이것이 모든 문제이다. 쾌락으로부터 자신을 보호하기 위해 섹스를 자유롭게 단념하는 그 수많은 방법들이 드러내고 있는 것은 아마 유토피아의 극심한 쇠퇴가 확산되고 있다는 것이고, 정의하기가 상당히 어려운 한계점에 접근하고 있다는 것이며, 숙고에 의한 것이라기보다는 본능적인 막연한 어떤 혐오가 은연중에 부상하고 있다는 것일 게다. 이런 것들이 상기시키지 않을 수 없는 것은, 서력 기원이 시작된 아주 초기에 로마 제국의 쇠퇴를 운율을 맞춘 몇몇 풍자시로 환영한 로마 시인들의 그 유명한 환멸이다. 유베날리스나 마르티알리스만을 예로 든다면,

이들의 분노는 전자가 쾌락·돈·유희의 '넘침'이라고 의미심장하게 일컬었던 것이 불러일으킨 구토를 외치고 있다.[10]

우리가 슬프게도 이와 동일한 포만에 사로잡혀 있단 말인가?

고장난 욕망

다른 징후들이 이와 같은 문제를 제기하도록 유도하고 있다. 이와 같은 거부와 동거하면서 이 거부를 조명하는 또 다른 불안이 실제 현대인의 무의식 속에 흐르고 있다. 그것은 아마 사랑에 대한 우리의 혼란을 더욱 잘 드러내 주고 있다 할 것이다. 이 두려움은 욕망 자체가 소멸하지 않을까 하는 두려움이고, 점진적인 무관심에 따른 성적 무능에 대한 두려움이며, 푸코가 '성적 설교'[11]라고 일컬었던 것의 과도함을 징벌하러 오는 거대한 집단적 실패에 대한 공포이다. 매우 공격적으로 에로화된 우리 사회는 실상 비욕망의 강박관념에 고통받고 있다. 그런데 이 강박관념이 에로화와 이와 유사한 것들을 북돋우고 있다. 우리 사회는 매일같이 이 불분명한 공포를 쫓아내야 하기 때문에 그만큼 더욱 집요하게 성에 대해 이야기하고 있는 것이다. 모든 담론이나 구경거리에서 이 사회는 욕망이 항복하는 것을 피하게 하기 위한 것처럼 욕망을 끈질기게 조장하고 있다. 그리고 그에 따라 안심하려고 하는 것처럼 말이다……

몇몇 말들이 최근에 매체에서 성공을 거둔 것은 이와 동일한 불안을 드러낸다. 예를 들어 '환상'이란 말이 그러하다. 지난 날까지만 해도 환상에 굴복하는 것은 있을 수 있는 과실이었고, 몽상된 감미로운 추행을 자기 자신에게 고백하는 것이었으며, 재앙을 불러 올 수 있는 금지된 욕망을 충격적으로 투영하는 것이었다. 오늘날 환상은 우리의 배려를 마땅히 받아야 할 궁핍한 고아처럼, 깨지기 쉬운 보물처럼, 쇠약해질 위험이 있는 굶주린 동료처럼 경건하게 불러들여지고 있다. 환상에 대한 현대인의 권고는 거의 애원에 가깝다. 당신의 환상을 애지중지하고 풍요롭게 하시오. 그것이 시들지 않도록 귀여워해 주시오라고 말하는 것이다. 여성 잡지들에 실린 담론은 이것 **빼놓고**는 거의 이야기하는 것이 없다. 그것은 각 여성 독자들에게 자신의 고유한 환상을 가꾸라고 권유한다. 마치 희귀하게 된 재화라도 되듯이 말이다. 사람들이 여기에 덧붙이는 것은 다음과 같은 경제적인 만국어이다. 당신의 '자본-환상'에 주의하시오……. 우리들 각자가 내면에 보호하고 있는 에로틱한 몽상에 대해 말하자면, 그것은 내밀한 새로운 보물로서, 증기처럼 사라질 위험이 있는 만큼 눈을 똑바로 뜨고 감시하라고 우리는 간청받고 있다.

욕망에 적용된 이와 같은 인도적인 수사적 표현은 새로운 불안의 성격을 띠고 있다. 이 불안은 결함에 의해 서서히 진행되는 성적 감퇴와, 충동의 냉혹한 무기력에 대한 불안이다. 30년이 지난 지금, 진정한 문제는 더 이상 욕망의 억압에 대항해 싸우는 것이 아니다. 그것은 이 욕망의 **파산**을 막는 것이다.

우리가 위반의 개념을 이해하는 방식에 대해서도 마찬가지 이야기를 할 수 있다. 위반은 더 이상 그 신랄한 대담성으로 인식되거나, 욕망의 이름으로 금지된 것을 전복하는 것으로 인식되지 않고, 불행하게도 효력이 없게 되어 버린 옛날의 편리함으로 인식되고 있다. 이리하여 사람들은 죄의 시대를 큰 소리로 그리워하고 있다. 위반할 수 있는 몇몇 금지된 것들이 존재했던 과거를 이상화하고 있는 것이다. 이러한 향수는 대개 시대에 고유한 순진함——자신을 합리화시키고 괴변을 부리는 순진함——을 드러내며 표현되고 있다.

1990년 베를린 장벽이 무너지고 독일이 재통일되고 몇 개월이 지난 후, 서독의 몇몇 신문들은 폭정에서 겨우 벗어나고 있는(다시 말해 우리의 성적 해방과 평범화에 오염되지 않은) 동독 여자들이 서독 여자들보다 훨씬 더 강렬한 오르가슴을 체험하고 있다고 주장하는 보도들을 실었다. 신문 잡지의 고심에 찬 노력은 노력 자체에 대해 이야기하고 있었다……. 다른 관념의 차원에서 윈스턴 담배와 생 미셸 비스켓, 쉬샤르 초콜렛을 찬양하는 것들과 같은 광고 캠페인들은 죄에 대한 우리의 향수를 드러내는 매력적인 슬로건을 만들고 있다. 일부 총서들——텍스튀엘출판사의 '칠죄종(七罪宗, Péchés capitaux)' 총서 같은 것들——은 "죄의 세계에 관능적이고 아주 즐겁게 잠기는 것"을 솔직하게 제안하고 있다. 1995년에 카날 플뤼스 텔레비전에서는 '칠죄종'이라고 명명된 시리즈물이 성공적으로 방영되었다.

위안을 주겠다는 의도를 가진, 동일한 주제에 대한 전시회들도 마련되고 있다. 그리하여 1996-97년에 칠죄종에 할애된 전시회가 파리의 조르주 퐁피두 센터에서 열렸다. 이 전시회의 간사 디디에 오탱저는 이렇게 소개했다. "죄들은 비록 위반할 내용이 더 이상 없다 할지라도, 위반의 메커니즘과 놀고 있다는 신호이다." 현대 개인주의의 시인 질 리포베츠스키는 같은 주제에 대해 더욱 솔직하게 자신의 의견을 표현하고 있다. 그는 이렇게 말했다. "죄는 더 이상 꿈을 꾸게 만들지 못하지만, 원기를 회복하게 해주고 욕망을 다시 불러일으키게 하는 데 도움이 된다."[12]

죽음을 동반한 사랑

잃어버린 죄에 대한 향수어린 이와 같은 추구가 목표로 하는 것은 기진맥진해진 욕망을 다시 일깨우는 것이다. 이 추구가 항상 그렇게 싹싹한 것은 아니다. 우리가 알다시피, 그것은 때때로 금지된 것을 끊임없이 물리치는 데 있으며, 무섭고 헛된 한술 더 뜨기를 시도하는 데 있다. 그런데 이처럼 한술 더 뜨는 것의 궁극적 지평은 물론 죽음이다. 최후로 금지된 것과 이처럼 절망적으로 유희를 하는 것에 대한 예들을 우리는 수없이 제공할 수 있다. 단 하나만 인용해 보자. 에이즈 시대에 젊은이들이 교활한 룰렛트라고 부르는 비보호(콘돔을 끼지 않고 하는) 성관계에 대해 매혹을 느낀다고 고백한 것이다. 이 문제에 대해 질문을 받은 한 동성애자는 단언한다. "나는 갑자기 위험이 매력의 일부를 형성하고 있다는 것을 알면서도 위험한 관계를 원하는 이유들에 대해 숙고하여야만 했다."[13]

위험과 폭력에 대한 은근한 본능적 욕구 때문이라고 할 수 있을 것이다. 하지만 죽음이 또한 오늘의 시대 속에 감돌고 있다. 1997년, 한 여자가 만든 캐나다 영화 《입맞춤》이 칸 영화제에서 감독들의 시사회에 출품되었는데, 이 영화는 직접적으로 이 문제를 제기하고 그 비밀을 드러냈다. 실상 그것은 샌드라 라손이라는 젊은 여자의 이야기를 전하고 있는데, 이 여자는 성적으로 죽음의 유혹을 느끼고 있고, 그녀의 내부에서 격렬한 육체적 흥분을 폭발시키는 시체들에 의해 이상하게 유혹을 느끼고 있다. 한 큰 신문은 이 영화에 대해 의미 있게 다음과 같은 제목을 달았다. "죽음을 동반하는 사랑.《입맞춤》——시체와 간음하는 성욕을 드러낼 수 있도록 하기 위해 양식화된 작품."

죽음과의 성교는 꺼져 버린 욕망을 드러낸 우리 사회의 궁극적 최음제일지도 모른다. 60년대에 성을 탈극화시키려고 그토록 고심했던 서양의 현대성에 대해 말하자면, 그것은 이제 욕망이 폭력 및 죽음과 한편이 되어 있다는 것을 어쩔 수 없이——그리고 유치한 공포를 느끼며——재발견하고 있다. 꼴 좋게 된 것이다! 인간 문화들의 대부분은 이것을 항상 알고 있지 않았던가? 이것이 바로 섹스에 관해 아주 오래 전부터 제기된 그 문제가 아니었던가?

*　　*

*

또한 오늘날 매우 유행하고 있는 사도마조히즘적 행태가 유희적이고 의식화(儀式化)된 형태로 표현하고 있는 것은 '진정한' 위반을 막연하게 추구하는 것이다. 사도마조히즘〔사도 마조, Sado-Maso〕을 추종하는 한 여자는 그녀가 사도마조로부터 기대하고 있는 것을 분명하게 지적한다. "보다 최근에, 위반에 있어서 그 한계가 성의 해방과 육체의 새로운 이미지에 의해 격퇴되었다는 것은 의심할 여지가 없다. 지난날 성적 욕망을 폭발시키는 데 충분했던 단순한 나체는 평범하게 되었다. 따라서 위반은 보다 멀리에서 시작된다. SM은 아마 오늘날 더할 나위 없이 훌륭한 위반의 장소가 된 것 같다."[14]

그러나 본 주제에도 불구하고, SM과 관련하여 상당히 코믹한 하나의 모순은 명백하다. 주변의 자유주의적 태도에 의해 역시 오염된 SM의 추종자들은 스스로를 완전한 하나의 공동체로 간주하고 명예롭고, 따라서 자신의 존재 권리를 요구할 근거를 가진 소수 집단으로 간주한다. 1996년 9월 15일, 그들은 이러한 목적으로 런던의 중심가를 행진했다. 즐거운 행렬의 선두에는 아주 짧은 라텍스 미니스커트를 입은 가짜 검투사가 마차에 앉아 있는 자신의 친구를 잡아당기고 있었다. 이것이 다섯번째 SM 프라이드 행사였다. 이 행렬이 시작된 것은 버밍엄에서 벌인 SM 야회 행사를 경찰이 진압했기 때문이다. 《가디언》지나 《인디펜던트》지 같은 신문들은 자신의 육체를 소유할 수 있는 새로운 권리 주장을 옹호하는 기사들을 썼다.[15] 이로부터 호전적인 동원과 이와 같은 즐거운 퍼레이드의 시작이 나왔다. 그러나 가정의 어머니들이나 유순한 순경들이 지켜보는 가운데 트라팔가 광장의 아스팔트 위를 행진하는 체면 차린 SM 추종자와 이러한 예찬의 대상 자체를 구성하는 끔찍하고 어두운 위반의 추구 사이에 드러나는 모순은, 그래서 해결할 수 없게 되고——실상 괴상한 것이 된다.

자유의 요구, 자기 정체성의 과시, 평범하게 된 선호 대상, 그러나 무슨 수를 써서라도 금지된 것에 대한 불안한 찬양, 이것이 바로 특이한 아말감이다! 이 아말감은 쾌락과 관련하여 순진무구함의 바다에서 헤엄치고 싶고, 동시에 죄악의 불 속에 타오르고 싶은 한 시대를 완벽하게 상징하고 있다. 하지만 물론 이 모순된 욕망은 실패한다. 그렇다면 결국 왜 그렇게 하고 싶은 것인가?

욕망과 과도한 허용 사이의 **해결할 수 없는** 이러한 적대 관계를 볼 때, 앙드레 브르통 같은 선구자들이 옳았던 것이다. 브르통이 삶의 황혼기에 두려워한 것은 들추기와 제재를 거부하는 자유주의적 태도 때문에, 결국 사람들이 욕망에서 그것의 힘을 박탈하고 말지 않을 것인가라는 것이었다. 조르주 바타유 역시 동일한 두려움을 나타냈다.

그는 이렇게 반복한다. "내가 부여하는 의미에서 본다면, 성적 혼란은 저주받고 있다. 이와 관련하여 외관에도 불구하고 나는 오늘날 승리하고 있는 경향에 반대한다. 나는 성적 금지 사항들의 망각 속에서 출구를 보는 사람들의 편에 있지 않다. 나는 인간의 가능성이 이와 같은 금지 사항들에 달려 있다는 생각까지 하고 있다."[16]

위반과 쾌락을 변호하는 이 대단한 옹호자는 다른 많은 텍스트에서, 금지를 너무 급진적으로 없앤다면 욕망 자체를 위협하고, 결국은 우리의 **인간성** 자체를 위협할 것이라고 되풀이하면서 금지를 찬양하고 있다.

그는 또한 이렇게 쓰고 있다. "내가 생각하기에 금지된 것은 우선 그것의 대상에 탐욕이 쏠리게 했다. 금지된 것이 본질적으로 성적 성격을 지녔다면, 그것은 십중팔구 그것의 대상이 지닌 성적 가치(아니면 그보다는 이 대상의 에로틱한 가치)를 강조했다고 할 것이다. 바로 이것이 인간과 동물을 구분지어 주는 것이다. 동물에게는 순식간에 달아나고 의미가 없는, 저항할 수 없는 충동에 불과한 것에 새로운 가치를 부여한 것은 자유로운 성적 활동에 반대하는 한계이다."[17]

그리하여 금지된 것이 없기 때문에 에로티시즘이 기진맥진할 가능성이 있으리라는 두려움은 바타유의 전저서에 흐르고 있다. 그래서 이 두려움은 비굴함과 폭력의 가장, 외설스러운 말, 전락의 모방을 상징적으로 불러들여 그 속에서 욕망의 샘을 다시 파는 것 외에 다른 해결책이 없다는 관념처럼 흐르고 있다. 흔히 시시한 것이지만, 이것이 이 시대가 그 나름으로 점점 더 절망적으로 수행하고 있는 것이다. 이에 대한 확신을 가지기 위해서는 장밋빛 메시지를 전달하는 매체들에서 사용되는 언어를 검토하면 충분하다. 더 이상 아무도 달아오르게 하지 못하는 에로틱한 위반을 가지고는 장난을 칠 수가 없기 때문에, 사람들은 **대체 위반**처럼 나타나는 언어적이고 묘사적인 폭력을 끊임없이 불러들인다. 사람들은 시들어 가는 불꽃을 되살리기 위해 한없는 언어적 술책들을 사용한다. 의태적 상황이나 자유로운 체인징 파트너의 상황, 위장된 폭력의 폭발, 성적 예속과 모욕의 허구적인 단계적 확대 등이 그런 것들이다.

사람들이 바타유가 지적한 다음과 같은 또 다른 특징에 따르면서 선동하는 것은 허수아비 같은 악이다. "(사람들은) 최초 금지된 것의 의미——이 의미가 없다면 에로티시즘은 존재하지 않는다——를 잃어버리기보다는 모든 금지 사항, 모든 부끄러움을 부정하고 폭력 속에서만 이러한 부정을 유지할 수 있는 자들의 그 폭력에 의지한다."[18]

다만 우리가 알아야 할 것은, 이러한 폭력이 날림으로 만든 위장에 영원히 만족할 수 없다는 점이다.

성(性)과학자들의 시대

이와 같은 혼란·대실패·불안 앞에서 최초의 잘못이 있다면, 이 잘못까지 거슬러 올라가고 싶은 강한 유혹을 느낀다. 상류에서 무슨 일이 일어났던가? 우리는 30년 동안 서구 나라들에서 풍속의 대혁명을 이끌어 오면서 어떤 실수를 저질렀고, 어떤 망각의 공범자가 되었단 말인가? 매우 근본적이었기 때문에 역사가들이 인류 역사에서 전례가 없다고 단언하는 그 혁명을 이끌어 오면서 말이다. 실상 우선 무엇보다도 기억해야 할 것은 그 모든 범위이다. 조르주 뒤비는 몇 줄로 이 범위에 초대했다. 1984년에 발표된 그의 말은 아직 당시의 서정성에 물들어 있다. 하지만 그것은 본질을 말하고 있다.

뒤비는 이렇게 쓰고 있다. "남녀 관계의 질서를 위해 수 세기 전부터 세워진 뼈대가 우리가 보는 앞에서 많은 사람들을 얼빠지게 만드는 과격함 속에 무너져 내렸다. 금지된 것들이 제거되었다. 육체들은 벌거벗겨졌다. 사람들은 어떤 외설스러운 말에도 더 이상 얼굴을 붉히지 않는 데 익숙해졌다. 예전에는 세심하게 감추어진 행동들이 보란 듯이 드러나기 시작했다. 한편 부부 관계는 새로운 형태들을 꿈꾸었다. 혁명은 경제나 문화에서 여러 세대에 걸쳐 일어난 모든 변화들보다 더 결정적이고, 훨씬 심층적이고 근본적이었다. 우리가 또한 혁명이라 부르는 다른 격변들은 이 혁명에 비하면 피상적이고 덧없는 것처럼 보인다. 내가 혁명이라고 말하는 이것은 인류의 기원 이래로 확립된 조처들을 폐기하면서, 남자들과 여자들 사이에 역할과 힘의 배분을 철저히 수정하러 왔다."[19]

이렇게 이 '성의 혁명'이 드러낸 그 엄청난 범위를 상기시키는 것은 그것의 예기치 않은 실패들을 상대화시키게 해준다. 이와 같은 역사적 단절을 정확히 측정하는 것은 그것의 최초 천진한 행동들과 실수들을 발견하는 데 도움이 된다. 적절한 거리를 두고 보면, 이와 같은 천진한 행동들과 실수들은 우리에게 매우 극명하게 나타나기 때문에 우리는 그것들이 불가피할 수 있었다는 것을 이해하기가 어렵다.

이러한 최초 실수들 가운데 하나는 아마 처음부터 성을 하나의 기능과 동일시했다는 것이다. 이런 경우는 역사에서 결코 ──결코!── 없었던 것이다. 기능이란 관념 자체는 사실상 기능 장애의 개념을 도입했고, 이에 따른 여세를 몰아 양적인 평가와 성과의 개념을 함축하는 성적 건강 계획을 도입했다. 이렇게 출발하면서 사람들이 암시한 것은 문화적이나 도덕적인 것이 아닌 생리학적이고 산술적인 기준(얼마나 했는가? 어떤 강도로? 어떤 결과가 나왔는가?)의 관념이다. 과거의 금지 사항들에 대체된 것은 진정한 의미에서의 자유가 아니라 측정할 수 있는 환희나 치유 계획이고, 완벽한 성적 건강의 유토피아이며, 과학에 의해 공인된 쾌락적 성공의 지평이고, 모든 희망을 허용하고 모든 요구를 정당화하는 치료적 관점이었다.

몇몇 새로운 소개념들은 서양인의 정신적 풍경 전체를 철저히 전복시키고, 우리 자신의 욕망 표현에 있어서까지 우리가 행복·의지·자유와 관련하여 쾌락에 대해 가졌던 관념을 바꾸는 데 충분했다. 주목할 것은 가치의 이와 같은 심층적 변화가 그 당장에는 인식되지도, 진정으로 이해되지도 못했다는 점이다. 사람들은 잔존하고 있는 금지 사항에 대해, 후미진 곳에 있어 드러나지 않고 있는 정숙함에 대해 서로 다투었다. 그리고 본질적인 것은 다른 영역, 즉 함께 나누었던 가치들의 영역에서 이루어지고 있다는 것을 이해하지 못한 채, 파리의 보도 기사가 드러내는 음란한 '스캔들'에 대해 서로 다투었다. 진짜 단절은 과연 눈에 띄지 않는 것이다.

예를 들어 성과 관련하여 정상을 비정상에, 허용된 것을 금지된 것에, 도덕적인 것을 비도덕적인 것에 대립시키는 일은

더 이상 문제가 되지 않고, 기관의 기능 장애를 기능 양호에
대립시키는 것이 문제이다. 지난날의 도덕가들이나 고해 신부
들인 성직자들의 역할은 측정기기, 막연한 이름들, 그리고 통계
를 갖춘 흰 옷 입은 사람들에 의해 대체되었다. 성과학자들의
차가운 시대가 도래한다. 이 전문가들이 자신들의 손안에 넣은
(그리고 그들이 지속적으로 행사하는) 과학적 힘은 모두가 하
나의 능력——아니면 전제——에 근거하고 있다. 그것은 성적
인 건강 상태를 공동으로 정의할 수 있는 능력으로서, 이는 오
비디우스나 브랑톰(16-17세기의 프랑스 연대기작가)과 동시대
인이 듣는다면 터무니없다고는 말할 수 없어도 기이하다고 느
낄 수 있는 개념이다. 이로부터 특히 60년대말 윌리엄 H. 마스
터스와 버지니아 E. 존슨의 업적[20]과 더불어 전대미문의 치료
법과 몇몇 혁명적인 정의들이 나타난다. 예를 들면 이상적 오
르가슴의 정의 같은 것들인데, 이 정의는 다른 모든 절대 자유
주의적인 선언들보다 확실하게 성에 대한 우리의 인식을 뒤집
게 된다.

　누구나 이제부터 갈망할 수 있는, 완벽한 성적 건강을 갖춘
이와 같은 유토피아, 성욕을 거의 국민 건강의 문제처럼 인식
하는 이러한 현상은 논리적으로 쾌락에 대한 우리의 표상을 자
유로부터 의무로, 허용으로부터 명령으로 서서히 이동하도록
만들게 된다. 우리는 지금 그런 지경에 와 있는 것이다! 국립
과학연구소(CNRS)의 한 연구원은 이렇게 쓰고 있다. "행복에
대한 권리, 다시 말해 무엇보다도 오르가슴에 대한 권리는 '오
르가슴의 의무'로 변모되고 있다. 전문적으로 지원하는 부처들
이 우리에게 성적 쾌락의 권리를 인정하고 있는데, 이 권리를
최대한 이용하지 않는다는 것은 어리석다는 것이다. 사람들이

말하듯이 '그건 언제나 빼앗은 것'이다. 그것은 죽음으로부터 빼앗은 것이고, 국가로부터 빼앗은 것이다. 따라서 오르가슴을 일으켜야 한다는 것은 정해진 것이고, 보다 일반적으로는 '자신을 파열시켜야 한다는 것,' 다시 말해 쾌락주의를 추종하는 스타하노비스트들(스타하노프 운동 노동자들)처럼 되어야 한다는 것은 정해진 것이다. 하지만 주의해야 한다. (외관상) 상스러워서는 안 되니까. 당신의 파트너들을 존중하시오. 그들이 잘 기능하도록 도와 주시오."[21]

마스터스와 존슨에게 분명한 것은 성적 무능력이 때로는 '새로운 질병'에 비견되기 때문에, 옛날의 천연두나 말라리아처럼 근절시켜야 한다는 것이다. 50년대에 그들은 성(性)과학자들이 단체들을 조직하는 것을 부추기고, 언젠가는 진료비의 공동체 부담이 기대되는 오르가슴 전문의 새로운 클리닉들을 설립하도록 부추긴다. 사람들은 쾌락을 의학화하고, 공평한 쾌락의 안배를 프로그램화한다. '불충분한' 쾌락은 의학적으로 치료해야 하는 질병 가운데 하나가 된다.

이것이 전부가 아니다. 우리들 각자가 자신의 쾌락 추구를 바라보는 방식 자체가 심층적으로 변화된 것이다. 예를 들어 예전처럼 동일한 방식으로 죄의식을 체험하는 것은 더 이상 문제가 아니다. 죄의식은(사람들이 순진하게 믿는 것과는 달리) 사라지지 않지만, 성격을 바꾸고 있다. "사람들은 성적 소수에 속하는 것을 보다 쉽게 받아들인다——때때로 그들은 이러한 수용에 자만까지 한다. 반면에 그들은 제대로 기능 발휘를 못함으로써 죄의식을 느끼게 될 것이다."[22]

무엇에 비하여 기능 발휘를 제대로 못한다는 말인가? 물론 교양적 혹은 도덕적 기준에 비추어서는 아니다. 왜냐하면 그런 것은 이제 존재하지 않기 때문이다. 그건 아니다. 사람들이 자신의 성욕의 정상성을 평가하려 할 때는 **통계적 평균을 기준**으로 할 것이다. 이러한 측면은 우리 사회가 성의 혁명이 가져온 약속에 의해 강직 경련을 일으켜 반응하지도 않은 채 받아들이고 있는, 함정이 있는 퇴행이고, 특이한 문화적 빈곤화이다. 성과학자 질베르 토르지만은 이렇게 인정한다. "(이제) 사람들에게 스스로 질문할 수 있도록 해주는 기준·수치·비교점이 제공되고 있다. (……) 대중 매체들은 모든 영역에서, 그리고 특히 성적 차원에서 엄청난 수요를 창출시켰다. 바로 대중 매체들을 통해서 '성적 불평'이 전개되어 왔다."[23]

새로운 유형의 이와 같은 '성적 불평,' 다시 말해 임금이나 사회 보장 요구를 모방한 이와 같은 쾌락의 요구는 몇 년 안에 정신적 풍경의 상당히 평범한 구성 요소가 된다. 그것은 그 속에서 사회적 요구와 동시에 불안을 표현하고 있다. 요구는 모든 사람에게 약속되고, 복지 국가가 부담하도록 된 쾌락에의 권리이다. 불안은 시대가 지정한 새로운 모델에 자신을 일치시킬 수 없을지 모른다는 불안이다. 이 모델은 더 이상 성인이나 영웅이 아니라 오르가슴 선수이다.

미래의 모든 애매성은 이와 같은 불평 속에 배태되어 있는 것이다…….

최초에 킨제이가 있었다

사람들은 어떻게 이처럼 성의 성격에 대해 맹목적일 수가 있었는가? 이처럼 의학화되고 무겁게 규범적인 접근을 하게 된

발단은 20년 이상 전으로 거슬러 올라간다. 1948년, 전쟁이 끝나고 '30명의 영광스러운 여인들'[제1차 세계대전 후 30년을 의미한다]이 실현시킨 엄청난 경제적 부가 이루어진 아주 초기에, 미국에서는 〈킨제이 보고서〉[24]라고 명명된 조사가 나와 전 세계에 번역된다. 빌헬름 라이히가 제안한 유토피아에 대한 앵글로 색슨계의 자유주의적 해석인 이 보고서가 제시하는 것은, 미국인들이 실제로 체험한 성생활에 대한 최초의 객관적(다시 말해 가치 판단을 배제한) 기술이다. 몇몇 질문지와 여론 조사, 통계적 평가에 토대를 둔 이 기술은 서로 다른 다양한 성관계의 양태를 차가운 시선으로 검토하면서, 그것의 빈도수·성공률·사회경제적 또는 지리적 분포 등을 평가하려 하고 있다. 킨제이는 어떤 성행위가 미치는 심리적·문화적 또는 사회적 파장에 대해 전혀 개의치 않고 그것을 단 하나의 평가 기준, 즉 그것의 통계적 대표성과 대조한다. 참으로 많은 동성애 추종자들, 여성 성기에의 구강 성교, 물신숭배자들 등이 나타난다.

1948년에 이와 같은 발표가 무엇을 나타낼 수 있는가를 잘 이해해야 한다. 전후에 아직도 청교도적으로 엄격한 미국에서, 그것은 갑작스럽게 **대낮처럼** 밝게 비춰진 비밀의 밤인 것이다. 그것은 나라의 감춰진 얼굴을 백주에 드러내는 것이고, 마침내 깨어진 침묵, 손가락질받은 위선, 평범해지고 탈극화된 '추행'을 드러내는 기막힌 목록이다. 〈킨제이 보고서〉의 발간은 서양 전체에 그야말로 새로운 시대를 연다.

분명 이 보고서의 진짜 흥미는 풍부한 자료나 목록적인 측면이 아니다. 그것은 무엇보다──그리고 매우 효과적으로──개인적으로, 그리고 집단적으로 죄의식에서 해방시켜 주는 기능을 수행한다. 그것이 말하고자 하는 것은 이를테면 어떤 것도 그렇게 심각하지 않다는 것이고, 성적으로 어떤 것을 더 선호한다든가, 심지어 수음에 몰두한다고 해도 지옥의 불꽃을 두려워하지 않아도 된다는 것이다. 가장 중요한 것은 이와 같은 죄의식으로부터의 해방이, 과거에 그랬던 것과는 달리 도덕이나 금지된 것들에 대한 점진적인 재해석에서 비롯되는 것도 아니고, 강제된 회한으로부터 비롯되는 것도 아니라는 것이다. 그것은 우리가 통계적이고 **모방적**이라고 규정할 수 있는 죄의식으로부터의 해방이다. 이번에 나의 고유한 행위를 정당화시키는 것은 타자이고, 이웃이며, 환상을 나누는 동료나 친구이다. 나의 엉뚱한 생각들을 탈극화시키는 것은 나를 닮은 모든 사람들이 정식으로 리스트화되어 이루어진 군중이다. 나의 좌절을 완화시켜 주는 것은 일정 비율의 성인들이 함께 하는 그 비참함이다. "다른 사람들도 나처럼 하는데, 나는 아직도 안달할 것인가?" 숫자 테스트에 결부되고, 엄격한 합리주의에 연결되며, 완벽하게 만들 수 있는 기능처럼 평가된 성욕은 성호를 그으며 상기시켰던 모호하고 두렵고 동시에 매혹적인 그런 대륙이 더 이상 아니다. 그것은 성공-실패, 다수-소수, 혁신-습관, 투자-수확 등의 단순한 문제가 되는 것이다.

나머지에 대해서 이 보고서는 당시의 분위기에 일치하는 자유주의적인 관용과(모든 환상들이 개화되기를!) 미래에 대한 신뢰를 드러내고 있다. 결국 그것은 전후의 킨제이적인 낙관론을 성에 옮겨 놓고 있다. 경제의 주요 동력으로서——빚을 지고라도 소비하고 싶은 욕망까지 포함한——소비의 욕망, 사회 생활의 동력으로서 욕망 자체와 완벽한 쾌락의 희망, 이 두 세계는 서로 부응한다. 어쨌든 〈킨제이 보고서〉는 방법이 매우 과감하고, 의도가 매우 호의적이기 때문에 그것의 믿을 수 없는 축소적 귀결주의를 비판하고자 하는 사람들은 드물다.

세계에서 가장 좋은 의도를 가지고 보고서를 만든 이들이 쾌락을 그것의 내밀한 진실과 가장 본질적인 **즐거움**으로부터 떼어냈다는 것을 이해하기 위해서는 시간이, 많은 시간이 필요하게 된다. 성은 하나의 **기능**이 아니라 하나의 **문화**라는 점과, 우리가 이끌려 들어간 나쁜 갈래가 바로 이와 같은 것이라는 점을 이해하기 위한 시간 말이다. 당시에 〈킨제이 보고서〉의 번역은 전진하고 있는 해방의 증거로 도처에서 받아들여진다. 사람들은 그 이상을 추구하지 않는다. 다만 몇몇 반대적 정신을 가진 자들만이 무언가 전조를 나타내는 신중함을 표현한다. 조르주 바타유는 그들에 속한다. 킨지가 그에게 불러일으키는 원칙상의 공감에도 불구하고, 그가 내세우는 반대는 그래프로 표현되고 통계로 나타난 그 모든 곡선들이 '성적 활동의 환원시킬 수 없는 요소'를 이해할 수 없다는 것이다. 이 '내면적 요소'는 그에 따르면 "외부의 시선들, 즉 빈도·양태·나이·직업·계급을 추적하는 시선들에는 포착될 수 없고 낯선 것으로 남아 있다."

바타유는 이렇게 덧붙인다. "우리는 공개적으로 질문하기까지 해야 한다. 이 책들은 진정으로 성생활에 대해 말하고 있는 것인가? 우리는 숫자들, 측정치들, 나이나 눈의 색깔에 따른 분류들, 이런 것들을 제공하는 데 그치면서 인간에 대해 이야기할 수 있을까? 우리가 볼 때 인간이 의미하는 것은 물론 이와 같은 개념들 너머에 위치한다. 이 개념들은 마땅히 주의를 불러일으키지만, 이미 주어진 지식에 비본질적인 측면들만을 덧붙일 뿐이다."[25]

몇 줄에 모든 것이 언급되고 있지만, 사람들은 어떤 것에도 귀를 기울이지 않게 된다. 전혀 그 반대이다. 이윽고 수많은 다른 보고서들[26]이 뒤따르게 되는 〈킨제이 보고서〉는 아직도 지속되고 있는 한 시대의 시작을 알리고 있다. 이 시대는 성과학자들, 기능적 쾌락, 그리고 오르가슴 의무의 시대이다. 오르가슴의 의무는 '기능 장애'를 일으킬 각오를 하고 완수해야 하는 의무이다.

50년이 지난 후 미국의 철학자 앨런 블룸은 이렇게 쓰게 된다. "사실 킨제이는 정치적인 매우 분명한 의도를 가지고 있었다. 비록 그것이 타락적인 개인적 이익으로부터 비롯된 것이 전혀 아니라 할지라도 말이다. 그가 속한 학자들은 계몽 정신의 타락한 해석에 충실하여 과학이 결국 인간들을 행복하게 만들 것이라고 기대했다. 그가 믿은 것은 통계가 성행태에 놀라운 다양성이 있다는 것을 말하고, 공식적인 담론이 허위라는 것을 모든 사람에게 보여 주면서 통계 자체에 대해 말하고 있다는 것이다. 이 공식적 담론은 대부분의 사람들이 본질적으로는, 그리고 마땅히 그래야 하므로 일부일처제에서 만족을 찾았다고, 우리에게 단언했다. 이와 같은 통계적 접근은 연구된 행태들이 실제적인 사실의 무게를 지녔고, 반면에 이 행태들을 겨냥한 도덕적 판단들은 선입관에 불과했다고 확정하려 한다."[27]

성과의 논리

고역이 되어 버린 쾌락에 대한 되풀이되는 그 불안, "모든 것이 허용되어 있다"는데도 우리 안에 들어앉아 있는 그 막연한 좌절, 규정할 수 없는 그 사랑의 혼란, 현대적 명령의 무게 아래에서 우리의 욕망이 약화될 수 있는 그 가능성, 이 모든 것이 단지 방향을 잘못 잡은 오류 때문일까? 우리는 그 순간에 잘못된 길을 택한 것일까? 말하기 어려운 일이다. 어쨌든 그 '성의 혁명'으로부터 우리는 정복된 것들도, 주요한 전진들도 거부하지 않을 것이다. 그렇다면 누가 단 한순간이라도 이전의 어리석은 정숙을 아쉬워할 수 있단 말인가? 따라서 우리는 앨런 블룸이 다음과 같이 쓸 때, 그가 제시한 결정적으로 부정적인 결산에 무턱대고 동조하지는 않을 것이다. "결국 우리가 가혹하고 무딘 법칙들을 폐지시키는 데 기여한 것을 저울의 한쪽에 놓고, 결과적으로 사랑에 대한 어떤 인간적인 관점을 잃어버린 것을 다른 한쪽에 놓을 때, 우리가 결론적으로 얻을 수 있는 것은 성과학이 이익보다는 해를 훨씬 더 많이 끼쳤다는 것이다."[28]

그렇지만 한 가지 사실은 분명하다. 〈킨제이 보고서〉가 먼저 시작했고, 다음으로 모든 성과학이 다시 다루며, 마지막으로 현대의 대중적 해석이 다시 다룬 성적인 것에 대한 견해는 예기치 않은 '동반적인' 파장들을 몰고 왔다는 것이다. 우리는 오늘날 이 파장들로부터 해방되는 데 많은 어려움을 겪고 있다.

첫번째 파장은 쾌락을 **성과의 논리**에 아주 우울하게 가두었다는 것이다. 우리는 이제 건강을 본떠서 성도——기술적으로——무한히 개선시킬 수 있고, 이것이 지상에서 우리의 행복과 관련되어 있다는 확신을 함께 하고 있다. 향유는 더 이상 진정 자유의 혜택이 아니라, 매일같이 다시 북돋우어야 하는 스포츠적인 도전의 대상이다. 새로운 강박관념은 더 이상 도덕적인 판단이 아니라 비교적인 평가이다. 1979년에 《새로운 사랑의 혼란》을 (알랭 핑켈크로트와) 공동 집필한 낙관주의자 파스칼

브뤼크네르는, 오늘날 이 점을 약간의 분통을 곁들여 확인하고 있다. "포르노 영화는 음식과 정원가꾸기에 비하면 아름다운 가정술에서 시기적으로 가장 최근의 것이다. (……) 성적인 화합은 커플의 성공 기준이 되었다. 이로부터 일부 잡지에 비법들과 권고들이 폭발적으로 나타나고 있다. 왜냐하면 '성교를 제대로 하는 것'이 현대 커플의 예의범절이 되었기 때문이다."[29]

70년대에 미국의 여권주의자들은 포르노 영상물에 만연되어 나타나 불행한 심리적 파장을 낳는 이와 같은 성과의 논리를 최초로 고발했다. 다른 무엇보다도 헬렌 게리 비숍이 1978년에 내놓는 다음과 같은 심층적 고찰을 인용해 보자. "성기가 적어도 30센티는 되어야 한다. 그렇지 않으면 별볼일 없다. 그런데 그건 거짓말이다. 그런데 이 거짓말이 남자들에게 상처를 준다. 그것은 내가 **표현의 실행** 또는 **흥분의 실행**이라 일컫는 것을 초래한다. 달리 말하면 거대한 성기를 가지지 못하고, 여러 시간 내내 팽팽하게 유지시킬 수 없는 사내는 상황에 끌려간다고 느낀다. 이런 영화들은 기준을 확립한다. 그런데 이 기준은 남녀 모두에게 아무것에도 부합하지 않는다."[30]

1978년부터 현대의 담론은 여전히 성을 수완·집요함·훈련을 요구하는 하나의 '운동'에 일치시키면서, 올림픽 경기와도 같이 끝없는 독려 속에서 더 좋은 성적을 부르고 있다. 그리하여 성은 모든 상징적 의미를 박탈당한 채 근육의 순수한 기능성이 되고 있다. 그것은 더구나 집단적이라기보다는 더 개인적인 한 스포츠의 지위로 귀착되고 있다. 쾌락에 대해 말하자면, 완벽하게 할 수 있는 육체적 기능으로서, 그것 또한 유일한 명령인 측정할 수 있는 탁월한 능력에 따라서 비법들을 통해 관리되어야 한다.

질베르 토르지만은 이렇게 고백한다. "여자의 오르가슴이 도처에서 열광적인 방식으로 묘사되었을 때, 여자들은 자신들이 왜 잡지들에서 읽은 것과 똑같은 방식으로, 또는 똑같은 강도로 즐길 수 없는지 묻기 위해 성과학자에게 자문하러 왔었다. 이른바 지속 시간과 강렬함의 그 기준은 가짜 병리 현상을 만들어 내고 말았다."[31]

여성 잡지들은 당연히 새로운 생물기술적 설교의 특별한 도구이다. 《엘르》지는 "얼마의 시간이 지나야 당신은 한 남자와 성적으로 편안함을 느낍니까?"라고 질문한다. 《마리 클레르》지는 관능적 몸짓의 안내자에게 자문을 구하라고 제안한다. 《코스모폴리탄》은 이렇게 질문한다. "당신은 이미 섹스숍에서 빈둥거려 보았습니까? 셋이서 성교를 해보았습니까? 어떤 사내아이에게 《카마수트라》를 제공해 보았습니까? 포르노 영화를 녹화해 보았습니까? 처녀아이와 성교를 해보았습니까?" 한편 《비바》지는 여성 독자들을 위해서 '잘 나가는 뜨거운 계획'이라는 것을 시험했는데, '형광성 남자 인조 성기'에서부터 '게이샤의 다마'까지 다양한 기구들을 시험했다. 《레퐁스 아 투상테》(모든 것에 대한 대답. 건강이란 의미)지로 말하면, 그것은 '여섯 번의 레슨으로 환희의 절정에 도달'이라는 내용을 제공한다.[32]

텔레비전은 물론 영화 역시 매일같이 매우 규범적인 성행위의 모델들을 제시한다. 이런 모델들에 자신을 일치시킬 수 없다는 것은 흔히 부끄러운 열등성뿐 아니라 고통으로까지 여겨진다. 성인들의 성행태에 관심을 보이는 사회학자들은 때때로 자신들이 발견한 사실들에 놀라움을 금치 못한다. 그들 가운데 두 사람은 이렇게 이야기한다. "미국 영화에서 오르가슴은 외침과 나란히 한다. 그러므로 젊은 처녀들은 그녀들이 성생활을 시작하는 초기부터 소리를 지르는 습관을 갖는다. 비록 그녀들이 아무것도 느끼지 못할지라도 말이다. 그녀들이 보고 '정상처럼' 보이는 것을 재현하기 위해 그녀들은 쾌락의 슈퍼 프로들처럼 자신을 나타낸다. 그녀들은 성행위를 하는 동안 내내 쾌락을 느끼는 체하려고 자신을 집중시킨다. 그러므로 파트너와의 관계는 왜곡되어진다."

이러한 표류는 웃음을 자아내게 한다. 그러나 그것은 반세기 전에 킨제이의 방법이 가동시켰던 성의 의학화-사물화를 끝까지 밀어붙이게 할 뿐이다. 그것은 분명 성을 완벽한 건강 계획에, 즉 뤼시앵 스페즈가 현대의 대(大)유토피아일 뿐 아니라 특히 하나의 이데올로기라고 보여 주었던[33] 그 건강 계획에 편입시킨다. 이 이데올로기는 이제 완전 시장 경제에서 천우의 보증인을 찾아내고 있기 때문에 그만큼 더 전체주의적인 이데올로기이다. 그 증거는 크렘린비세트르 병원의 비뇨기과 의사로서 남성의 발기를 촉진시키게 되어 있는 분자를 발명한 사람의 솔직하고 직접적인 다음과 같은 선언이다. "큰 제약 회사들은 성적인 기능 장애를 엄청난 투자 영역으로 분명히 인정했다. 이 회사들에게 그것은 매우 중요한 시장적 표적이 되고 있다."[34]

지옥에 홀로?

〈킨제이 보고서〉의 두번째 파장은, 그것이 다소간 우리를 모방적인 불안한 미로 속에 던져 버렸다는 것이다. 무슨 뜻인가? 상당히 단순한 것이다. 죄들이 더 이상 우리를 괴롭히기 위해 있는 것은 아니게 되었지만, 우리는 새로운 지옥을 경계해야 하는 것이다. 요컨대 현대의 지옥은 뿔 달린 마귀도 없고 펄펄 끓는 가마솥도 없지만 수많은 새로운 고통을 당해야 하는 지옥이다. 시인들은 가장 훌륭한 견자들인 바, 이 지옥의 윤곽을 예감한 자는 랭보이다. 그는 1873년부터 이렇게 외쳤다. "나는 지옥에 있다고 믿는다. 그러므로 나는 지옥에 있는 것이다." 1백 년 후, 르네 지라르는 사르트르의 유명한 문장을 이렇게 수정하면서 보다 분명하게 자신을 드러냈다. "우리들 각자는 홀로 지옥에 있다고 믿는다. 그리고 바로 이것이 지옥인 것이다."[35] 지라르의 지적은 제재를 거부하는 자유주의 태도를 나타내지만 불행한 현대성의 그 역설을 상당히 잘 기술하고 있다.

사실 오늘날 우리는 욕망들을 억제하기 위해 더 이상 싸우지 않는다. 하지만 한편으로 이 욕망들이 자율적이고 자유롭고 절대권을 갖기를 원한다. 그런데 이 욕망들이 우리의 자유에의 위험스러운 모방 성향에 의해 뿌리에서부터 부패해 있는 것이다. 성적인 것을 포함해서 우리의 욕망들은 이제 '직결되어' 있다. 사람들은 매우 분명하게 비밀을 누설하는, 이 표현의 기막힌 솔직성을 충분히 강조하지 않았다. 무엇에 직결되어 있단 말인가? 그야 물론 다른 사람들의 욕망들이지! 군중·잡지들·소문 등과 같은 것들 속에 있는 다른 사람들 말이다. 우리가 문을 활짝 열어젖뜨리고 쫓아내고자 했던 순응주의의 압력은 창문을 통해서 다시 우리에게 오고 있다. 그리고 바로 이와 같은 모방의 논리에 우리는 오늘날 무기를 되돌려 주고 있다.

앞에서 인용한 잡지들뿐 아니라 성에 관한 수많은 앙케트 조사와 여론 조사는 시대의 이와 같은 새로운 안달을 충족시키러 온다. 이 모든 것들은 이른바 다수의 욕망이라는 것들에 대해 우리에게 정보를 제공해 준다. 이 다수에 따라야 한다고 우리 자신의 일부는 불안하게 믿고 있는 것이다. 에로틱 문학에 대해 말하자면, 히트를 치는 것은 더 이상 매우 아름다운 고독한 텍스트들이 아니라, 우리가 부부간의 비밀을 열기에 들떠 자세히 살피는 어떤 여자의 하찮은 속내 이야기이다. 우리의 욕망을 이 '타자'의 욕망에 따라 측정하는 것은 그 어느것보다 우리를 매우 강박관념에 사로잡히게 한다. 우리는 이 타자의 자발적인 인질이 된 것이다. 이러한 순응주의는 우리가 벗어났다고 뽐내고 있는 도덕주의적인 그 오래 된 구속보다 더 음흉하고 아마 더 구속적이라 할 것이다.

그리하여 행동은 자유롭지만 이러한 모델들에 종속된 우리는 도로아미타불이 되어 서로를 불쌍하게 쫓아가고 있다. 더구나 우리 모두는 동일한 환상에 의해 괴로움을 당하고 있는 것이다. 우리들 각자는 타자, 즉 이 부러운 대상이 자신의 욕망에 있어서 완전히 자율적이라고 확신하고 있다. 게임은 물론 순환적이다. 우리가 타자를 부러워한다면, 그 역시 우리를 그만큼 부러워하는 것이다. 그렇게 하여 각자는 자신을 모방하고, 욕망의 사라반드 춤을 추며 열에 들뜬 듯이 자신을 다시 베낀다. 이 욕망은 매체화되고 도구화되고 노출되고 타전된다. 그리고 그것은 제재를 거부하는 자유주의적인 슬로건 아래 감추어진 동일한 예속에 종속되어 있다.

사랑의 진정한 자유는 이런 것과는 전혀 다르다 할 것이다. 네가 원하는 사람(남자든 여자든 상관없다)을 자유롭게 원하라. 그러나 이 선택은 분명 네가 한 것이라는 점을 확실히 하라. 이 것이 바로 진정한 사랑의 자유이다. 달리 말하면, 다른 사람들이 너에게 지정해 주는 것을 노예처럼 욕망하지 마라. 그 모방의 압제에 따라 일치시키지 말라는 것이다. 그런데 누구도 이러한 구속에서 벗어나려고 하지 않는다. 그래서 각자는 사슬을 끊어 버렸다고 믿으면서 가짜 자유에 도취되는 것이다. 그런데 사실 그는 겁이 나서 어떤 모델에의 순종 속에 갇혀 있다.

롤랑 바르트는 70년대말에 제재를 거부하는 자유주의적 태도가 지니고 있는 이와 같은 근본적 모순을 들추어 냈다. 그는 이렇게 썼다. "대중 문화는 욕망을 보여 주는 기계이다. 그것은 "여기에 당신의 흥미를 끌지 않을 수 없는 것이 있습니다"라고 말한다. 마치 그것이 인간들은 혼자서는 욕망하고픈 사람을 찾을 수 없다는 것을 알아맞히고 있는 듯이 말이다."[36]

세번째 부정적 파장은 경쟁의 비상한 심화이다. 모든 것은 마치 성에 관한 전통적 신중함이 우리에게 해를 끼치며 확증된 것처럼 진행되고 있다. 어떤 형태로든 사랑의 **경쟁**이 폭발할 것이라는 그 아득한 옛날의 두려움 말이다. 금지된 것들과 인류학적 터부들(특히 근친상간의 터부)의 진정한 토대인 이 경쟁은 자유가 증가함에 따라 기계적으로 심해진다. 우리는 휴식도 인정도 없는 경쟁의 세계에 들어가 있다. 이는 야만적인 사랑의 경쟁으로서, 블라디미르 얀켈레비치는 이것을 그가 현대의 메마름이라고 일컬었던 것의 표시 자체로 보았다.

그는 이렇게 단언했다. '짓누르고 숨막힐 것 같은' 이 에로티시즘은 "현대적 메마름의 원인도 결과도 아니다. 그것은 이 현대적 메마름 자체이다. (……) 기쁨과 성실, 정열에 찬 신념, 마음의 자발성, 이런 것들이 결핍된 곳에 에로티시즘의 기업가들을 위한 자리가 있다. 에로티시즘과 폭력은 근본적으로 사랑이 결핍된 시대의 두 알리바이이다. 이 시대는 치유할 수 없는 메마름에 대한 알 수 없는 보상을 성의 과열에서 찾아내고 있는 것이다."[37]

과연 새로운 유형의 두려움을 야기시키는 메마름이 아닐 수 없다. 우리 사회는 이미 다른 영역에서 전반적인 경쟁에 의해, 그리고 뛰어나라는 명령에 의해 지배되고 있지 않은가? 쾌락 자체가 동일한 숙명을 따른다면, 우리에게 남는 휴식은 무엇인가? 우리는 언젠가 모든 전선에서 동시에 승리할 수 있을 것인가? 그리하여 비장한 혼란이 인간들을 사로잡고 있다. 실패하기보다는 차라리 피하는 것이다! 이와 같은 분명한 주제에 관해 보리스 시륄니크에 의해 밝혀진 확실한 사실은 특히 얼어붙게 만든다. "개인과 효율성에 토대를 둔 사회에서 살면서, 더 이상 성관계를 가지고 싶지 않은 개인들이 평가하는 것은, 그들이 성적 파트너를 원하면 원할수록 자신들의 개인적 성과를 빈약하게 할 위험이 있다는 것이다. 따라서 그들이 믿는 것은 자신의 욕망을 꺼버리게 됨으로써 그들이 사회적으로 더욱 성과를 올리게 될 것이라는 점이다."[38]

*　　　*

*

그래, 아니야. 우리가 꿈꾸었던 것은 자유롭고 즐거운 쾌락이 아니다! 우리가 과거를 싹 쓸어 버린 것은 그만한 가치가 있었는가? 우리는 더 이상 그렇다고 대답해야 한다고 확신하고 있지 못하다. 과연 금세기가 다 지난 이 세기말에, 우리는 적어도 한 가지 교훈을 배웠다. 모든 근대성은 우리의 기억이 간직하는 것을 주의 깊게 ——그리고 비판적으로—— 선별하는 것으로부터 시작된다는 것 말이다.

II

잃어버린 기억

"인류 전체의 믿음들이 방대한 기만에 불과하고, 우리만
이 거의 유일하게 이 기만으로부터 벗어나고 있다는 생
각은 적어도 시기상조이다."

르네 지라르, 1972

6

상상의 고대 세계

여기에서 왜 바빌론이나 히타이트족의 세계가 아니라 그리스-로마의 고대 세계를 상기시켜야 하는가? 왜냐하면 쾌락과 관련하여 자유주의적인 고대의 신화보다 더 지속적인 신화는 거의 없고, 또한 고대의 실수들보다 더 확고하고 중대한 결과를 지닌 실수들도 거의 없기 때문이다. 성에 관해서 사람들이 무엇을 쓰고 무엇을 하든지, 우리가 지닌 집단적 상상력의 세계는 '그리스-라틴 세계'라는 잘못 규정된 그 성운에 잃어버린 낙원의 자리라는 결정된 위치를 부여하고 있다. 욕망의 순진무구함, 평화로운 쾌락주의, 또는 무한한 향유가 문제되자마자 우리가 사유를 통해 불러 오는 것은 이 그리스도교 이전의 시대이다. 폼페이에 있는 사랑의 벽화들을 페트로니우스나 아리스토파네스의 노골적인 말들에, 그리스인의 동성애가 드러냈다고 추정된 그 세련됨을 오비디우스의 관능적 시에, 그리스의 도자기에 새겨진 외설스러운 장면들을 수에토니우스가 이야기하는 로마 제국의 바코스 축제에 막연하게 배합하면서, 우리가 소중하게 여기는 관념은 베르길리우스적인 조화를 배경으로 하여 행복한 관능적 쾌락, 찬미된 육체, 승리에 찬 에로스가 풍요롭게 자리잡은 그런 그리스-로마의 과거이다.

이와 같은 상상의 고대 세계는, 우리가 볼 때 죄가 창안되어 황폐화되었다고 할 수 있는 '이전 시대(temps d'avant)'를 구현하고 있다. 그것이 구현하는 것은 절대 경전을 내세운 종교들이 의심 많은 지나친 정숙함을 내세워 극적으로 감추어 버렸다고 할, 태양처럼 빛나는 최초의 행복이다. 우리의 정신 속에서 사라진 이 세계는 행복한 관능과 죄 없는 향락으로 이루어진 세계로 남아 있다. 우리의 언어마저도 이와 같은 향수적인 환상의 흔적을 지니고 있다. 로마인의 통음난무, 그리스인의 조각술, 치장한 여인들이 말 타듯 올라탄 고수머리 미소년들과 부드러운 전사들, 시인들의 도취 같은 것 말이다. 예술가들이 자유에 맡겨진 욕망의 강력한 즐거움을 상기시키려고 할 때 보통 참조하는 것은 부끄러움도 죄의식도 없는 이런 세계이다. 오늘날도 에로티시즘·성행위, 그리고 '종교적인' 정숙에 대한 모든 논쟁은 거의 모두 어떤 순간엔가——공격받는 자에게 불리한 증인으로——고대의 이 전례를 반드시 끌어들인다.

인류가 뽑혀져 나왔다고 간주되는 대체할 수 없는 에덴으로서 서양의 '시간' 속에서 그리스-로마 시대가 차지하는 위치는, 모든 점에서 지리적으로 시인들의 시테라 섬〔그리스 남부 끝에 있는 아프로디테의 섬으로 사랑과 쾌락의 전원적 섬이다〕이 차지하는 위치와 비견된다. 좀더 구체적으로 말하면, 그것은 사랑의 울적한 눈길을 머금은 여인들과 천진한 욕망으로 가득 찬 폴리네시아의 저 타이티 섬과 다도해가 차지하는 위치와 비견된다. 이 여인들은 오세아니아의 발견자인 부갱빌 남작이 1768년에 묘사한 것과 같이 우리의 타오르는 불꽃에 제공된 여인들이다. "이 님프들의 대부분은 나체였다. 왜냐하면 그녀들을 동반한 남자들과 늙은 여자들이 그녀들이 일상적으로 걸치는 (허리에 두르는) 옷을 벗겨 버렸기 때문이다. 그녀들은 자신들이 탄 카누에서 우리에게 우선 약간의 교태를 부렸다."[1]

상상의 이 타히티 섬은 디드로에게까지 근대인이 '진지함'과 구속적인 정숙 때문에 잃어버렸다고 보여지는 지상 낙원의 신화를 탄생시키게 만들었다. 이와 마찬가지로 고대 세계는 사라진 최초의 하모니가 존재하고 있음을 증명하는 일을 맡았다. 오늘날의 인간은 자신이 쾌락에 관하여 주변의 도덕주의와 종교적인 '어리석음'을 얼마나 거부하는지 보여 주기 위해, **마레 노스트룸**[Mare Nostrum, 우리 바다라는 뜻이다]의 하늘 아래 부끄럼 없이 사랑을 나누었던 그 그리스인들과 라틴인들의 감미로운 자유를 기꺼이 상기시킬 것이다. 그렇게 행동하면서, 그가 다시 주장하는 그의 확신은 성과 관련하여 오랜 세월 동안 서양의 남자와 여자를 죄라는 무거운 짐에 극적으로 예속시킨 것은 바로 종교들——특히 그리스도교——이며, 그것들뿐이라는 것이다. 몽상된 이 고대 세계의 본질적인 기능은 모든 '그 이후'가 행복했던 것보다 더 행복했던, 유대교-그리스도교가 도래하기 '이전'을 구현하는 것이다.

'부끄러운 부분' 의 창안

몽상된 고대 세계라고? 실상 이 세계는 몽상된 것이고, 그것도 전적으로 몽상된 것이다. 그리스-라틴 세계에 대한 이와 같은 비전은 18세기 폴리네시아를 발견한 자들의 비전과 마찬가지로 환상적이다. 우리는 아테네나 로마를 다룬 모든 진지한 역사가들이 쓴 글들 속에서 고대의 성(性)에 대한 그 많은 오해 앞에 느껴진 동일한 역정, 동일한 슬픈 놀라움을 만난다. 폴 베인은 이렇게 쓰고 있다. "그리스-로마인의 삶 가운데 전설에 의해 왜곡된 부분이 있다면, 그것은 바로 이것(성)이다. 사람들은 그리스도교가 아직 금단의 열매에 죄의 구더기를 집어넣지 않았기 때문에 고대 세계는 억압이 없었던 에덴이었다고 믿는

데, 이는 잘못된 것이다. 사실 이교는 금지된 것들에 의해 마비되어 있었다."

"이교도의 관능성에 대한 전설은 그 기원이 전통적인 오해에 있다. 로마 황제 엘라가발루스의 방탕에 대한 유명한 이야기는 문인들의 허풍에 불과하고, 《아우구스투스 황제의 이야기》라는 뒤늦은 가짜 이야기의 주범이다. 그것은 유머로 볼 때, 《부바르와 페퀴셰》〔플로베르의 미완성 작품으로서 잘못 이해된 과학의 숭배를 공격하고 있다〕와 알프레드 자리〔19세기 후반과 20세기초의 프랑스 작가이다〕의 작품 중간에 있는 것이다. 위뷔〔알프레드 자리의 극들에 나오는 인물이다〕를 진짜 황제로 생각지 말자. 전설은 또한 금지된 것들 자체의 서투름에서 온다. 왜냐하면 분명 '라틴어는 말에서 정직성에 도전하기' 때문이다. 솔직한 영혼을 가진 그들에게 온갖 과장과 거북함으로 전율시키고 웃음을 터뜨리게 하기 위해서는 '상스러운 말' 한 마디면 충분했던 것이다. 중학생의 노골적인 말 같은 것 말이다."[2]

다른 많은 텍스트에서 베인은 작금의 담론에 반복되어 나타나는 이와 같은 착각을 다시 다루고 있다. 그는 이 착각이 집요하게 나타나고 있음을 끊임없이 비판하고 있다. 그는 이렇게 말한다. "이교가 죄의 부재와 동의어라고 생각하는 것은 오류이다. 이교의 시대에도 그 나름대로 억압적이었다."[3]

이 시대의 전문가들, 즉 어떤 자격이 되었든 이 시대에 관해 책들과 연구를 바쳤던 모든 사람들은 동일한 놀라움을 공유하고 있다. 우리의 상상력이 재구축한 고대와 실제의 고대 사이에는 거대한 심연이 놓여 있다. 미셸 푸코는 《성의 역사》에서 이 문제를 여러 번에 걸쳐 환기시키고 있다. 조르주 뒤메질과 장 피에르 베르낭·피에르 그리말·장 노엘 로베르·피터 브라운이나 존 보즈웰도 마찬가지이다. 이와 같은 반응은 이번에는 고대의 전문가들이 아니라, 서양의 에로티시즘과 역사전문가들의 반응에 의해 확증된다. 예를 들어 알렉산드리앙은 《에로티시즘의 역사》에서 이렇게 쓰고 있다. "끈질긴 편견의 하나는 그리스도교가 에로틱 문학의 적이었고, 반면에 이교는 이 문학의 무조건적인 방어자였을 것이라고 믿는 것이다. 사실은 성기관을 '부끄러운 부분,' 또는 푸덴다(pudenda, 그리스인들은 오이디아(oïdia)라고 말할 것이다)라고 부르기 시작한 것은 교회의 신부들이 아니라 세네카 같은 스토아학파의 철학자들이었다."[4]

신기하게도 이처럼 권위가 인정된 수많은 부인에도 불구하고 문제는 전혀 변하지 않고 믿음도 전혀 손상되지 않고 있다. 고대 세계의 이른바 관능적 행복에 대한 이처럼 끈질기고 지속적인 오해는 물론 단지 무지로써만 설명되는 것도, 우리가 알 수 없는 그 어떤 악의에 의해 설명되는 것도 아니다. 그것은 만약 과거에 적용된 이 말이 시대착오적 발상으로서 잘못을 저지르는 것이 아니라면, 우리가 이데올로기적이라고 규정할 수 있을 어떤 내기적 목적의 존재를 드러낸다. 2천 년 동안 고대 세계에 대한 이와 같은 허구적 비전은 규칙적으로 소환되었지만, 이러한 소환은 언제나 어떤 의도를 지니고 있었다. 과거가 저의 없이 읽혀지는 경우는 드물다. 사람들이 그리스나 라틴 작가들의 작품들을 재번역하고 재해석하면서, 끊임없이 재검토하고 재평가하고 이상화시키거나——보다 드문 일이지만——악마화시켰던 그리스-로마 시대가 그런 경우이다. 고대 세계의 이와 같은 도구화는 그리스도교에 대한 우리의 고유한 인식과 무관하지 않았다. 고대 세계는 그리스도교의 '전(前)시대,' 다시 말해 그리스도교의 부정적 측면을 나타내고 있었다는 것이다.

고대 세계가 지녔던 도덕의 이상화는 우선 그리스도교에 대해 저항하는 무기였고, 지금도 무기로 남아 있다. 아니면 그리스도교와 싸우는 무기로 말이다.

따라서 9세기 동안이나 역사가들을 몰두케 했고 많은 서가들을 꽉 채웠던 십자군의 서사적 영웅담처럼, 고대 세계에 대한 우리의 인식은 그 자체로 하나의 역사를 가지고 있다. 그렇지만 사람들이 이 역사를 재구성하는 노력을 하는 경우는 드물다. 비판적이거나 종교에 대해 해방적인 기간 동안에는 두드러지게 이 세계를 찬양했고, 반개혁이나 그리스도교의 복원이 나타날 때는 그때마다 '이교'의 조직적인 평가절하가 있었던 것이다. 그런데 로마와 아테네에 대한 현대적인 우리의 편견은 아주 당연히 이와 같은 지속적인 해석의 역사에 편입된다.

질 드 레의 독서

이 역사는 사실 긴 역사이다. 예를 들어 존 보즈웰은 이렇게 쓰고 있다. 12세기의 르네상스 이전 시대부터 "지중해 세계와 맺은 접촉은 이와 같은 문화적 개화의 원인이자 결과였다. 십자군과 스페인의 정복은 그리스도교도들을 이슬람 세계와 더욱 밀접하게 접촉하도록 만들었고, 유럽인들이 이슬람에 의해 보호된 고대의 고전적 지식의 보고에 대해 보다 잘 알게 됨에 따라, 그들 가운데 점점 더 많은 수의 사람들이 아테네와 로마의 지혜를 만나러 스페인과 시칠리아로 갔던 것이다."[5]

3세기 내지 4세기가 지난 후, 엄밀하게 말해서 르네상스가 오자 이탈리아 그리고 다음으로 프랑스는 신플라톤주의를 재발견하고 찬양하게 되지만, 또한 가톨릭의 엄격주의에 반대해 그리스도교 이전 시대에 있었던 것으로 간주된 관능적 자유주의의 태도도 찬양하게 된다. 16세기 중엽에 미켈란젤로의 회화가 드러낸 관능적 자극의 의지는 이를 훌륭하게 증언하고 있다. 그것은 당시에 교회에 대항해 행사되었다. 그리하여 교황(파울루스 4세)은 일 브라게토네[Il Braghetone, 〈최후의 심판〉에 나오는 인물들의 벌거벗은 모습을 가리기 위하여 옷자락과 주름을 그려넣는 일을 맡겼다. 이 일로 말미암아 '바지 만드는 사람'이라는 별명을 얻었다]라는 별명을 가진 다니엘 다 볼테라라는 보잘것없는 화가를 시켜 그림에 나오는 인물들에게 옷을 입히도록 요구했을 정도였다.

동성애에 대한 르네상스의 상대적인 관용 역시 되찾은 고대의 기억 속에 편입된다. 그리고 그것은 여성과 여성적 가치들에 대한 숭배를 동반하는데, 이 숭배에는 에로티시즘이 따라다닌다. 이 숭배는 페트라르카가 라우라에게, 단테가 베아트리체에게, 모리스 셰브[16세기 프랑스 석학이자 시인]가 그의 《델리》[델리(Délie)는 '관념(l'idée)'의 철자를 바꾼 말이다]에 바치는 사랑을 통해 문학이 표현하고 있는 모범적 숭배 같은 것이다.

의미는 있지만 덜 알려진 세부적인 일화를 보자. 1434년에 질 드 레는 2백 명 가까운 어린이들을 강간하고 살해했다는 죄로 기소되었는데, 그가 자신의 재판에서 선언한 것은, **수에토니우스 황제에 대한 독서를 한 덕분**에 일부 로마 황제들이 저른 것으로 알려진 무엄한 태도들을 발견함으로써 그같은 범죄들을 저지르게 되었다는 것이었다. 그는 재판관들에게 이렇게 설명한다. "저는 이 아름다운 책에서 티베리우스·카라칼라 그리고 다른 카이사르들이 아이들과 놀았고, 이 아이들을 학대하는 데서 특이한 쾌락을 맛보았다는 것을 읽었습니다. 그리고 나서 저는 이 카이사르들을 모방하기로 결심했습니다. 그래서 같은 날 저녁, 저는 책에 재현된 이미지들을 따라 행동에 옮기기 시작했습니다."[6]

17세기와 18세기, 고대 세계의 유리한 환기는 방종적인 자유 사상가들이 매우 높이 평가하는 논거가 된다. 레스티프 드 라 브르통은 1760년경에 아테네와 로마의 현명한 온정을 이렇게 기뻐한다. 아테네와 로마에서는 "결혼에 관한 풍속이 오늘날 우리한테 나타나고 있는 것보다 훨씬 덜 까다로웠고, 그리스와 로마 기생들의 청결함과 감성은 그 무엇도 따라가지 못했다. 이와 비교한다면, 우리는 고대인들보다 더 저질로 내려갔다"[7]고 할 정도이다. 마찬가지로 1780-84년까지 미라보의 방종적 텍스트들, 특히 《에로티카 비블리옹》[8]은 고대 세계의 쾌락적이라고 추정된 방종에 호의적인 인용들이 넘쳐나고 있다. 《에로티카 비블리옹》에서 미라보에게 중요한 것은 근대인들이 그들의 방종으로 인해 비난받을 수 없다는 점을 입증하는 것이다. 왜냐하면 고대인들은 더욱 부패한 풍속을 지니고 있었기 때문이다. '아넬리트로이드(Anélytroïde)' '이스카(Ischa)' '트로포이드(Tropoïde)' '타할라바(Thalaba)' '아난드림(Anandryme)' '아크로포디(Akropodie)' '베헤마(Behemah)' '아노스코피(Anoscopie)' 같은 그리스어나, 또는 히브리어로 된 이상한 제목들을 붙인 열 개의 장에서 미라보가 분명한 의도로 그리는 것은 고대의 수음, 짐승 같은 성격, 남색, 여자들 사이의 동성애, 그리고 다른 성행태들이다. 고대에, 특히 그리스-로마 시대에 행해졌다고 추정된 방탕은 방탕적 요구를 때마침 정당화시키러 오게 된다.

　프랑스 혁명 시기와 19세기 내내 '자유로운 정신의 소유자들,' 유토피아 주창자들, 방종적 사상가들, 또는 호전적인 교권 반대론자들은 계속해서 고대 세계에서 해방된 풍속과 쾌락의 자유로운 관리에 대한 변호론적 예들을 발견했다. 우리는 사드가 이와 같은 참조 내용들을 가지고 무엇을 만들었는지 알고 있다. 또는 보다 후에 니체 같은 사람은 동일한 감정으로 나폴레옹에 대한 찬사를 나타내고, 그리스도교 이전의 고대 세계, 비극, 호메로스, 그리고 그리스에 대해 정열을 나타냈다. 그는 이렇게 쓰고 있다. "(혁명의) 그 소요 가운데 가장 엄청난 일이 벌어졌다. 그것도 당시까지 경험하지 못한 장려한 모습으로. 고대의 이상 자체가 인류의 눈에 살과 뼈를 갖추어 나타난 것이다."9)

　그리하여 그리스에 관한, 혹은 《로마의 에로스》10)에 대한 진실을 확립하려는 역사가들의 모든 시도와, 여론 속에 유행하는 순진함을 바로잡으려는 모든 부인은 의식적인 귀막음에 오랫동안 부딪쳤던 것이다. 사람들은 어떤 신화가 기능을 수행할 때 이 신화에 집착한다. 오늘날도 여전히 사람들은 유대-그리스도교에 전가된 모든 성적 금지 사항들이 **이미 고대에도 적용되고 있었다는** 것을 상기하려고 하자마자, 자연 발생적인 불신을 야기시키게 된다. 따라서 이와 같은 금지 사항들에 대한 비판적 검토, 십중팔구 유용한 그 검토는——어떤 경우에도——일반적으로 종교적인 것에 대한, 그리고 특히 그리스도교에 대한 비판과 혼동될 수가 없다는 점을 상기해도 마찬가지일이 벌어진다.11) 그리고 그것도 몽매주의와 어리석게 지나친 정숙함으로 채색된 명백한 시기들, 교회가 체험한 그 시기들이 이 시기들은 원래의 교의들을 근거로 삼았다는 것을 믿게 할 수 있었는데도 말이다.

미셸 푸코는 통용되고 있는 여론이 일신교에 대해 분명하게 드러내는 네 가지의 불만을 매우 훌륭하게 종합했다. 일신교는 성과 '육체'를 악에 최초로 일치시켰고, 여자를 예속시키고 여성 혐오를 만들어 냈으며, 성적 절제를 찬양했고, 동성애를 죄악시했다는 것이다. 이러한 네 개의 금지 사항을 강요하면서, 그것은 동시에 이교의 모든 전통들과 단절하고 오랜 세월 동안 육체의 행복을 금지시켰다는 것이다. 푸코는 '육체'의 개념에 접근하는 데 있어서 그리스도교의 특수성을 인정하면서, 이와 같은 네 개의 비난이 부질없음을 입증했다.

사실 쾌락과 관련하여 이와 같은 네 개의 범주로 된 금지 사항, 또는 불신은——모두가——고대의 이교 시대에서도 완벽하게 인정되고 공감되고 있었다. 우리가 다시 한 번 강조해야 할 것은 시대에 따른——중대한——차이들이다. 약 12세기에 걸친 로마의 역사를 우리가 상상할 수 있는 도덕의 온갖 파동과 더불어 총체적으로 상기시킨다는 것은 상당히 무례한 일이다. 쾌락의 관리는 고결한 공화제하에서 달랐고, 포에니 전쟁을 전후로 하여서도 달랐다. 그것은 또한 쾌락의 억제할 수 없는 욕망에 사로잡힌 제국의 전반기에서 달랐고, 제국의 안전과 지난날의 위기를 염려한 안토니우스 황제들의 치하에서 각기 달랐던 것이다.

그럼에도 불구하고 사실인 것은 전체적으로 성적 도덕에 대한 염려——가혹하고 억압적인 것을 포함해서——가 고대 세계에 부재한 적은 결코 없었다는 것이다.

폭군 에로스

욕망과 쾌락에 대한 불신이라고? 플라톤을 읽으면 충분하다. 《법률》에서 그는 성행위의 빈도를 줄여 줌으로써 이 행위의 '횡포를 약화시켜 주는' (필요한) 부끄러움을 상기시킨다. 그러한 행위를 금지할 필요 없이, 시민들이 '그것을 신비로 감싸 놓고,' 그것을 드러내 놓고 하면 '치욕'을 느끼도록 해야 한다. 그리고 이것은 관습과 불문율에 의해 설립된 의무에 따라서 이루어져야 한다. 남자와 여자들이 동일한 제한을 강제하는 동일한 법을 동일하게 정확히 지켜야 할 의무가 있는 이유는, 그들이 공동의 목적——미래의 시민들을 생산하는 목적——을 위해 해야 할 어떤 역할이 있기 때문이다.

마찬가지로 《국가》(제9책)에서 소크라테스가 단언하는 것은 양식 있는 인간은 "동물적이고 불합리한 쾌락에 자신을 맡기지 않는다는 것"이다. 《고르기아스》에서 플라톤은 육체에 대해 '영혼의 감옥'처럼 이야기하고 있다. 《니코마노스 윤리학》(7, 12)에서 아리스토텔레스가 강조하는 것은 성적 향락이 사유를 방해한다는 점이다. 스토아 철학자 세네카에 대해서 말하자면, 그는 그의 어머니 헬비아에게 보낸 편지에서 이렇게 쓰고 있다. "어머니께서 성적 욕망이란 쾌락을 위해 인간에게 주어진 것이 아니라 종족의 영속성을 위해 주어진 것이라고 생각하신다면, 다른 형태의 모든 욕망은 어머니에게 충격도 주지 않고 별 감흥을 일으키지 못할 것입니다. 음란이 독이 있는 숨결로 어머니에게 타격을 가하지 않는다면 말입니다. 이성은 각각의 악덕을 별도로 쓰러뜨리는 것이 아니라 모든 악덕들을 동시에 쓰러뜨립니다. 승리는 총체적인 것입니다."

고대 철학의 상당 부분은 이렇게 성적 욕망을 경계한다. 성적 욕망이 그 자체로서 나쁘기 때문이 아니라 과도함으로 흐르기 쉽고, 따라서 혼란과 폭력을 제공할 가능성이 있는 에너지의 진원지이기 때문이다. 폴 베인은 이렇게 쓰고 있다. "같은 시대에 그 영향력이 도처에 확산되고 있었던 두 개의 중요한 철학 유파인 플라톤학파와 스토아 철학자들 자체는 매우 억압적이었다. 쾌락은 수상쩍고, 사람들은 그것이 무언가에 이로울 때만, 다시 말해 생산에 이로울 때만 그것을 누려야 한다. 에피쿠로스파들에 대해 말하자면, 그들이 쾌락의 사도들이라면, 그들이 쾌락을 통해 의미하고자 하는 바는 정념을 가지지 않는 데 있는 고요함이다. 그들은 평온을 설파하고 에로티시즘을 단죄한다."[12]

로마인들과 마찬가지로 그리스인들에게도 중요한 것은 인간이 비굴하게 자신의 욕망에 따르기보다는 주인이 하인들에게 명령하듯이 이 욕망에 명령을 내리는 것이다. 성은 필요한 충동이지만, 매우 강력한 충동이기 때문에 인간은 누구나 그것을 자신의 의지로 지배할 수 있도록 해야 한다. 이와 같이 주의 깊은 통제는 남성성의 표시 자체인 것이다. 반면에 지나치거나 쾌락에 빠지는 것은 고대인이 볼 때 매우 여성적인 무기력함의 성격을 띠는 것이다. 푸코는 이렇게 쓰고 있다. "그리하여 욕망 및 쾌락과의 관계는 투쟁적 관계로 인식된다. 그것들에 대하여 각자는 싸우고 있는 병사의 모델을 따르든, 콩쿠르에 참가하고 있는 투사의 모델을 따르든 적의 위치와 역할 속에 있어야 하는 것이다. (……) 정신적인(그리스도교적인) 투쟁의 오랜 전통은 다양한 형태를 취하게 되는데, 이미 고전적인 그리스의 사상 속에 분명하게 표시되고 있었다."[13]

동일한 관념적 범주에서, 오늘날 아직도 사람들은 초기 그리스도교가 전교회를 순결의 개념 위에 건설할 정도로 **최초로** 절제를 찬미했다고 비난한다. 이것 또한 지나친 해석이다. 덕망 있고 절제적인 영웅은 이미 필로스트라토스·크세노폰·소크라테스 등에게서 폭넓게 찬양되고 있다. "처녀성의 이상은 그리스도교가 창안한 것이 아니다. 티아나의 아폴로니우스(기원전 1세기)는, 그의 전기작가 필로스트라토스에 따르면 많은 기적을 보였는데, 죽을 때가지 자신의 순결을 존중하리라고 고백했다."[14]

대부분의 고대인들에게 절제, 나아가 순결의 이와 같은 찬미는——19세기 부르주아 시대의 경우가 그렇게 되듯이——확산된 강박관념의 성격을 띠었다. 이 강박관념은 자신의 정액을 상실함으로써 인간으로서 약화되지나 않을까 하는 두려움이었다. 그것은 교회의 교부들보다 훨씬 이전에, 히포크라테스나 갈레노스 같은 고대의 일부 철학자들이나 의사들로 하여금 성적 에너지를 오로지 종족 번식에 제한하도록 유도하게 된다. "기원전 2세기, 하드리아누스 황제의 주치의였던 에페소스의 소라누스 역시 순결의 연장을 좋은 건강의 요소로 간주하고 있다. 그가 볼 때, 단지 후손을 확보하고자 하는 염려만이 성행위를 정당화시키는 것이다. 그는 종족 번식의 의지를 넘어서는 모든 과도함의 해로운 결과들을 기술하고 있다."[15]

다른 예를 하나 들겠다. 우리가 아는 바와 같이, 아득한 중세에는 가톨릭 교회가 의식력〔儀式曆, 종교 행사를 표시한 달력〕에 따라서 쾌락을 맛보는 것을 제한하려고 애쓰게 된다. 이 달력은 성행위가 부부간에 금지되는 많은 날들을 자세히 결정해 놓고 있었다. 절제를 나타내는 이 달력에 대한 연구나 해독 또는 비판은 수 세기 동안 신학자들을 사로잡았고, 오늘날까지도 장 루이 플랑드랭 같은 전문 역사가들을 동원하고 있다.[16) 그런데 종교적인 찬양과 일시적인 순결의 이와 같은 관계는, 그리스도 교가 태어나기 훨씬 전에 고대인들에 의해 확립되었던 것이다. 그리스에서 여신 데메테르를 경배하기 위한 테스모포리아 축 제를 경축했던 여인들은 절대적으로 남자들을 물리쳐야 했고, 성적 절제는 축제가 지속되는 3일 동안 규율로 지켜야 했다. 로마에서는 여자들이 케레스 여신의 축제를 거행할 때, 기혼 부인들은 9일째 밤이 끝날 때까지 육체적인 쾌락과 남편들과 의 모든 접촉을 스스로 금지했다.[17)

보다 일반적으로 말해서, 로마 종교의 축제일들이 지닌 리듬 자체가 후일 그리스도교의 주기적인 절제, 유명한 종교적 달력 과 연결된 그 절제라는 것과 매우 유사하다는 것이 드러난다. 여기서도 또한 그리스도교가 창안해 낸 것은 아무것도 없다. "축제일은 신들에게 바쳐진다. 축제일들, 그것들은 휴식, 신들 에게 경배하기 위한 휴업 같은 축제에 의해 특징지어진다. 축 제일에 불경한 행동을 하는 것은 신들에 대한 존경이 부족하 다는 것을 의미한다. 그것은 신들의 영역을 시간에 의해 오염 시키는 것이고, 신성한 휴식을 더럽히는 것이다. (……) 폭력의 추방을 특징짓는 예는 젊은 처녀들의 결혼을 금하는 것이다. 이 폭력이 함축하는 처녀성의 박탈은 이와 대응되는 과부들에 대 한 결혼 허용이 보여 주는 바와 같이, 강간의 관념과 연결되어 있다."[18)

어둠 속의 사랑

일상 생활에서 그리스-로마 시대의 금지 사항들은 때때로 우리가 상상하는 자유주의적 태도와 반대되었다. 우리가 그리스인들과 로마인들은 그럴 것이라고 인정하는 나체의 과시와는 거의 일치하지 않는 좀스럽고 지독한 정숙함이 그것이다. 폴 베인은 로마의 에로틱한 애가가——때때로——위반하는 금지들 가운데, 낮 동안에 옷을 전혀 걸치지 않은 채 어슴푸레한 빛 속에서 성행위를 하는 내용을 인용한다. 이러한 행태는 비난을 받아야 하는 것으로 간주되었다. 이것은 방탕자가 가로챈 수상쩍은 특권이었다. 더구나 이 방탕자는 의식적으로 세 개의 근본적인 금지 사항을 위반하기 때문에 알아볼 수 있었다.

"그는 밤이 오기 전에 성행위를 했다. (낮 동안에 사랑을 하는 것은 결혼한 다음날 신혼부부의 특권으로 남아 있도록 되어 있었다.) 그는 어둡게 하지 않고 성행위를 했다. (에로틱한 시인들은 그들의 쾌락 위에 빛을 발하는 님프를 증인으로 삼았다.) 그는 그가 옷을 모두 벗긴 파트너와 성행위를 했다. (단지 타락한 여자들만이 브래지어를 벗고 사랑을 했고, 폼페이 창녀촌의 그림들 속에서는 창녀들도 이 최후의 베일을 간직하고 있었다.) 방탕은 손으로 만지는 애무까지 서슴지 않는다. 하지만 오른손은 모른 채 가만히 있고 왼손으로 만진다는 조건이 붙는다. 교양 있는 남자에게 사랑하는 여인의 나체를 약간이라도 얼핏 볼 수 있는 유일한 기회는 적절한 순간에 열려진 창문을 통해 달빛이 지나갈 때였다. 엘라가발루스·네로·칼리굴라 또는 도미티아누스 같은 방탕한 폭군들에 대해 사람들은 그들이 다른 금지 사항들도 어겼다고 수군거렸다. 그들은 유부녀들, 양갓집 처녀들, 사생아로 태어난 청년들, 무녀들과 심지어 자신들의 누이와 성교를 했다는 것이다."[19] 우리가 자세하게 들어가고 싶을 때 알아야 할 것은, 로마에서는 오럴 섹스를 혐오스럽게 여겼기 때문에 사람들은 이른바 치욕을 감추려고 애쓰는 부끄러운 오럴 섹스자들의 경우를 인용했을 정도였다. 이들은 수동적인 동성애자로 통했던 것이다. 폴 베인에 따르면, 더욱더 치욕적인 것으로 여겨진 두번째 행동은 여자 성기에의 구강 성교였다. "치욕의 절정은 여자한테 해주는 오럴 애무이다. 격분한 세네카(1세기) 같은 이가 언급한 더욱 고약한 것은 여자가 남자 위에 위치하는 자세이다. 고대 도시 국가의 도덕은 남성 우월주의적이었고, 남성적이었다.[20] 로마에서는 규율 엄한 병영의 분위기가 지배했다. 여자들한테 관심을 많이 나타내는 것은 무기력하고 여성화되는 것이었다." 《루실리우스에게 보내는 서한》을 보면, 세네카는 나탈리스가 자신의 '음란한 혀'를 여자에게 제공하는 것을 보고 격분한다. 그리고 그는 더욱 고약한 것인데, 마메르쿠스 스카우루스(집정관이란 자가!)가 멘스도 싫어하지 않고, "피가 흐르는 하녀들의 성기에 벌린 입을 갖다대면서" 자궁 성교를 하는 것을 보고 격분한다.

때때로 상상하는 것과는 다르게 로마인들 가운데 가장 방탕한 자라 할지라도 우리의 풍속을 보면 충격을 받을 것이다.

고대의 이와 같은 정숙에 대해 미셸 푸코는 다음과 같은 설명을 하고 있는데, 이 설명은 결국 이 정숙의 의미를 강화시킬 뿐이다. 그는 이렇게 썼다. "사람들은 밤에만 성행위를 하는 것을 기꺼이 옳다고 생각했다. 다른 사람들의 시선에 이를 비밀로 해야 한다는 필요성이 있었던 것이다. 이런 성관계에 자신이 노출되지 않고자 기울이는 주의 속에서 사람들이 보았던 것은, 성행위가 인간 안에 있는 보다 고귀한 것을 명예롭게 해 주는 무엇은 아니라는 표시였다."[21]

고대의 방탕에 대한 많은 '증거'로서 수없이 진술된 몇몇 장면들에 대해 말하자면, 사람들이 이것들에 부여하는 해석은 대부분 터무니없다. 공중 앞에서 수음을 하는 디오게네스의 행동, 다시 말해 사람들이 아테네의 풍습이 자유롭다는 표시로 믿는 그 행동이 그런 경우이다. 사실 이것은 정숙함이 지배하는 아테네의 풍습에 항의하는 '견유적인 도발'인 것이다.

그러나 가장 극심한 어리석은 말들이 유포된 것은 여자의 상징적인——그리고 실제적인——지위에 관한 것이다. 오늘날에도 여전히 사람들이 주장하는 것은, 여성 혐오가 경우에 따라서 유대교·그리스도교 또는 이슬람교가 만들어 낸 것이라는 바이다. 어쨌든 일신교의 창안품이라는 것이다. 이보다 더 터무니없는 주장은 없다. 이 여성 혐오는 그리스나 로마의 대부분 작가들에게 공격적으로 존재하고 있다. 플라톤과 아리스토텔레스는 둘 다 여성의 자연적인 열등함이 존재한다고 생각하고 있다. 여자는 남자와 동일한 재료로 만들어진 것이 아니다. 플라톤은 여자를 '중고와 같은' 존재로 간주하고, 아리스토텔레스에게 여자는 남자의 실패작이다. 오비디우스도 《사랑의 기술》에서 여자들에 대한 자신의 멸시를 감추지 않고 있으며, 강간을 변호하기까지 한다. "강간을 통해 강제로 정복된 여자는 이 강간을 즐긴다. 이러한 무례함은 그녀에게 하나의 선물인 것이다." 또한 오비디우스는 여자들을 속이는 데 주저하지 말라고 권고하고 이렇게 덧붙인다. "대부분의 경우 여자들은 양심의 가책이 없는 족속이다. 그녀들은 함정을 파놓고 있다. 그녀들이 이 함정에 걸려들기를 바랄 뿐이다."[22]

여류 신학자 프랑스 케레는 이렇게 지적한다. "이교도들에게 판도라의 신화가 상기시키는 것은 남자들의 불행은 한 여자의 호기심으로부터 유래하고 있다는 점이다……. 플라톤에게 여성은 전생을 잘못 산 남자에게 강제된다……. 아리스토텔레스는 여자가 여자인 것은 결핍된 것들 때문이라고 생각한다."[23]

신화에서 판도라는 약간은 그리스의 이브라고 말할 수 있는데, 제우스가 인간들에게 느끼는 증오에서 태어난다. 헤시오도스의 텍스트들에서 그녀는 악의 본질로 명료하게 묘사되고 있다. 그것도 대단히 폭력적인 표현으로 말이다. 《노동과 나날》에서 발췌한 다음과 같은 몇 줄로 판단해 보면 안다. "그는 인간들에게 보내는 하나의 악을 창조했다. 이 악은 인간들의 것으로, 그들은 이것을 사랑으로 둘러싸고 있다. (……) 저 유명한 절름발이 신은 흙을 취해서 존경심을 불러일으키는 처녀를 닮은 존재를 만든다. (……) 그리고 나서 신들의 군사(軍使)는 그녀에게 말을 하게 하고 이름을 판도라라고 짓는다. 실상은 이것이 빵을 먹는 인간들에게 그런 식으로 불행을 선물한 모든 신들의 증여물인 것이다."[24]

오비디우스에게서 우리가 만나는 것은 앞에서 언급한 확신, 즉 성적인 차원에서 여자는 남자보다 더 강하며, 따라서 더 위협적이기 때문에 특별한 구속을 받는 것이 당연하다는 그 확신이다. 이것은 여자가 지닌 '색광'에 대한 오래 된 관념으로서, 대부분의 문명에서 세월을 따라 전수되어 여자들에 대한 억압의 알리바이 역할을 했던 것이다. 이 관념은 루소가 《에밀》에서 풍부하게 다시 다룬다. 《사랑의 기술》에서 오비디우스는 자신의 견해를 이렇게 표현한다. "여자들의 욕망은 우리의

욕망보다 더 강렬하고 더 많은 폭력을 함축하고 있다.” 만족할
줄 모른다고 추정된 이 여성적 욕망 앞에서 남성적 에너지는 고
대 세계 전체——특히 로마 세계——가 실패의 두려움에 사로
잡혀 있기 때문에 그만큼 더 찬양되고 있는 것이다.

마르티알리스는 《풍자시》에서 이렇게 반복한다. “나를 믿게
나. 손가락에 명령하듯이 이 성기관에 명령할 수 있는 게 아니
네.” 로마인들의 강박관념은 멘툴라(mentula, 휴식 상태에 있는
페니스)로 하여금 파시눔(fascinum, 발기한 성기)이 되도록 발
기하는 것을 막는 그 불길한 눈, 그 운명이다. 하나의 인간은
그의 성기가 불끈 설 때만 남자인 것이다. 오비디우스는 《사랑》
의 제3책에서 하나의 실패를 자세히 이야기하고, 이 실패를 둘
러싼 미신적인 공포를 기술한다. 파스칼 키냐르는 이렇게 설명
한다. “이로부터 박물관에 영원히 전시된 믿을 수 없는 그 많
은 부적, 외설스러운 장신구, 허리띠, 목걸이, 기괴한 난쟁이 땅
귀신들이 나왔다. 이것들은 모두 금·상아·돌·구리로 된 외설
스러운 형태를 하고 있는데, 고고학적 발굴 내용의 본질을 이
루고 있다.”[25]

이와 같은 남성적 강박관념에 대한 똑같은 증언은, 정확하
게 파시누스(facinus, 매혹하는 것)라고 불린 돌로 된 남성 성기
에 대한 로마인들의 매우 모호하고 오래 된 숭배이다. 이것은
승리한 전사의 전차 아래 고정되었던 부적으로서, 리베르 신에
게 바쳐지는 축제 때 경배되었다. 아우구스티누스에 따르면, 그
것의 은혜는 “남성들로 하여금 성교에서 그들이 방출하는 정
액으로부터 해방되도록 도와 준다는 것이다.”

사실 이처럼 본질적으로 남성 중심의 도덕에서 여자들은 쾌
락의 대상으로서 나타나거나, 교육시켜야 하고 엄중히 감시해

야 하는 열등한 지위의 파트너로서 나타난다. 그리스인들에게 상호적인 충실의 개념은 존재하지 않는다. 다만 여자의 간음만이 금지되어 있다. 여성 혐오에 관해 말하자면, 그것은 흔히 비상하게 폭력적으로 표현된다. 그리하여 폴리니우스는 여자들의 월경에 대해 다음과 같이 말하고 있다. "월경을 하는 여자가 술에 다가가면 술이 시큼해진다. 그녀가 곡식을 만지면 결실을 맺지 못하고, 접지(接枝)를 만지면 죽고, 정원의 나무들을 만지면 타버린다. 그녀가 걸터앉은 나무의 열매들은 떨어져 버린다――그녀의 시선은 거울의 윤기를 없애고, 철을 침식하며, 상아의 광택을 침식한다. 벌들은 벌집에서 죽는다. 녹이 곧바로 구리와 철을 점령한다. 월경의 피를 맛본 개들은 미치게 되고, 그것들이 물게 되면 어떤 것도 낫게 할 수 없는 독을 감염시킨다."[26]

신선하고 부드러운 플루타르코스, 여자들이나 소년들과 사랑의 쾌락에 대해 논쟁하는 데 그토록 능란한 그 플루타르코스마저도 실제 우리의 현대적 감성과 충돌하기 딱 알맞은 단호한 남성 우월주의를 나타낸다. 플루타르코스는 《결혼의 규범》에서 이렇게 쓰고 있다. "사람들이 나에게 말한 바에 따르면, 결코 여자는 남자의 참여 없이는 세상에 아이를 낳을 수 없었다. 자생적으로 형성되는 무정형의 태아는 살덩어리의 모습을 나타낸다. (……) 그렇다면 이것이 여자들의 영혼 속에서 일어나지 않도록 주의를 기울여야 한다. 여자들이 고귀한 교리의 씨를 받지 못하고 남자의 교양에 참여하지 못한다면, 그녀들은 그녀들 자신에 축소된 채 온갖 종류의 이상한 산물·계획, 그리고 변태적인 정열을 산출하게 된다."

마지막으로 상기해야 할 것은 그리스의 민주 정치가 여자들이, 시민이 아닌 노예들이 그렇듯이 공적이고 정치적인 삶에서 제외되는 것을 당연하다고 간주하고 있다는 점이다.

결혼의 질서

고대 세계에 대한 우리의 인식에서 또 다른 오해의 예를 보자. 그것은 가정과 관련된 모든 것이다. 가정의 논리에 대한 찬미와 그것의 절대적인 우선권은 고대인들에게서 무겁고 동시에 압제적인 양상을 띠고 있다. 플라톤 같은 사상가들은, 푸코의 표현을 빌리자면 "후손에 대한 염려 또한 쾌락의 풍습에서 사람들이 나타내지 않을 수 없는 경계의 동기가 된다"는 점을 설명한 최초의 인물들도 마지막 인물들도 아니다. 도시 국가 전체의 관심과 관련된 문제인 것이다. 플라톤은 《법률》에서 이에 관해서 매우 분명한 입장을 취한다. 그는 이렇게 쓰고 있다. "인간은 시간의 전체와 자연적인 친화력을 가지고 있으며, 이 친화력을 시간의 지속을 통해서 동반하고 또 동반할 것이다. 바로 이렇게 하여 인류는 후손들을 계속 남기면서, 그리고 그렇게 언제나 동일한 영속적인 통일성 덕분에 세대를 통해 불멸성에 참여하면서 불멸하게 되는 것이다."(《법률》, IV. 721)

그리스인들을 보면, 크세노폰이 《경제적인 것》과 더불어 최초로 결혼론을 쓰고 있다. 하나의 관념이 이 텍스트를 지속적으로 따라다니고 있다. 그것은 피난처의 관념으로, 이 피난처는 인간들과 이들의 후손들에게 보호된 장소를 확보해 주고, 그들로 하여금 '짐승처럼 밖에서 살지 않도록' 해주는 것이다. 이 피난처 내부에서, 이 지붕 아래에서 남녀의 역할은 인류학자들이 '성적 차별화주의'라 일컫는 것에 따라서 정확하게 나누어진다. 남편은 밖에서 땅을 가는 한편, 아내는 안에서 관리를 확실하게 하고 소비를 조절하며 아이들에게 필요한 것을 공급해 주는 것이다. 집은 이미 여자의 특별한 영역으로 제시된다.[27]

플리니우스는 《박물지》에서 코끼리를 특별히 찬미하고 있다. 코끼리는 충실한 커플로서 살아가고, 간음을 모를 뿐 아니라 그 어떤 다른 동물보다 덕망이 있는 것으로 드러나기 때문이다. 플리니우스는 이렇게 주목한다. "코끼리들은 정숙하기 때문에 내밀한 사이가 아니고는 결코 교접을 하지 않는다……. 그것들은 다만 2년마다 한 번씩 하고, 사람들이 말하는 바에 따르면 5일 이상 하지 않는다. 그것들은 간음을 모른다……." 플리니우스의 이와 같은 교화적인 지적은 결혼이 파기 불가능하다는 것을 정당화하기 위해 여러 그리스도교 신학자들에 의해 되풀이되게 된다. 특히 1609년 프랑수아 드 살이 《필로테》에서 이를 다루고 있다.

《사물들의 성격》을 쓴 위대한 시인 루크레티우스에게는, 아내의 행동을 이끌어야 하는 것은 생식에 대한 염려이지 쾌락의 추구가 아니다. 어쨌든 루크레티우스에게 아내는 '관능적인 쾌락을 즐기는 움직임'에 빠질 필요가 전혀 없는 것이다. 이 움직임은 "남자를 흥분시켜 그의 유체로부터 용액의 물결이 솟아오르게 하지만, 유감스럽게도 정액이 본래 가야 할 곳으로부터 벗어남으로써 임신을 막을 위험이 있는 것이다." 그는 이렇게 덧붙인다. "그런 식으로 자신의 엉덩이를 흔들어 대는 습관을 가진 것은 창녀들이다. 왜냐하면 창녀들은 지나치게 자주 임신하는 것을 피하고——이 임신은 그녀들로 하여금 일에 종사하지 못하게 만든다——동시에 남자들의 쾌락을 보다 잘 따르기 위해 그렇게 하는 것이 이롭기 때문이다. 이런 기술은 우리 여자들에게 전혀 필요 없는 것이라고 나는 믿고 싶다."[28]

고대인들에게 집은 사랑의 장소도 쾌락의 장소도 아니다. 결혼을 관능적 쾌락의 관념과 연결시킨다는 것은 그들에게 방탕이나 추잡함의 절정으로 나타난다. 요컨대 결혼이든 아니든, 여자의 쾌락은 이 남성 우월주의 사회에 의해 거의 고려되지 않는다. 그처럼 '세세한 것'에 조금이라도 중요성을 부여하는 것은 호평도 받지 못한다. 오비디우스는 이에 대한 대가를 치르고 있다. 과연 그는 《사랑의 기술》에서 쾌락의 상호성을 주장했던 것이다. ("나는 서로가 자신을 주지 않는 포옹을 증오한다.") 그런데 로마인의 견지에서 볼 때, 이런 유형의 감정은 추잡함의 성격을 띠는 것이다. 오비디우스는──우리는 그 이유를 그렇게 잘 알지 못하지만──아우구스투스에 의해, 다음으로 티베리우스에 의해 유배되었다.

로마인들에게 남성적 정기를 낭비하지 않으려는 강박적인 염려와 함께 또 다른 강박관념은 우리가 '가정의 질서'라 부를 수 있는 것, 다시 말해 **집**과 **가정주부**를 통한 사회적 조절을 확립하고 보장해야 한다는 것이다. 이와 같은 질서에서 무엇보다도 중요한 것은 종자적인 가계, 다시 말해 실질적인 부자 관계와 적출 사이의 완벽한 일치이다. 사생아라는 관점은 그 어느것보다 로마인을 공포에 몰아넣는다. 부부간의 도덕은 상상할 수 없을 정도로 가혹하게──그리고 견유주의적인 태도로──이와 같은 질서를 위해 봉사하는 것이다.

결혼한 여자에게 요구되는 정절은 어떤 감정의 결실이 아니라 순전히 생식의 문제이다. 간음한 여자는 그녀가 임신을 못하거나 성행위를 했을 때 이미 임신되어 있었다면 용서받는다.

마찬가지로 자유로운 시민은 어떤 여자에게 자신이 원하는 것을 할 수 있다. 이 여자가 **결혼을 안했거나 노예가 아니라면** 말이다. 반면에 가계가 방해받을 위험이 나타나자마자 도덕은 절대적이 된다. 결혼한 여자(가정주부)는 강간을 당하면 즉시 자살하는 것을 감수해야 한다. 이것이 바로 섹스투스 타르키니우스에 의해 강간을 당한 루크레티우스가 기원전 6세기에 행동으로 보여 주게 되는 것이다. "내가 잘못을 스스로 용서한다 할지라도 나는 벌을 면제받지 못한다. 능욕을 당한 어떤 여자도 생명을 보존하기 위해 루크레티우스의 예를 원용할 수 없도록 해야 한다." 그것은 또한 비고트족 침략자들에 의해 강간을 당한 일부 로마 여인들이 5세기 벽두에 행한 것이다. 이 여인들에게 이교의 도덕은 스스로 목숨을 끊으라고 명령했던 것이다.[29]

부부 사이의 도덕이 드러내는 이와 같은 극도의 가혹함은 물론 사회 계급에 따라, 그리고 특히 시대마다 변화를 겪는다. 그리스도교가 출현할 당시에, 말하자면 기원전 마지막 세기와 기원후 1세기 사이에, 로마의 귀족 계급은 이와 같은 구속에서 주저하지 않고 해방된다. 폴 베인의 말을 믿는다면 "부인들의 행실이나 비행은 어느 면에서도 남자들 못지않았다." 귀족 사회에서 상황은 가정에 따라 매우 달랐기 때문에 일반화시키는 것은 항상 무리가 있다. 그럼에도 불구하고 여전한 것은 본질적으로 엄격함이 기원후 3 내지 4세기 동안, 즉 후기 고대 세계라 불리는 시기 동안 강화된다는 것이다.

어떤 시대에는 결혼에 관한 법들이 결혼을 규제하고, 도시 국가를 교화시키며, 출생률을 높이고, 독신과 간음을 벌주기 위해 채택되었다. 이런 법률들은 상상할 수 없이 엄격했다. 그리하여 《정상적 결혼에 관한 율리아 법》·《간음에 관한 율리아 법》(기원전 18년)이나 《파피아 포파에아 법》(기원후 9년)은 시민들——홀아비·과부 또는 이혼녀들을 포함해——이 결혼을 해서 곧바로 아이들을 생산하도록 의무화하고, 그렇지 않으면 처벌을 받도록 규정하고 있었다.

"부부간의 화합에 대한 로마인의 이상은 로마 제국의 거대한 압력을 받아 투명한 준엄성을 띠고 있었다. 부부는 동등한 연인들로 이루어진 커플이라기보다는 사회적 질서의 안정적인 소세계를 형성하고 있었다. (……) 이교도들이나 그리스도교들이나 상류 계층은 모두 성적 절제와 공적 예절의 규범을 따랐으며, 그들은 이 규범이 아주 먼 로마의 남성적 엄격성을 직접적으로 이어받고 있다고 생각했다. 성적 관용은 공적인 영역에서 설 자리가 없었다."[30]

사실 서기 2백 년부터, 그리고 로마 제국이 그리스도교로 개종하기 훨씬 전에 매우 억압적인 도덕적 질서가 자리잡고 있었다고 폴 베인은 기술했다. 권위주의적이고 민중주의적인 국가 앞에서 귀족의 영향력은 더 이상 인정되지 않는다. 황제는 자신의 권력을 강화하는 데 골몰한다. 동성애는 처음으로 금지되고, 형법은 근친상간과 납치에 중벌을 내린다. 문학에 대한 검열이 실시되고, 풍속의 마지막 자유는 사라진다. 따라서 억압적인 성도덕은 그리스도교에서 비롯된 것이 아니다. 가장 혹독한 예로서 그것은 이교도 시대의 마지막 시기에 나타나며, 권위주의적 체제의 정치적 동기에 부합한다.

부차적 선호물…

  어쨌든 우리의 상상력 속에 들어앉은 막연하고 행복한 그 고대 세계에서 가장 명백한 오해는 동성애와 관련된 것이다. 사람들이 수없이 표명하고 글로 쓴 것과는 반대로 "이교도들이 동성애를 관용적인 시선으로 보았다는 것은 정확하지 않다. 사실 그들은 그것을 별도의 문제로 전혀 보지 않았다."[31] 그리스인들이나 로마인들이 성을 파트너가 남성이냐 여성이냐에 따라 판단한 것은 아니었다. 남성인가 여성인가의 문제는 다분히 부수적인 중요성밖에 없었다. 우리는 일부 작가들에게서——예를 들어 플루타르코스——소년이나 여자와의 사랑이 주는 각각의 이점을 헤아려 보는 것이 그 목적인 끈기 있는 논쟁을 발견한다. 성별의 기준은 매우 부수적으로만 고려되었다고 말하자. ('동성애'라는 말이 만들어진 때는 1869년이다.) 플루타르코스가 볼 때 "인간적인 아름다움을 사랑하는 연인은, 남자들과 여자들이 옷을 입는 관계에서 다르듯이 사랑의 관계에서도 서로 다르다고 전제하는 대신에, 남성과 여성 양쪽 모두에게 우호적이고 그리고 공평한 마음을 가지는 것이다."[32]

  존 보즈웰은 "크세노폰이 동성애는 '인간성'의 한 측면이라고 말할 때, 그는 자기 시대 대부분의 그리스인들이 지닌 견해를 표현했다고 본다. 사랑에 대한 플라톤의 모든 논쟁은 동성애의 매력이 지닌 보편성의 가설에 근거하고 있다. 동성애는 어떤 경우에 있어서는 약간 부차적인 선호 대상처럼 보인다."[33] 물론 《법률》에서 플라톤이나, 《기억할 만한 일들》에서 크세노폰은 분명히 동성애를 비판하고 있지만. (플라톤은 이렇게 쓰고 있다. "여자처럼 남자들이나 어린 소년을 이용하는 것은 허용되지 않는다.") 그렇게 하면서 그들은 특히 정욕의 미망과 무기력에 대항해 싸우고 있다. 그들에게 성별의 확인은 부차적인 논거에 불과하다. 한 마디로 말해서, 동성애의 문제는 그리스인들에게도 로마인들에게도 흥미를 불러일으키지 못했다. 왜냐하면 그들에게 그것은 제기되지 않았기 때문이다……

그러나 사랑에 있어서 파트너의 성별에 관한 ——상대적인 ——이와 같은 무관심이 고대인들이 관용적이거나 자유주의적이었다는 점을 의미하는 것은 아니다. 그들은 단순히 **우리의 기준과는 다른 기준에 따라** 그들의 판단을 내렸다. 그들이 생각하기에 네 개의 매개 변수가 논쟁거리를 제공하기 때문에 성에 관해 네 개의 지표 범주가 근본적인 것이다. 즉 자신의 욕망을 지배할 수 있는 능력의 유무, 부부간 사랑의 자유 또는 충실, 사랑에 있어서 적극적 또는 수동적 역할, 파트너에 관해서 자유로운 인간의 지위 또는 노예 같은 지위가 그것이다.

그들은 우리가 동성애라고 부르는 것에 대해 무관심하거나 호의적이지만, '수동성'에 관해서는 전혀 그렇지 않았다. 자유로운 인간에게 수동적인 파트너가 되어 동성애 관계를 갖는다는 것은 어찌할 수 없는 부끄러움으로 간주되었다. 무기력함과 여자같이 나약함, 여자들의 행동을 모방하는 남자들의 매너, 이런 것들은 매우 남성 우월주의적인 그리스와 ——특히—— 로마 세계에서 보편적인 조소의 대상이었다. 많은 것들 가운데 세네카(BC 55경-AD 39경, 수사학 교사 세네카)의 다음과 같은 텍스트를 인용해 보자. 이 텍스트는 오늘날 같으면 도발적인 것으로 간주될 것이다. "노래하고 춤추는 건전치 못한 정열이 여자같이 나약한 자들의 영혼을 채우고 있다. 머리를 파마

하고, 목소리를 달콤한 여자 목소리와 같도록 충분히 가냘프게 만들며, 태도를 부드럽게 하는 데 여자와 경쟁하고, 아주 외설스러운 탐구에 몰두하는 것, 이것이 우리 청년들의 이상이다……. 태어날 때부터 무기력하고 신경질적인 그들은 기꺼이 여전히 그런 상태에 있으며, 자신들의 정숙은 신경 쓰지 않고 항상 다른 이들의 정숙을 공격할 준비가 되어 있다.”[34]

동성애가 되었든 아니든, 사랑에 있어서 ‘정숙치 못함’(수동성)을 이처럼 단죄하는 것은 공인일 경우는 더욱더 엄격했다. 정념과 욕망 앞에서 인간의 나약함은 선택받은 엘리트일 경우 국가에 위험했고, 시민-병사일 경우는 군대에 위험했던 것이다. 그만큼 그것은 강하게 비난받았다. 예를 들어 아테네에서 남자가 매춘 행위를 하게 되면 시민권이 박탈되었다. 수동적인 동성애자는 정치를 하는 사람일 경우 죽음을 면치 못했다. 그는 근친상간을 한 여자보자 더 수치스러운 것으로 간주되었다. 물론 근친상간을 한 여자도 죽음을 면치 못했지만 말이다.

“시민이면서도 자유롭거나, 또는 노예 상태에 있는 타자의 법을 시민으로서 따르는 **여자 같은 남자**(pathicus)는 불명예와 실추의 이미지 자체를 제공한다. 유베날리스의 표현을 빌리자면, 자기 주인과 **항문 섹스를** 하는 노예를 보는 것은 그 어떤 것보다 더 부끄러운 일이다.”[35]

우리가 알다시피, 그리스-로마 세계의 가장 큰 역설은 어린이에 대한 성적 유혹이 성인들 사이의 동성애보다 더 잘 받아들여지고 있다는 것이다. 모리스 사르트르는 이렇게 쓰고 있다. “사람들이 인정하고 가치를 부여한 이와 같은 동성애 관계는 12,3세에서 17,8세의 **어린 남자**와 아직은 젊다 할(40세 가량) 남자로 이루어진 커플들을 문제삼는다. 이 관계의 입문적 성격은 나이 차이가 많은 것을 강제한다."[36] 어린이에 대한 성적 유혹은 모든 의미에서 **입문**이다. 이 입문은 단지 성적인 것만이 아니다.

그러나 그것이 항상 우리가 상상하는 것처럼 수월하고 위험하지 않은 성격을 지니는 것만은 아니다. 우선 그것은 매춘으로 변모될 수 있고, 그렇게 되면 단죄된다. (아리스토파네스는 자신의 극작 《구름》에서 풍속의 전반적인 타락을 강하게 비난하고, 젊은 에로팡이 매춘행위자로 변신하는 것을 비난한다.) 그러나 특히 노예가 어린이를 성적으로 조금이라도 유혹하려는 마음(아니면 적극적으로 동성애를 하려는 마음)을 가지게 된다면 **즉시 죽음을 면치 못하게 된다.** 자유인과 노예 사이의 근본적 대립은 결국 그리스-로마 사회의 돌출적인 참으로 큰 문제인 것이다. 사람들은 이 사회의 풍속, 추정되는 방종, 그리고 다양한 쾌락을 상기할 때 대개 다음과 같은 너무나 분명한 사실을 고려하는 것을 잊어버린다. 즉 이 사회에서의 성적 도덕은 사회적인 신분에 따라 전혀 다르다는 점 말이다. (평등주의적인 요구는 스토아학파에서, 그 다음으로 그리스도교에서 시작된 '전복'인 것이다.)

노예 제도를 주장하는 사회

로마의 도덕이 지닌 사회적으로 불평등주의적인 측면을 상기시키기 위해서 세네카를 관례적으로 다시 인용해 보자. 그는 자신의 《논쟁》(IV, 10)에서 킨투스 하테리우스 집정관의 입을 통해 유명해진 이런 말을 한다. "수동성은 자유롭게 태어난 인간에게 하나의 죄이다. 노예에게 그것은 절대적 의무이다. 노예에서 해방된 자유민에게 그것은 자신의 후원자에게 갚아야 하는 봉사이다." 노예 제도를 주장하는 로마에서 주인은 노예의 성별이 어떻든간에 이 노예에 대한 초야권(初夜權)을 영구히 행사한다. 그리하여 노예들은 당시에 확산되어 있던 다음과 같은 격언에서 보듯이 해야 할 일을 자진해서 했던 것이다. "주인이 명령하는 것을 하는 데 부끄러움이란 없다."

이 점이 의미하는 것은, 주인과의 관계일 때 부끄러움 없이 동성애의 대상이 되는 것을 받아들일 수 있다는 것이다. 주인에게 있어 완전한 자유는 자신의 노예와 자유롭게 동성애 관계를 맺을 수 있는——그리고 심지어 죽일 수도 있는——데 있다. 폴 베인은 다시 이렇게 지적한다. "자신의 노예와 동성애 관계를 맺는 것은 무죄였고, 엄격한 검열마저도 이와 같은 하찮은 문제에는 거의 개입하지 않았다. 반면에 시민이 수동적인 환심을 사려 하는 것은 **흉측한 것이었다.**"37)

아니었다. 고대 사회는 진정으로 '부드러운' 것이 아니었다! 그것은 우리가 노예 제도의 짓누르는 현실에 어린이들을 포함한 매춘을 연결하는 노력을 한다면, 더욱더 부드러운 것이 아니다. 우리는 수에토니우스 덕분에 티베리우스 황제의 꽤 혐오스러운 경우를 알고 있다. 그는 전적으로 어린이를 성적으로 유혹하는 자로서, 가장 유연한 나이의 어린이들을 '어린 물고기들'이라 불렀다. 그는 수영하는 동안 이 아이들이 자신을 혀로 핥고 물어뜯어 흥분시키도록 하기 위해 그들이 자신의 허벅지 사이에서 노는 데 익숙하도록 만들었다. 그는 아직 젖도 안 뗀 아이들에게 자신의 음경을 빨도록 해 호르몬을 방출했다. 반면에 우리가 보다 덜 알고 있는 것은, 후기 로마에서 부자들이 성적으로 즐기기 위해 아프리카·이집트·누비아의 어린 노예들을 사들였다는 것이다. 상인들은 나일 강가와 에티오피아에서까지 이들을 밀매하기도 했다.

시선집 《숲》과 《테바이스》의 저자인 로마의 역사가 스타티우스는 "야만적인 나라들에서 온 다른 상품들 가운데 연단 위에 진열된 인간 상품과 가난한 어린이들의 태도"를 묘사하고 있다. "이 어린이들이 의무적으로 해야 하는 것은 친절을 가장하고, 암기한 말을 하며, 미리 준비한 농담을 늘어놓고, 외설스러운 교태를 부리는 것이었다. 그리하여 이와 같은 슬픈 코미디가 어떤 방탕한 늙은이의 성욕을 자극시켜 자신들을 사가도록 하는 것이었다." 스타티우스는 성인들의 쾌락을 위해 팔린 이 어린이들을 상기시키고 있는데, 이 아이들에게 사람들은 매력적인 조그만 이름들을 붙여 주었다. 델리카티 푸에리(어린 감미로움), 델리시아에 도미니(제어된 달콤함), 델리시올룸(우리 감미로움) 등과 같은 것들을 말이다.

노예 어린이들의 이와 같은 거래가 상기시키는 것은 어린이를 성적으로 유혹하는 것을 목적으로 한 현대의 관광이다—하지만 이 관광은 좋은 의미로 더 노골적이다. 고대 로마에서 이 거래가 백주에 이루어진 경우를 제외하곤 말이다. 존 보즈웰은 이와 같은 로마의 전통에 대해 보다 더 냉혹한 묘사를 보여 주고 있다.

그는 이렇게 쓴다. "노예를 취급하는 상인들은 일부 로마인들이 혐오를 느낄 정도로 어린 소년들을 대규모로 거세시켰다. 이것은 도미티아누스가 지배할 당시에 제정된 법조항에 의해 금지되었던 것 같다. 페트로니우스는 에우몰포스(《사티리콘》에 나오는 인물)의 입을 통해 그와 같은 관습에 반대하는 익살스러운 설교를 늘어놓는다. 그러나 세네카와 다른 사람들은 진지하게 분노하고 있다. (……) 동성애와 어린이 학대의 연관은 4세기부터 현저하게 되는데, 이는 부분적으로 근대 산업 문명이 단호하게 거부하는 고대의 관습이 극도로 확산된 데 기인했다. 이 관습은 원치 않았던 아이들을 노예로 팔아 버리는 것이다. 이들 가운데 매우 많은 아이들이 성적 쾌락의 대상이 되었다. 적어도 그들이 청년기와 노예적 노동력을 가지게 되는 순간 사이에 있을 때는 그랬던 것이다. 이교도 작가들(유스티누스)과 그리스도교 옹호론자들(알렉산드리아의 클레멘스)의 증언은, 이 같은 관행의 일반성에 대해 전혀 의심을 남기지 않고 있다."[38]

어린이들을 이처럼 성적으로 착취하는 현상은 일반화되었고 특히 지속적이었다. "기원후 1세기말에 가서야 도미티아누스의 포고령으로 어린이 매춘을 금지하게 된다."[39] 사실 일반적으로 "신생아를 제거하는 것이 그리스도교의 영향을 받아 법적으로 살인으로 규정되는 것은 3백74년에 가서야 가능했다. 세네카는 기형이나 허약한 신생아들을 익사시키는 것이 로마에서는 일상적인 일이었다고 설명한다. 세네카 자신이 이러한 태도를 온당하다고 판단했다.(《분노에 관하여》, 1, 15) 수에토니우스(70년 출생)가 이야기하는 바에 따르면, 젖먹이들을 버리는 것은 부모들의 판단에 맡겨졌다.(《카이우스 칼리굴라》, 5) 플루타르코스는 리쿠르고스에 관한 전기에서 스파르타에서는 신생아들을 노인들의 검사를 받도록 했다고 쓰고 있다. 기형이거나 허약하다고 판단된 아기들은 국가가 그들을 떠맡는 것을 피하기 위해 테이케토스 산의 절벽 위에서 아래로 던져졌다. 게다가 어머니들이 신생아들을 물이 아니라 술로 목욕을 시켰다는 것이다. 왜냐하면 병약하거나 간질병이 있는 어린이들은 이와 같은 취급에 저항하지 못하고 죽었기 때문이다."[40]

이와 같은 몇몇 예들이 우리로 하여금 생각하게 만드는 것은, 적어도 오늘날 우리가 지닌 감성의 관점에서 볼 때 그리스-로마 세계의 실질적인 **잔인성**이다. 그것들은 그리스도교의 도래가 파괴하게 되었다고 생각된 '고대 쾌락주의'의 환기를 분명 가소롭게 만들고 있다. 그리스 그리고 특히 로마 세계는 일정한 차별(노예/자유인/노예에서 해방된 인간, 또는 기혼 여성/젊은 처녀, 귀족/평민)을 중심으로 구조화되어 있다. 이 차별의 엄격성과 불평등주의는 우리 현대인들 같으면 반항하게 만들었을 것이다. 마찬가지로 우리는 집단적인 강간이라는 것을 아주 일상적이었던 관행에서도 반항했을 것이다. 이러한 강간을 "로마의 도덕은 14,5세에 동정을 떼어 버린 자유로운 청년들에게 허용했다. 이들은 사창가에서 매춘부를 쫓아다니고, 약간 장난을 치기 위해 밤에 그들이 만나는 부르주아들을 두들겨팼으며, 항상 떼거리로 몰려다니며 행실이 나쁜 여자의 문을 부수고 들어가 집단적으로 강간을 했다."[41]

사실 로마 시민에게 성은 우선 지배의 양식이다. 베르길리우스는 《아이네이스》에서 "오만한 자들을 정복하는 것은 그가 해야 할 일이다"라고 쓰고 있다. 로마의 시민은 "자기 집에서 절대적인 주인이고 부인과 아이들, 그리고 노예들의 생사권을 쥐고 있다."[42] 지배자의 이와 같은 정신 상태는 성생활에서도 동일한 방식으로, 사비니족(고대 중부 이탈리아에 정착한 종족)이 지닌 납치의 신화가 증명하듯이 발휘된다.

마찬가지로 우리는 동로마 제국에서 돈에 매수되는 현상이 믿을 수 없을 정도로 맹위를 떨쳤고, 이른바 쾌락주의가 광범위하게 지배했다는 것을 알면 틀림없이 눈이 뒤집힐 것이다.

폴 베인은 이와 관련하여 충격적인 글을 쓰고 있다. "로마 사회는 매우 이해 타산적이었기 때문에 유대인 배척자들이 강박관념적인 테마를 선택했다면 그것은 유대인들보다 로마였을 것이다. 이것이 단순히 의미하는 것은 경제 활동이 몇몇 직업인들의 전문화도 아니었고, 일정한 하나의 사회 계급을 특징짓는 것도 아니었다는 점이다. 로마에서 부유한 자는 모두 모든 것을 거래했고, 모든 원로원 의원은 고리대금을 했으며, 귀족들이 정치를 사리사욕의 도구로 사용하는 것이 우리 구제도가 종말을 고할 때보다 더 확산되어 있었다. 숨기지 않았던 경우를 제외하고 말이다. 거미줄 같은 조직으로 연결되어 있던 귀부인들 역시 선물에 탐욕이 많아 거래를 했다. 그녀들은 선물을 쫓아다녔다. 왜냐하면 남자들이 지참금을 쫓아다녔기 때문이다."[43]

돈의 절대적 위력, 노예 제도나 서커스놀이의 잔인성, 결혼의 불안정성, 가차없이 버릴 수 있는 아내들(특히 기원전 3세기부터), 근친상간을 했거나 강간을 당한 기혼녀에 대한 이교 도덕의 가혹함, 어린이들과 노예들의 성적인 이용, 바로 이런 것들로 이루어진 풍경 속에서 그리스도교가 나타난 것이다……

ㄱ

육체 앞에서의 유대인과 그리스도교인

이 주제에 관해서는 냉정한 머리와 침착한 정신을 간직하겠다는 내기를 해야 할 것이다. 침착하게 서두르지 않고, 정해진 방향도 갖지 않고 우리는 유대-그리스도교와 성이란 큰 문제를 검토해야 한다. 오늘날 이 문제보다 더 어려운 것은 없다. 이 영역에서 고발적인 행동은 앞에서 환기한 상상의 고대 세계에 대해 사람들이——아직도 어쨌든——나타내는 호의와 정확히 대칭적이다. 사실 교황 요한네스 파울루스 2세의 도덕적인 경직성은 수십 년 동안 성직 계급이 보여 준 경련적인 반응을 이어받은 것으로 아무것도 해결하지 못하고 있다. 제재를 거부하는 자유주의적인 담론은 최근의 과거 속에서 적당한 이유들을 찾아내면서 그리스도교가 죄, '성적 비관주의,' 열광적인 절제를 만들어 낸 당사자라고 계속해서 거명하고 있다. 여성 혐오를 만들어 내는 당사자는 아닐지라도 말이다.

에블린 쉬를로는 이렇게 강조한다. "오늘날 서양에서 으레 사람들이 공격하는 것은 유대-그리스도교의 전통이다. 그들은 조금도 검토하지 않고 여자에게 불리한 것처럼 보이는 것은 모두 조직적으로 유대-그리스도교의 탓으로 돌린다. 이와 같은 지각 없는 성급함을 보이는 이유는, 아마 그들이 성이라는 단 하나의 범주에 따라서만 추론을 하기 때문이리라. 그들은 자유·평등·권리 등을 유일하게 물질적 재화나 성적인 자유에 따라서만 판단한다. 유일신을 내세우는 종교들은 여자에 대한 노예 제도를 옹호하는 큰 체계들로서 나타난다."[1]

성급한 훈계

이와 같은 반종교적인 고정은 현대인의 반사 작용적인 성격을 띠고 있다. 어쨌든 우리는 이 장(章)에서 이 반사 작용이 상궤를 벗어났다는 점을 강조해야 할 것이다. 왜냐하면 결국……여러 민족들 전체가 2천 년 동안 신경증·불행·좌절을 체험했다고 주장하기 때문이다! 서양 전체가 억압된 욕망과 예속된 자유의 엄격한 감독 아래 2천 년 동안 길을 걸어왔다는 것이다! 그리고 오늘날에 와서야 다만 우리는 산업 사회의 해방된 개인들로서, 조상들 모두를 사제와 신학자에 의해 학대받은 아이들로 지정할 수 있는 근거를 가지게 되었다는 것이다. 이 조상들은 배 밑바닥에 사슬에 묶인 채 마침내 도달하게 되는 자유의 세계, 즉 우리가 누리는 세계를 향해서 떠나는 승객들이었던 것이다.

푸코와 보즈웰, 또는 피터 브라운과 같이 거의 편협함이 없다고 생각되는 작가들은 유대-그리스도교에 관해 현대의 사상이 지닌 그 순진함을 분명하게 비꼬았다. 그들은 마찬가지로 고대 세계를 쾌락주의적으로 이상화시킨 것을 분명하게 거부했다. 푸코는 이렇게 썼다. "부부 관계에 대한 그리스도교의 교리를 도식화해서 생식적 목적과 쾌락의 배제로 귀결시키지 않도록 조심해야 한다. 사실 이 교리는 복잡하고 논란을 면할 수 없게 되고, 수많은 변수를 경험하게 된다."[2] 호전적인 동성애자이자 **동성애 이론**——이 이론은 후에 다시 다루겠다——의 창시자인 존 보즈웰로 말하자면, 그는 중세 역사에서 동성애에 관한 그의 자세한 연구를 다음과 같은 말로 시작하고 있다. "본서가 여러 가지 면에서 분명하게 목표로 하고 있는 것은, 동성애자들에 대한 불관용의 기원이——그리스도교가 되었든 다른 종교가 되었든——종교적 믿음에 있다는 관념을 반박하는 것이다."[3]

우리가 상궤를 벗어난 현상에 대해서 이야기하고 있는 것은 의도적인 것이다. 마치 측은한 문맹자들이나 교활한 음모자들이라도 되는 것처럼 성 바울과 알렉산드리아의 클레멘스의 동시대인들, 알렉산드리아의 필론 또는 플라비우스 요세푸스 같은 유대인 사상가들의 동시대인들, 혹은 아우구스티누스의 동시대인들을 상기시키는 것은 상궤를 벗어나는 것이 아니겠는가? 이처럼 넉넉한 회고가 가장 성급한 자들로 분류되는 현대의 평론가들에 의해 이루어진 것이라는 점은 의미심장하다. 비록 이들이 어쨌든 신학에 근거하고 있다고 주장할지라도 말이다.

한 가지 예를 들어 보겠다. 이 예는 풍자적이다. 독일의 한 '여류 신학자'는 프랑스어로 번역된 한 책에서 교황 시리키우스를 '성적인 신경쇠약 환자'로 제시하고, 아우구스티누스에게서는 '심적 장애'와 '병리적인 행동'의 냄새를 맡고 있다. 그녀는 "교회 지도자들이 정치적인 인종 차별만큼이나 심각한 차별을 여자들에 대해 실시했다는 점"을 상기시키고 있다. 그녀는 "하나의 그릇된 성도덕이 부부 침실에 대해 오만한 독재를 거의 2천 년이나 실시하고도 게임을 포기하겠다는 결심을 하지 않았다"고 말하고, '그 견딜 수 없는 가톨릭의 이단'을 아주 단순히 고발하면서 마치고 있다. "이 이단에 따르면 인류의 진정한 범죄는 부부의 침실에서 범해지는 것이지 전쟁터와 공동 묘지에서 이루어지지 않는다는 것이다."[4]

우리가 지적할 것은, 이와 같은 지나친 말들이 그것이 드러내는 본의 아닌 우스꽝스러운 측면을 넘어서, 유감스럽게도 너무 확산되어 있는 건방진 태도를 가장된 현학적 방식으로 반영하고 있다는 것이다. 그것들이 특히 증언하는 것은, 현대인들이 사유를 하는 데 상당히 재앙적인 어림짐작에 익숙해 있다는 것이다. 시대를 반영하는 텍스트들과 논쟁들을 훑어보거나, 또는 진짜 전문가들의 업적을 다시 훑어보는 노력을 하는 이면 누구나 그것들에 대해 약간의 역정을 품게 된다. 그것들이 드러내는 성급한 훈계는 결국 한 진영을 위해 다른 진영에 반대하고, 제대로 확인이 안 되는 '자유주의적인' 경향을 위해 '억압적인' 경향에 반대하여 회고적으로 개업하는 데 있다. 그것은 현재의 이름으로 과거 전체를 다시 문제삼으려는 것이다. 그것은 시대착오적인 방법을 발상해 한순간도 멈추지 않는다. 그것은 조그만 법정의 개념적 무대를 1천 년, 또는 1천5백 년 이전으로 옮겨 놓아 당시의 배우들을 이 무대에 등장하도록 하는 것이다. 그것은 아주 최근에야 마침내 정복된 것이고, 역사에 견주어 볼 때 매우 새로운 '관점'인 개인주의를, 논의의 대상이 된 시대에 이미 획득되었던 것으로 가장하여 제시한다. 이 개인주의는 엄밀히 말해서 예전의 전체주의적 사회에서는 생각되지도, 생각할 수도 없었던 것이다. 그리하여 15세기나 되는 거리를 두고 '종교적인 억압'을 고발할 수 있는 도취적인──그리고 심리적 만족을 주는──편리함을 드러낸다.

3백만 행의 글…

이것이 전부가 아니다. 어떤 새로운 해석학자들은 《성서》가

2천 년 이래로 잘못 해석되어 왔다고 슬퍼하고 있다. 유감스럽게도 로마 교회가 해석상의, 나아가 번역상의 오류에 사로잡혔다는 것이다. 하나의 정당이 잘못 작성된 동의 안에 사로잡힐 수 있듯이 말이다. 이 모든 것을 보았을 때, 종교성에 가장 덜 기울어진 정신의 소유자는 단순한 이성의 이름으로 반발한다.

그는——그리고 우리도——너무 단순하고, 너무 회고적이며, 특히 너무 건방진 다음과 같은 주장에 반대한다. 이 주장에 따르면, 토마스 아퀴나스는 우리가 알 수 없는 어떤 경솔함으로 인해 〈마태복음〉의 해석에서 혼동을 하였다는 것이고(19장 12절: "천국을 위하여 스스로 된 고자(鼓子)도 있도다. 이 말을 받을 만한 자는 받을지어다"), 또는 히포레기우스의 주교였던 아우구스티누스가 과거 자신이 저지른 간음의 충격으로 복음서의 독서를 굴절시켰다는 것이다. 사람들은 순전히 '기술적인' 전달의 문제들이 10세기 내지 15세기 동안 서양 전체의 운명을 굴절시킬 수 있었다는 관념을 본능적으로 거부한다. 마찬가지로 사람들은 오늘날에 와서야 해석학적인 명철함과 현대적인 우월한 지성의 시대가 도래했다는 직선적 주장을 거부한다. 이 명철함과 지성은, 자습 감독이 답안을 수정하듯이 재난을 많이 가져온 그 오해들을 맨 나중에 수정하게 해주는 것이다. 난처하게 만드는 것은 자만과 방법의 순진함이다. 무슨 소리냐고? 이 시대가 이를테면 파스칼이나 크리소스토무스(4세기 교회학자), 마이모니데스(12세기의 유대인 신학자이자 철학자이며 의사), 보쉬에 또는 요한네스(16세기 스페인의 '맨발의 카르멜회' 수도사이자 신비주의자), 에크하르트(13-14세기 독일의 도미니쿠스 수도사이자 신비주의 신학자), 또는 로욜라(16세기 스페인의 예수회 창설자)를 훈계할 수 있을 만큼 명철성에 있어서 유용하고 충분한 이력을 가지고 있단 말인가?

　사람들이 논의도 하지 않고 우리가 받아들이기를 요구하는 관념은——이 관념은 매우 단순하고, 근거가 매우 확실하며, 매우 안심시키는 것이라는 이유로——교회가 2천 년 동안 성의 신비와 행복의 요구에 대한 이해를 집요하게 거부했다는 것이다. 이와 같은 요구 앞에서 순전히 지적인 성급함이 나타난다. 우리는 유대-그리스도교, 그 다음으로 그리스도교의 초기에 어떤 종류의 윤리적인 논쟁이 로마의 스토아 철학, 그리스의 플라톤 철학, 유대인의 지혜에 열중한 로마의 귀부인들을, 다시 말해 오리게네스나 알렉산드리아의 클레멘스의 계획을 방해한 수다스럽고 ‘까다롭게 따지는’ 그 박식한 여자들을 동원했는가를 상기해야 한다. 그리스도교의 사도서나 유대교 종파들의 가르침을 끊임없이 평가하고 재평가했던 그 오만한 귀족들과 주의 깊은 법률가들을 말이다. 그리고 몽매주의자들이라고 매도된 그 수많은 회합의 군중들은 어떻고? 또한 플루타르코스나 에피테토스를 주의 깊게 읽은 그 독자들은?——이들은 뒤처지고 무식하다고 단정되어, 1997년 한 피상적인 평론가가 17세기의 시차를 두고 불러 질의를 하고 경멸적으로 교정할 정도였다.

　사람들은 “멜라니아[4-5세기 로마의 귀부인]——히에로니무스[4-5세기 로마 교회의 신부이자 학자]의 여자 친구——가 오리게네스가 쓴 3백만 행의 글과 소아시아의 작가들을 포함해 보다 최근의 작가들이 쓴 2백만 행의 글을 읽었다는 것을 알고 있는가? 이것이 의미하는 것은, 그녀가 호메로스의 《일리아드》보다 3백 배나 더 많은 그리스도교 문학의 자료를 능란하게 소화했다는 것이다.(히에로니무스의 《편지》)” 사람들은 같은

시기에 로마에서 "마르셀라——과부로서 히에로니무스의 제자
——와 그녀의 여자 동료들이 남녀 그리스도교도들로 하여금
하나의 세계를 이해하도록 도왔다는 것을 잊고 있단 말인가?
이 세계는 그리스의 동방으로부터 온 편지들·원고들, 그리고
교리적인 선언문들로 이루어져 이탈리아에 흘러넘쳤다."[5]

이 사람들이 무식쟁이들인가? 이 먼 조상들이 순진하단 말
인가? 사실 우리 시대가 과거에——그리고 이 시대가 그저 단
순히 더 이상 읽을 줄 모르는 텍스트들에——보내는 그 훈계
들을 통해서, 우리 시대 자체에 대해 서투르게 말하고 있는 것
이며, 혼돈과 건망증 속에서 더듬더듬 자신을 찾고 있는 것이
다. 종교적인 글들에 대한 이 시대의 해석은 실상 하나의 탐구
를 표현하면서 역사의 한순간을 반영하고 있지만, 이 탐구는
때때로 탐구 자체에 대한 자각이 없다. 오늘날의 성급한 고발
은 우선 불안의 징후인 것이다. 그 이상도 그 이하도 아니다.

＊　　　＊
＊

그렇지만 성에 관해 그리스도교가 드러내는 현재의 혼란과
이로부터 비롯되는 규율적인 경직성은 **의심할 여지가 없다**. 실
상 여기에는 최근 타계한 그리스도교 철학자이자 역사가인 알
퐁스 뒤프롱이 우리의 호기심을 유발하며 지적한 사유의 엄청
난 주제가 있다. 그가 1993년에 쓴 다음과 같은 몇 줄의 글은
인용할 만하다. 왜냐하면 그것은 오만도 순진함도 없는 본질적
인 것을 이야기하고 있기 때문이다.

"육체를 포함해 신이 준 증여물에 대한 열광적인 모든 기도

에 대해 오래 전부터 불안해하고 있는 그리스도교적인 비관론, 잃어버린 낙원의 시대 이후로 계속된 타락처럼 인식된 시간에 대한 의식, 현대가 저무는데도 아직도 괴롭히는 영원한 구원에 대한 불안, 이런 것들이 끊임없이 인간의 영육 분리를 유지시키고 있다. 이것이 천사적인 측면은 많고 짐승적인 측면은 거의 없는 인간의 모습이다. 그러나 오늘날 이 짐승적인 측면은 오만하거나 쾌락적인 해방을 열광적으로 구가하고 있고, 교회는 육체의 열광과 도취에 직면하여 빈손이 되어 있다. 교회의 설교는 여전히 도덕적이다. 그것은 자신을 수락하고 유지시키는 그런 규칙이 아니다. 그런데 지금 육체에 있어서 필사적인 인류에게 본질적인 것이 되는 것은 이 규칙이다. 그렇지 않으면 자연적으로 폭력이 발생하는 육체라는 일원론이 승리하게 될 것이다. 이는 교회로서는 불안한 징후이다. 육체가 육체 이외는 다른 목적 없이 무정부적으로 모든 자리를 차지하면 할수록, 가톨릭 교회는 신성한 집단적 치료였던 의식(儀式)을 형식적 예배와 예식 속에 쫓아 버리거나 소홀히 하면서 더욱더 종교로, 다시 말해 '진실의 정신'으로 움츠러들고 있는 것이다."6)

그리스의 사상, 유대교 그리고 그리스도교가 만났던 기원후 초기 3-4세기 동안에 무언가, 엄밀하게 말해서 전대미문의 어떤 일이 분명히 일어났다. 이 무언가는 우리를 서양인으로 만들어 준 것이며, 우리가 자신을 이해하고자 원하는지를 다시 터득하도록 강요하는 것이다.

금지된 것의 근원에

　어떤 다른 영역보다도 더 성도덕에 관해서 우리가 분명히 기억해야 할 것은 **융합**이라는──요컨대 기막힌──관념이다. 초기에 구상되는 원래 그대로의 그리스도교의 메시지는 실상 그리스-로마 사상과 유대교에서 직접적으로 빌려 오고 있다. 바로 이와 같은 분명한 토양 위에서 서양을 창설하는 비상한 만남이 뚜렷이 이루어진다. 그런데 그리스도교가 출현할 당시에, 이 두 큰 흐름(그리스-로마 및 유대교의 흐름)은 둘 다 우리가 청교도적인 경직화라고 부를 수 있는 것을 막 경험했던 참이다. 이교도 쪽을 보면, 앞장에서 우리가 상기했던 분명한 사실이지만, 스토아 철학 그리고 이후의 신플라톤 철학이 그렇듯이 사랑의 정념·욕망·쾌락을 경계한다. 그것은 무질서와 문란을 배척하면서 새로운 성적 금지 사항들과 도덕적 규범들을 지닌다. 이것들이 교회의 초기 교부들에게 심대한 영향을 미치게 되는 것이지 그 반대는 아니다.

　푸코가 잘 지적하였듯이, 성생활에 할애된 그리스도교 초기의 중요한 텍스트들 가운데 하나인 알렉산드리아의 클레멘스의 《교육자》는 "이교의 철학에서 직접적으로 빌려 온 전체적인 원칙과 규범에" 토대를 두었다. "우리는 그 속에서 이미 성행위와 악의 어떤 연관, 생식만을 위한 일부일처제의 법칙, 동성애 관계의 단죄, 절제의 고양을 볼 수 있다."[7]

　그러나 사람들은 당시의 유대교도 마찬가지라는 사실은 덜 알고 있다. 이 유대교는 랍비들의 유대교로서, 이교의 다양한 흐름에 의해 영향을 받았고 분명한 경직화에 의해 특징지어졌다. 성적인 무질서와 그리스-로마 세계가 드러낸 방종의 거부는 이와 같은 변화에서 하나의 역할을 했던 것이다. 제도화된 매춘 행위, 그리고 동성애 ——이것들은 《구약 성서》가 단죄했던 것이다——는 유대교의 랍비들을 격분시켰고, 이들의 반작용은 조시 아이젠버그의 표현에 따르면 "성서 시대의 정숙함을 진정한 퓨리터니즘으로 변모시켰다." 그러나 다른 요소들도 중요했다. 아이젠버그가 상기시킨 바에 따르면, 사도 바울 시대의 유대인 사회는 특히 여자와의 관계에서 더 이상 이전과 같지 않다. 성서적인 종교는 이미 변화해 랍비의 유대교가 되었던 것이다. 그는 이렇게 쓰고 있다. "유대인들의 대부분은 더 이상 유대에서 살지 않고 이산되어(디아스포라) 산다. 종교성의 성격도 변화한다. 그것은 더 이상 신전 예배를 중심으로 집중되지 않고, 율법을 중심으로 집중된다. 정신적인 지배자들은 더 이상 예언자들도 성직자들도 아니고, 새로운 범주의 현인들인 랍비들이다. (……) 그리하여 지식은 권력의 진정한 원천이 된다. 이 지식은 다름 아닌 토라(율법)와 토라의 해설이다. 그런데 이 지식은 남자들의 속성이다. 그리하여 처음으로 남자들의 신분과 여자들의 신분 사이에 실제적인 불균형이 생긴다."[8]

그러므로 그리스도교가 도래하기 전 마지막 몇 세기 동안, 이미 《구약 성서》와 예언자들의 메시지 속에 존재하고 있었던 성적 금지 사항들과 추방은 강화되게 된다. 구체적으로 어떤 것들인가? 예를 들어 주기적인 절제의 규율은 성적인 음란이란 관념을 내포하고 있는데, 원래 유대교에서는 《구약 성서》의 세 대목에 근거했던 것이다. "모세는 시내산에서 내려 그 백성 히브리인들에게 이르러 오늘과 내일 성결(聖潔)케 하며, 이르되 예비(豫備)하여 제3일을 기다리고 여인을 가까이 말라 하였다.(〈출애굽기〉 19장 14절) 제사장 아히멜렉은 다윗과 소년들이 3일 동안이나 부녀(婦女)를 가까이하지 아니하였음을 듣고서야 그 거룩한 떡을 내놓는다.(〈사무엘상〉 21장 1-6절) 마지막으로 〈레위기〉(15장 18절)에 따르면, 남녀가 '동침하여 설정(泄精)' 하면 저녁까지 부정(不淨)하리라 하였다."[9]

유대교와 가정

실생활에 있어서 여러 가지 다양한 성적 금지 사항들은 가혹하게 제재로서 뒷받침되었다. 조시 아이젠버그는 이렇게 지적한다. "일반적으로 간통에다 다양한 근친상간을 필두로 하여 동성애, 그리고 동물 편애와 같이 가장 심각한 것으로 간주된 성적 금지 사항들을 위반할 경우에 처벌은 사형이었다." 간통을 징벌하는 데, 〈레위기〉(20장 10절)는 매우 분명하다. "누구든지 남의 아내와 간음하는 자, 곧 그 이웃의 아내와 간음하는 자는 그 간부(姦夫)와 음부(淫婦)를 반드시 죽일지니라." 동성애의 문제에 대해서도 역시 〈레위기〉는 엄격하다. "너는 여자와 교합함같이 남자와 교합하지 말라. 이는 가증한 일이니라."(18장 22절) 또는 "누구든지 여인과 교합하듯 남자와 교합하면 둘 다 가증한 일을 행함인즉 반드시 죽일지니, 그 피가 자기에게로 돌아가리라."(20장 13절)

이교의 신 베스타를 섬기는 무녀들이나 아폴론의 신탁을 받은 무녀들 같은 많은 여사제들과는 달리, 여자들은 제사나 성직의 직분으로부터 제외되었다. 월경과 관련된 불순의 원칙이 그녀들로 하여금 일을 어렵게 만든다는 것이다. 그러나 여자들은 또한 불신을 야기시켰는데, 이 불신이 성적인 것으로부터 비롯되었다는 것은 의심의 여지가 없다. 피터 브라운은 이렇게 쓰고 있다. "유대 민중의 지혜가 강조한 것은, 이교도들의 지혜와 마찬가지로 여자들의 유혹의 계략이었고, 아이를 잉태했고 남자와 잠자리를 같이했다는 구실 아래 여자들이 요구하는 권리로부터 생기는 혼란이었다. 잊지 말아야 할 것은 '마음의 단순성'은 심층적으로 남자의 품성이었다는 것이다. 마음이 곧은 남자들은 여자들에게서 '마음이 표리부동'한 진정한 원인을 보는 경향이 있었다. 여자들은 남자들이 서로 싸우도록 만드는 음탕과 질투를 부추긴다는 평판을 가지고 있었다."[10]

더욱이 《탈무드》는 여자들이 지닌 유혹의 힘에 대해 애정이 없다. 그것은 여자들의 '얄팍한 정신'을 비난하고, 여러 번에 걸쳐 여자들을 마녀들과 동일시하고 있다. 그것은 이렇게 단언한다. "여자들 가운데 가장 훌륭한 여자는 마녀이다. 마법은 여자들 가운데 더 확산되어 있다."[11]

일반적인 음란에 대해서 말하자면, 예언자들이 그것을 비난하는 일이 반복된다. 예를 들어 예언자 호세아는 이스라엘의 도덕적 부패를 이렇게 규탄한다. "이스라엘 자손들아, 여호와의 말씀을 들으라. 여호와께서 이 땅 거민과 쟁변(爭辯)하시나니 이 땅에는 진실도 없고, 인애도 없고, 하나님을 아는 지식도 없고, 오직 저주와 사위(詐僞)와 살인과 투절(偸竊)과 간음뿐이요. 강포하여 피가 피를 뒤대임이라."(〈호세아〉 4장 1-2절) 예레미야는 유명한 대목에서 더욱 통렬한 표현을 사용해 동시대인들의 음란을 단죄한다. "그들은 살찌고 두루 다니는 수말같이 되어 각기 이웃의 아내를 따라 부르짖는도다."(〈예레미야〉 5장 8절)

성적 금지 사항들의 이와 같은 편재에도 불구하고, 《구약 성서》는 우리가 가정과 생식의 초가치화라 부를 수 있는 것을 그 어떤 것보다 상위에 놓는다. 그것이 이 금지 사항들에 방향을 제시하고 엄격성을 완화시킨다. 유대교의 모든 것이 특별히——기막히게——존중하는 것은 가정이고, 모성애이며, 어린이 교육에 기울이는 정성이다. 이와 같은 우선적 요구는 독신이나 순결의 찬양을 어렵게 상상하도록 만들고 있다. 어머니가 된 여자에 대해 사람들은 그녀가 '이루어졌다'고 말한다. '아들(ben)'이라는 단어는 동사 구축하다(bnh), 이루다(construire)로부터 파생된다. "불임과 임신이란 주제들은 거의 강박관념적으로 〈창세기〉를 관통한다. (……) 세 족장의 아내들이 불임이 되었다. 그렇기 때문에 〈창세기〉는 이 아내들이 아이를 낳기 위해 벌이는 혹독한 투쟁을 줄거리로 하고 있다. 그리하여 그것은 불임과 다산을 《성서》 초기 시대의 강박관념적인 대사(大事)로 만들고 있다고 말할 수 있을 것이다."[12]

《성서》의 〈잠언〉에서 우리는 가정주부에 대한 자세하고 두드러진 찬사를 만난다. "밤이 새기 전에 일어나서 그 집 사람에게 식물(食物)을 나눠 주며, 여종에게 일을 정하여 맡기며, (……) 고운 것도 거짓되고, 아름다운 것도 헛되나 오직 여호와를 경외하는 여자는 칭찬을 받을 것이라." 피터 브라운은 이렇게 요약한다. "유대교에서 여자들은 랍비들의 중심 활동으로부터 멀리 떨어져 있었다. 아주 드문 특별한 예외를 제외하고, 여자들은 토라(모세의 율법)를 집중적으로 공부하여 전통을 전달하는 일에 참여하는 일을 하지 못했다. 그 대신에 결혼한 여자는 이스라엘의 생물학적 계속성을 확실히 했다. 그녀는 학자들과 학자들의 자손들이 나오는 가정을 유지했다."[13]

생식과 가정을 이처럼 절대적으로 우선시하는 생각이 매우 강했기 때문에, 《구약 성서》는 임신과 종의 생존이 문제될 때마다 가장 심대한 것들을 포함한 성적 금지 사항들이 위반되는 것을 때때로 용납했던 것이다. 롯의 딸들에 관한 에피소드는 이를 가장 잘 드러내 준다. 그것은 신의 불로 소돔이 파괴된 이후에 위치한다. 롯과 그의 딸들은 종말론적 분위기 속에서 달아난다. 바로 이때 딸들은 **생식을 할 수 있도록** 아버지와 근친상간을 저지르기로 결심한다. "큰딸이 작은딸에게 이르되, 우리 아버지는 늙으셨고 이 땅에는 세상의 도리를 좇아 우리의 배필될 사람이 없으니 우리가 우리 아버지에게 술을 마시우고 동침하여 우리 아버지로 말미암아 인종(人種)을 전하자 하고."(〈창세기〉 19장 31, 32절) 그런데 《성서》의 금지 사항(근친상간!)을 이처럼 심대하게 위반하는 것은 텍스트에서 전혀 단죄되지 않고 있다.

아브라함의 가계에서 세 세대 이후에 일어나는 오난의 모험이 지닌 의미도 마찬가지이다. 다말은 유다의 장자인 엘(아브라함의 증손자)과 결혼했지만, 엘은 아들 없이 죽는다. 수혼제의 율법에 따라 다말은 시동생 오난과 결혼한다. 오난은 아내를 임신시키는 대신에 밖에다 사정을 한다. 그의 고독한 쾌락에 대한 기호(嗜好) 때문이 아니라, 이와 같은 생식의 거부 때문에 그는 혹독하게 단죄되고 죽음의 벌을 받는다. "유다의 장자 엘이 여호와 목전에 악하므로 여호와께서 그를 죽이신지라."(〈창세기〉 38장 7절)[14]

랍비의 경직화

그러나 기원전 마지막 몇 세기 동안, 유대교는 엄격한 경직화의 방향으로 나아가는 내적 변화를 경험하게 된다. 이 변화는 이른바 **야훼 중심적** 이야기의 옛 텍스트들(기원전 8세기)과, 이보다 3세기 이후에 씌어진 《성직 문서》에 나타난 보다 엄격하고 보다 성직 옹호적인 일신론 사이에 이미 감지되었다.[15] 그것은 더욱 두드러지게 된다. 이른바 경외서들에서 간음의 비난은 확대된다. 예트서 하라(Yetser Hara), 다시 말해 '나쁜 성향,' 충동·성욕이라는 새로운 개념이 나타난다. 장 다니엘루는 이것을 악령 또는 성적 본능이라 해석한다. 그는 이렇게 쓴다. "성은 그 자체로서 인간의 어떤 나쁜 원칙과 연관되어 있는 것으로 나타난다. 이때부터 사람들은 유대-그리스도교의 금욕주의가 지닌 다른 측면들을 이해한다. 세례 이외에도 정화 목욕을 하는 관습은 에비옹파와 엘크하자이파에서 발견될 뿐 아니라 다른 데서도 존재한 것처럼 보이는데, 이것 역시 동일한 원칙과 연관된다."[16]

경직화를 드러내는 또 다른 분명한 표시는, 기원후 초기에 씌어진 몇몇 유대인의 텍스트들이 《구약 성서》보다 훨씬 더 신랄한 반여권주의를 나타내는 대목들을 포함하고 있다는 점이다. 조시 아이젠버그는 두 개의 예를 인용한다. 예루살렘의 탈무드(《샤바트의 계약》, II, 6)에 여자들에 대한 다음과 같은 글이 있다. "여자들은 피를 잃는다. 왜냐하면 이브가 아담을 죽여 세상에 죽음을 도입했기 때문이다. 여자들은 반죽을 떼어내야 한다. 왜냐하면 아담이 세계의 반죽이었기 때문이다. 끝으로 여자들은 샤바트의 불을 켜야 한다. 왜냐하면 그녀들이 세계의 불을 꺼버렸기 때문이다.”《라바 창세기》(17, 88)에 나오는 다음과 같은 대목은 더욱더 격렬하다. “왜 남자가 아니라 여자가 향수를 뿌려야 하는가? 그것은 아담이 흙으로부터 창조되었고 흙은 악취를 풍기지 않는 데 비해, 이브는 하나의 뼈로부터 창조되었기 때문이다. 그런데 네가 고기에 소금을 치지 않고 3일 동안 놓아두면, 그 고기는 악취를 풍기느니라.”

유대교의 이와 같은 변화는, 특히 직접적으로는 페르시아로부터 그리고 아마 인도로부터 도래한 영적 인식(gnose),[17] 인식(connaissance)이라 불리는 비관론적 경향의 영향하에 이루어진다. 이 경향은 모든 존재의 헛된 성격을 선언하고, 결혼·고기 및 술의 소비를 거부한다. 유대교에 대한 그것의 영향은 무엇보다도 급진적인 성적 엄격주의를 설파하는 종파들의 증가를 통해 나타난다. 1947년에 사해에서 발견된 원고들과 이것들에 대한 해독은 이 단체들에 대해 보다 많은 것을 알게 해주었는데, 이들이 초기 그리스도교에 미치는 영향은 결정적이 된다. 에세네파 혹은 장 다니엘루가 ‘유대교의 측면’이라고 간주하는 쿰란〔Qumrân, 비가 많이 올 때만 흐르는 강이라는 이름으로부터 비롯되었다〕파는 가장 급진적인 파들에 속하게 된다. 자신들을 이스라엘의 전사들로, 전투 태세를 갖춘 군대로 간주하는 그들은 남성 신도들에게 독신과 동정을 지키는 서약을 하도록 요구한다. 그들이 볼 때 피터 브라운의 표현에 따르면, “단순한 시민들의 무질서한 상태 속에 자신을 흩어지게 해서는 안 되었다. 이 시민들의 정액은 제멋대로 흐르는 데 비해 그들은 쾌적하게 그들의 아내와 잠자리를 함께 했다.” 어쨌든 그들은 이교의 전통에 반대하여 혼잡·나체, 그리고 고대 도시의 젊은이들 사이에 이루어진 동성애에 대한 절대적인 혐오를 품는다. 그들은 여자의 월경 주기와 남자의 정액 방출을 관리하는 정화 의식에 대해 대단한 주의를 나타낸다.

우리는 이와 같은 엄격한 종파에 대한 플리니우스의 평가(그의 《박물지》에서)와 만난다. 그것은 당시의 이교도들이 생각할 수 있었던 것을 상당히 잘 드러내고 있다. "여자라곤 하나도 없고 모든 사랑의 쾌락을 거부하고 있으니, 세계의 어떤 다른 종족보다 놀랍고 유일한 종족으로서, 무수한 세월 동안(믿을 수 없는 일이다) 아무도 태어나지 않는 종족이 영속화되고 있는 것이다." 이 묘사는 《유대 전쟁사》의 저자로서 기원후 1백 년경에 죽은 플라비우스 요세푸스라는 유대인 역사가의 묘사와 상당히 가깝다. 그는 이렇게 쓰고 있다. 에세네파는 "무언가 악으로부터 멀어지듯 삶으로부터 멀어지고, 절제를 미덕처럼 신봉한다. 그들은 결혼에 대해 호의적이지 않은 견해를 지니고 있다. (……) 그들은 어떤 여자도 남편에게 충실할 수 없다는 확신을 가지고 여자들이 절개가 없다고 경계한다."

그러므로 성도덕과 관련하여 그리스도교의 탄생과 뒤이은 4세기는 이교의 스토아 철학, 랍비의 새로운 엄격주의, 그리고 동양의 그노시스로부터 영감을 얻은 유대인 종파들이라는 3중의 영향에 의해 조건지어지고 있다. 우리가 오늘날 교회의 교부들에게 그 책임을 전가하고 있는 성적 금지 사항들의 본질은 사실 이와 같은 결정적 합류 속에 들어가 있는 것이다.[18]

하나의 상징적 인물이 이 합류를 전체적으로 요약하고 있다. 예수와 동시대인인 알렉산드리아의 필론이 그이다. 그는 그리스화된 유대교를 대표하는 비상한 교양인으로서, 유대인의 신앙을 스토아 철학으로부터 영감을 받은 그리스 철학에 결합시키려고 전력을 기울였다. 그런데 그가——자율적인 그리스도교가 탄생하기 전부터——설파하는 성도덕은 매우 엄격하다. 필론은 생식을 결혼의 유일한 목적으로 찬양한다. (쾌락의 추구는 반대한다.) 그는 임신을 하지 못한다고 알려진 여자와의 관계를 단죄함으로써 그리스인들보다 더 멀리 나아간다. 이 관계는 쾌락의 갈망에 불과한 것이기 때문이다. 그는 피임을 규탄하고, 동성애를 믿을 수 없을 정도의 가혹한 표현을 써 단죄한다. 왜냐하면 그는 "여자같이 나약한 남자는 (……) 주저하지 않고 죽여야 한다"고 권장하고 있기 때문이다. "이 나약한 남자는 자연의 작품을 흉하게 훼손하고, (……) 자신의 정액을 사라지게 함으로써 도시를 황무지로 만들고, 주민이 사라지도록 하는 데 기여하는 것이다."

'엔크라티즘' 의 전복

그렇다면 《신약 성서》는 혁신시킨 것이 아무것도 없다는 말인가? 그건 전적으로 옳은 것이 아니다. 그리스도교와 더불어 열기로 들끓는 동방에서 1세기에 나타나는 것은 유대-스토아 철학의 엄격주의와 단절이 아니라(사실은 계속성이 있다), 강력한 굴절을 나타내는 '육체' 의 인식이다. 그 이후로 이 굴절은 하나의 교의로서 승리하지 못하고 끊임없이 논쟁의 대상이 된다. 사실 이 최초의 논쟁은 역사가 진행되는 동안, 그리고 오늘날까지 멈추지 않았다고 해도 지나치지 않다.

그리스도교가 도입한 매우 중요한 이 굴절을 묘사하기 위해 폴 베인은 아름다운 메타포를 사용하고 있다. "육체와 죄의 시대가 쾌락을 관리하는 시대의 뒤를 잇고 있으므로 인간은 매사를 합리적으로 통제하는 관리자나, 자신이 모는 자동차의 궤적을 미터당 최선을 다해 조작하는 자동차 경주 선수도 이제 아니다. 그는 미개한 지방을 돌아다니는 여행자이고 개척자이다. 이 개척자는 야수들을 경계하고 있어야 한다. 이 야수들은 죄의 유혹이라 불리는 것으로, 아무때나 불시에 그를 공격할 수 있기 때문이다. 그것들 가운데 하나는 음란으로서, 지옥의 첫번째 노래에서 단테라는 여행자를 삼켜 버릴 뻔한 것이다."[19]

오늘날 우리의 정신은 '육체의 단념'이라는 이와 같은 계획을 상상하기가 어렵다. 이 계획은 시리아나 팔레스타인의 일부 남녀 그룹들 전체를 갑자기 열광케 한다. 사실 처음에 절대적인 순결이라는 이와 같은 관념을 지방에서 지방으로 전파하는 자는 신학자들이 아니라, 유랑하는 설교자들이 이끄는 남성 혼합 공동체들이다. 가난한 이들은 절대적인 절제와 천국의 기대에 도취된 채 노래를 부르며 지중해 주변을 돌아다닌다. 의심에 찬 이교도들의 눈으로 볼 때, 당시의 그들은 "항구적인 고요함과 남녀 사이의 일종의 순결한 우정"을 드러내는 아연한 이미지를 제시하고 있다. (그들의 관점에서 볼 때) "성신의 돌봄으로 예전에 그들의 육체를 가로질렀던 무서운 경향이 분명하게 단절되었다는 것이다. 배신이 일어나, 그 옛날에 충전된 남극과 여극 사이에 어떤 불꽃이 솟아오른다는 것은 있을 수 없는 일이었다."[20]

이것은 신비주의적인 광기의 방식인가? 20세기말 종파적 현상과 비교될 수 있는 정신의 이상이라고 할 것인가? 에세네파들과 동양의 그노시스파를 직접적으로 이어받은 이 운동은 곧바로 이론화되고 조직화된다. 그것은 1세기말부터 교회의 교부들 가운데 신학자들과 개종자들을 가지게 된다. 반대로 결혼과 생식에 여전히 집착하는 모든 사람들은 이들과 대립하게 된다. 그리하여 초기 그리스도교 교회 내부에, 아니면 교회 밖에(마니교적인 이단의 경우에서 보듯이) 성과 관련하여 극단주의적인 하나의 축이 형성되게 되는 것이다. 이 축은 유대교와 관련된, 기원전 마지막 시기의 유대교 종파들의 존재와 비교될 수 있다. 사람들은 이 운동을 '엔크라티즘(encratisme)'이라 부르게 되는데, 이 말은 절제를 의미하는 그리스어의 **엔크라테이아** (enkrateia)에서 나왔다. 12세기의 카타르파는 이 엔크라티즘의 먼 상속자가 된다.

이 최초의 엔크라티스트들 내면에는 어떤 종류의 동기가 들어앉은 것인가? 우선 그들은 자신들이 종말론적 시대, 다시 말해 천국의 도래가 가까이 온 시대에 살고 있다는 확신을 가지고 있다. 보다 분명하게 말하자면, 이 남녀들은——사도 바울이 그러했듯이——**자신들이 살아 있는 동안에 이 세계의 종말을 경험하리라는 확신을 가지고 있는 것이다.** 엔크라티즘에 대한 어떠한 해석도 우선적으로 이와 같은 종말론적 관점을 개입시키지 않는다면 의미가 없다. 그리하여 절제를 선택함으로써, 물론 이 최초의 그리스도교도들은 어떤 도덕을 세운다거나, 사람들이 흔히 믿듯이 지속적인 어떤 '문명'을 세우려는 염려를 하지 않는다. (더구나 생식(生殖)을 하지 않는데, 그런 것은 터무니없는 일일 것이다.) 반면에 그들이 서둘러 원하는 것—— 그들은 이것을 자신들의 의무로 만들기까지 한다——은 '이 세계'의 붕괴이다. 이 세계는 "메시아의 해일에 의해 곧바로 휩쓸려 가버릴"[21] 세계인 것이다.

그러므로 지상 질서의 **음울한 지속**에 집착하는 이교의 세계

앞에서, 그들의 행동 방식은 가장 강한 의미에서 전복적이고자 한다. 마르키온·타티아노스 또는 발렌티누스(이들은 엔크라테 이아파의 최초 세 스승들이다)가 표현하게 되듯이 '우주에 맹위를 떨치고 있는 화재'와 '세계를 구원하러 오는' 그 '무시무시한 불'(성(性))을 차단해야 한다는 것이다. 자제를 한다는 것은 불의 스위치를 작동시키는 것이고, '인류의 폭포 같은 물결'을 멈추게 하는 것이며, 하늘의 왕국을 위해 '지상의 왕국'을 서둘러 소멸시키는 것이다.

이와 같은 전복은 매우 추상적인 방식으로 오로지 이 지상의 세계에 대항해서 전개된다. 그것은 또한 고대의 도시 자체는 물론 로마 제국을 표적으로 하고 있다. 엔크라테이아파 그리스도교도들은 단지 생식(生殖)만을 거부하는 것이 아니다. 그들은 폭력, 따라서 군복무도 거부한다. 바로 가정과 군대라는 이와 같은 이중의 거부가 네로의 학대 이후, 3세기 벽두에 반그리스도교적인 학대의 복귀를 야기시키게 된다. 그리스도교도들을 직접적으로 겨냥한 최초의 법률적 행위는 202년에 세베루스 황제가 공포한 칙령이다. "세베루스 황제가 가정을 공고히 하고자 애쓰면서 결혼에 대한 법률을 개정하던 때에, 그리스도교도들은 결혼을 단죄하고 모든 형제들에게 절제를 촉구했다. 제국의 국경이 동쪽은 파르티아인들에 의해, 북쪽은 스코트족에 의해 위협받고 있어 모든 힘을 동원해야 했던 때에 그리스도교도들은 군복무를 거부하라고 권유했다."[22]

'이 모든 것의 원인' …

그러나 적어도 초기에는 다른 동기들도 이와 같은 엔크라티스트 경향을 탄생시키는 데 작용했다. 그것들 가운데 우리가 언급해야 할 것은——왜냐하면 그것은 역사에서 불변수가 되기 때문이다——초기 그리스도교도들을 향한 방탕의 비난으로부터 벗어나고자 하는 욕망이다. 남녀가 함께 공동체로 살아간다는 사실, 다시 말해 혼잡한 상태 속에서 남자들과 여자들이 뒤섞여 예배를 올린다는 사실은 그들로 하여금 방탕, 나아가 음탕의 혐의를 받게 하는 것이다. 타시투스와 플리니우스 같은 많은 이교도 저술가들은 그리스도교가 동성애를 포함해 성적 문란을 조장했다고 역설적으로 비난했다. 절제의 옹호와 실제적인 실천은 이와 같은 비난에 그만한 반박을 형성하게 된다.

같은 이유로 이교가 지닌 자발적인 거세의 전통(사실 이는 매우 오래 된 전통이다)은 그리스도교 초기에 호의적인 소생을 경험한다. 여러 복음서 저자들이 이에 대한 암시를 하고 있다. 누가는 "하나님의 나라를 위하여 집이나 아내나 형제나 부모나 자녀를 버리고" 예수의 제자가 된 기혼 남자들을 환기시킨다.(18장 28절) 마태는 "천국을 위하여 스스로 된 고자(鼓子)도 있다"고 덧붙인다. 그들이 수행하는 사명의 강도가 그들로 하여금 결혼에 적합치 않게 만들었던 것이다.(19장 12절) 수도원들에서 나온 출처들은 원시 그리스도교 시대에 절망에 빠진 수도사들이 여러 번에 걸쳐 스스로 거세를 시도했지만 실패한 피로 물든 이야기를 전해 주고 있다. 요한의 《외경》(53-54, 2, 241)은 한 젊은이의 경우를 인용하고 있는데, 이 젊은이는 "여기에 그 모든 것의 모델이자 원인이 있다"라고 선언하면서 낫을 이용해 장관을 연출하면서 스스로 거세를 했다는 것이다.

유스티누스 시대에 알렉산드리아의 한 젊은이는 총독에게 거세를 허락해 달라고 요청했다. 왜냐하면 그는 그리스도교도 남자들이 '여신도'들에게 어떤 성적인 호의를 추구하고 있지 않다는 것을 이교들에게 설득시키고자 기대했기 때문이다. 오리게네스로 말하면, 그는 206년경에 은밀하게 의사를 찾아가 거세를 받았는데, 이는 (그의 추종자들에 의하면) 그가 그리스도교 여신도들과 내밀한 관계를 즐기고 있다는 중상적인 소문을 잠재우기 위한 것이었다.

이와 같은 의도적인 거세들은 고립된 경우들이 아니다. 그것들은 적어도 두 황제가 거세를 금지시키려고 억압적인 조치를 취할 정도로 증가되었던 것이다. 이 두 황제는 도미티아누스(96년에 죽음)와 하드리아누스(138년에 죽음)로서, 후자는 거세를 죽음으로 징벌하고 이를 실시한 의사들에게까지 이 처벌을 확대했다.

그러나 엔크라티스트들이 절제를 선택한 것——이 선택이 극단적으로 치달았다는 것을 항상 함축하는 것은 아니다——은 보다 교의적인 다른 목적이 있었다. 이 목적은 오늘날 우리가 '정체성'이라고 부를 수 있는 것을 분명히 주장하면서 유대교로부터 벗어나려는 것이다. 유대교와 그리스도교가 깊이 얽혀 있던 1세기말부터 엔크라티스트들은 집단으로서 존속하기 위해 유대교의 율법처럼 분명하게 확인할 수 있는 규범을 갖추고자 했던 것이다. 그리하여 유스티누스는 예수가 그들에게 "이전의 법을 폐지시키는 법에 대항한(……) 법"을 내놓았다고 주장했다.(《트리포와의 대화》, 11, 2)

그런데 세밀하게 법제화되고 규제된 성적 금지 사항들은 당시까지 유대인들과 이교도들 사이의 주요한 차이점을 구성했다. 엔크라티스트 그리스도교도들은 이 분야에서 자신들이 한 술 더 떠야 한다고 믿었다. 그들이 볼 때 성은 더 이상 단순히 규제되어야 하는 것이 아니라, 인류가 예속 상태에 추락했다는 상징으로서 무조건적으로 배척되어야 했다. 예를 들어 2세기부터 유스티누스(그는 처형된다)는 그리스도교가 결혼한 신자들이 지키는 성적 규범의 엄격함을 통해 다른 모든 종교들과 구분되는 것으로 제시했다.

피터 브라운은 이렇게 지적한다. "뿐만 아니라 유스티누스 시대의 그리스도교도들은 절제와 성적 영웅주의에 일방적으로 집중하면서, 자신들을 평등주의적이고 진정으로 보편적인 종교의 전달자들로 소개하는 방법을 찾아냈다. 그들은 인간 존재들이 모두 얼마나 욕망에 무너지기 쉬운가를 강조함으로써, 하나의 '인간 조건을 발견하거나 창안해 낼 수가 있었다. 이 인간 조건은 (……) 복잡성의 토대가 되고, (그렇게 함으로써) 복잡성은 혼돈의 단순성을 파생시키는 것이다."[23]

그러므로 그리스도교 초기(이 시기는 유대-그리스도교라고 말하는 편이 나을 것이다)부터 엔크라티즘의 흐름은 특별한 권위를 누리고 있기 때문에 그만큼 강력하다. 그것의 추종자들은 육체의 유혹뿐 아니라 폭력 및 고문과도 침착하게 대결할 수 있는 정신적인 운동 선수들, 금욕의 대가들로 인식된다. 그러나 그들이 전그리스도교 공동체를 나타내는 것은 아니다. 바로 이 점에 관해 사람들은 가장 심각한 오해를 범하고 있다. 사도 바울의 서한은 그리스도교 공동체들 내에 성·결혼·생식(生殖)에 관한 태도의 다양성이 실로 얼마나 영속하고 있는지를 보여 주고 있다.

성 바울의 '타협'

타르수스(다르소)의 바울은 이산된 유대인 바리새인으로서
—— '다마스쿠스로 가는 길'에서 ——그리스도교로 개종했는
데, 흔히 (아우구스티누스와 더불어) 그리스도교의 진정한 창설
자로, 그리고 어찌되었든 이른바 가톨릭 금욕주의의 최초 책임
자로 소개된다. 사실 교회 내부에도 그에 대한 해석학자들 가
운데 일부학자들은 다소 지나치다고 판단할 수 있는, 바울 신
학에 대한 이와 같은 해석에 부분적인 책임이 있게 된다. 예를
들어 《성서》를 번역했으며, 바울의 가르침에 대한 엄격주의적
이고 부정확한 교정에 책임이 있는 4-5세기의 히에로니무스가
그런 경우이다. 분명한 것은 바울의 많은 텍스트들이 변질되었
으며, 특히 그가 죽고 난 후 도구화되었다는 점이다. 예를 들어
여자 문제에 관해서 오늘날 그리스도교 에세이스트인 로르 에
이나르는 다음과 같이 자문한다. "성 바울은 어느 날 고린토의
몇몇 부인들의 무례를 보고서 몸가짐을 바르게 하라고 명하였
다. 그런데 우리가 생각해 볼 수 있는 것은, 그가 자신의 이 명
령이 19세기 동안이나 서구 세계 전체의 인간들 가운데 절반
이 처한 열등한 상황을 신학적으로 정당화시키는 구실을 할 수
도 있다는 점을 알았다면, 참으로 놀랐을 것이라는 점이다."[24]
사실 바울이 개종하여 67년 로마 감옥에서 순교할 때까지,
그의 전인생은 성문제에 관해서 보면 오히려 끊임없는 **타협**의
모습으로 나타난다. 아니면 그것은 이런 표현이 더 좋다면, 그

리스도교로 개종중에 있었던 서부 소아시아(현재 터키와 그리스 사이에 있는 지역)의 이교도 공동체 및 가정들의 온건 노선과 엔크라티스트들의 극단주의 사이의 끊임없는 **타협**의 추구처럼 나타난다.

유대인으로서 바울은 〈레위기〉의 금지 사항들과 에세네파가 주장하는 금기 사항들을 완벽하게 알고 있다. 이교도들을 신의 왕국에 들어오게 하는 임무를 띤 복음의 전도사였지만, 여전히 그는 고린토·에페소스 또는 데살로니가의 새로운 그리스도교도들이 요구하는 특별한 사항들을 의식한다. 이들은 "우리의 주님 예수께서 모든 성인들과 함께 재림하시기" 전까지의 그 무한정한 기간 동안 가정 생활을 영위하고자 하는 것이다. 많은 서한들에서 후대의 해설자들이 성급하게 잊어버리게 되는 화해에 대한 고심이 나타나고 있다. 마찬가지로 사람들이 습관적으로 잊어버리게 되는 것은 바울 역시, 특히 절제의 문제에 접근할 때면 종말론적 관점에서 —— 항상 —— 자신의 견해를 표명한다는 점이다. 바울이 확신하고 있는 것은 결정적인 사건들의 임박성, 다시 말해 자신이 살아 있는 동안 경험하기를 기대하는 천국의 도래이다.

이러한 확신은 그의 서한들 속에 여러 번에 걸쳐 명료하게 단언되고 있다. "각 사람이 부르심을 받은 그 부르심 그대로 지내라."(〈고린도전서〉 7장 20절) "그후에 우리 살아남은 자도 저희와 함께 구름 속으로 끌어올려 공중에서 주를 영접하게 하시리니, 그리하여 우리가 항상 주와 함께 있으리라."(〈데살로니가전서〉 4장 17절) "곧 임박한 환난을 인하여"(〈고린도전서〉 7장 26절), "세상 물건을 쓰는 자들은 다 쓰지 못하는 자같이 하라. 이 세상의 형적은 지나감이니라."(〈고린도전서〉 7장 31절)

나머지에 대해서 말하자면, 현대의 전문가들은 수많은 어림 짐작뿐 아니라 조작들을 고발할 수 있는 좋은 기회를 가지고 있다. 그것들이 바울을 엄격주의의 서글픈 창안자로 나타나게 해주었던 것이다. 몇 개의 예만을 제시해 보자. 이와 관련하여 과장되어 나타난 바울의 문장들은 〈고린도전서〉 7장에서 발췌된 것이다. 그것들은 이러하다. "나와 같이 그냥 지내는 것이 좋으니라."(7장 8절) "만일 절제할 수 없거든 혼인하라. 정욕이 불같이 타는 것보다 혼인하는 것이 나으니라."(7장 9절) "음행의 연고로 남자마다 자기 아내를 두고 여자마다 자기 남편을 두라."(7장 2절) "서로 분방(分房)하지 말라. 다만 기도할 틈을 얻기 위하여 합의상 얼마 동안은 하되 다시 합하라."(7장 5절)

사람들은 문제의 문장들을 인용할 때, 그가 이 문장들 하나로써 엔크라티스트들이 서신으로 그에게 제기한 문제에 답변하고 있다는 사실을 명시하지 않는다. (따라서 유명한 문장 "남자가 여자를 가까이 아니함이 좋으나"라는 구절은, 히에로니무스가 주장하는 것과는 반대로 그가 말한 것이 아니라 그의 대화 상대자로부터 나온 것이다.) 더구나 그는 젊은 고린토인들과 마주하고 있는데, 이들 가운데 어떤 이들은 매춘을 찬양하고, 또 어떤 이들은 근친상간에 대한 관용을 나타내고 있다. 또 어떤 이들은 계시를 받았거나 엔크라티스트들이다. 그의 대답은 엔크라티즘에는 어떤 진리가 있다는 것을 표명하면서도, 그것을 단죄하고 있다. 요컨대 그는 대화 상대자들에게 이렇게 대답하는 것이다. 천사의 모습을 하고 싶은 자가 금수의 모습을 나타낸다.

크사비에 레옹뒤푸르는 이렇게 요약한다. "그(바울)는 엔크라티즘이 변질시킨 진리의 일부를 유지하면서, 단순히 자신의 상식을 나타내고 있다. '여자를 가까이 아니함이 좋으나' 라고 말했다 이거지요? 주의하세요. 그건 합의에 따른 것이다. (사용된 그리스어의 표현을 그대로 옮긴다면) '교향악적으로' 합의에 따른 것이고, 그것도 잠시 그런 것이다. 끝으로 특히 순수한 금욕, 즉 현실을 풍자하는 약간의 성적 훈련은 문제가 되지 않는다. 이와 같은 절제는 단지 기도에서만 의미를 가지고 있기 때문이다."

뿐만 아니라 사람들이 일반적으로 언급을 망각하는 것은, 같은 사도 서한 앞에 인용된 문장들이 그 중요성이 매우 다른 다음과 같은 문장들을 동반한다는 점이다. "남편은 그 아내에 대한 의무를 다하고, 아내도 그 남편에게 그렇게 할지라. 아내가 자기 몸을 주장하지 못하고 오직 그 남편이 하며, 남편도 이와 같이 자기 몸을 주장하지 못하고 오직 그 아내가 하나니 서로 분방(分房)하지 말라."(7장 3-5절) 그리고 "장가 간 자는 (……) 어찌하여야 아내를 기쁘게 할꼬 하여 마음이 나누이며, (……) 시집 간 자는 어찌하여야 남편을 기쁘게 할꼬 하느니라."(7장 33-34절)[25]

이 몇 행만으로는 우리가 많은 장서들에 자양을 준 바울의 경우에 대해 보다 상세히 논할 수 없으리라. 다음의 내용을 이해하기 위해 대수로운 것은 아니지만 필요한 지적을 하는 것으로 만족하자. 세월을 거쳐 오면서 바울의 서한들로부터 발췌한 1백 내지 1백50여 개의 동일한 단어들에 대해 내려진 끝없는 주석은 3중의 결과를 가져왔다. 첫번째는 이 말들에서 정신적인 중요성을 박탈하면서 그것들을 모호하게 만들었고, 다음으로 그것들이 지닌 모든 현실적 견고성을 제거했으며, 마지막으로——때로는——의도적으로 마음을 가라앉히는 단순한 추측들에 불과했던 것에 교리의 외관적 모습을 부여했다는 것이다. 바울의 메시지가 세월이 흐르는 동안, 말하자면 교화적인 의도 속에서 자의적으로 변질되었다는 점은 말하지 않더라도 말이다.

그러나 그 이후——아우구스티누스까지——3세기 반 동안 논쟁은 끝나지 않았다.

이교도들의 무질서 앞에서...

말기의 고대 세계가 위치하는 그 결정적인 몇 세기 동안, 교회의 교부들이라고 불러야 마땅한 사람들 모두가 엔크라티스트 운동에서 영감을 얻은 엄격주의에 찬성한 것은 아니다. 만약 지나치게 단순화시키는 것으로 보여지지만 않는다면, 우리는 초기의 이 그리스도교 지도자들을 두 그룹으로 분류하고자 한다. 《순결에 대한 권고》를 쓴 테르툴리아누스 계보의 급진적 엄격주의자들 ——타티아노스·히에로니무스·오리게네스·니사의 그레고리우스——에 대립하는 이들은 부부간의 사랑, 가정, 나아가 합법적인 쾌락을 옹호하는 자들이다.

3세기부터, 예를 들어 한 대단한 그리스도교 신학자는 엔크라티스트들의 엄격주의에 반대하여 적절하게 질서가 잡힌 부부간의 성관계가 지닌 확실한 합법성을 대립시킨다. 알렉산드리아의 클레멘스(150-215)는 두 개의 본질적인 텍스트——《교사》 및 《잡기(雜記)》——에서 성문제에 자세히 접근하고 있다. 이 텍스트의 제3권은 결혼을 열렬히 옹호하고 있다. 클레멘스에게 육체는 영혼의 적이 아니라 '자연적인 벗이자 동반자이다.' 스토아 철학과 플라톤의 형이상학으로부터 영감을 얻은 그의 사상이 이상적 목표로 하는 것은 모든 정열로부터 해방되어 스토아 철학적인 **아파테이아**(내적 고요)에 이르는 삶이다. 그렇지만 그는 육체의 박해나 금욕에 관한 모든 관념을 거부한다.

마찬가지로 이교가 지배하고, 거지가 우글거리며, 통음난무의 유희에 빠진 도시 안티오크(오늘날 터키의 안타키아)의 전율적인 그리스도교 연설가('황금 입') 크리소스토무스에게서 우리는 가족, 그리고 특히 그리스도교 가정에 대한 한결같은 찬사를 만나게 된다. 이 가정은 이교도 도시의 무질서로부터 보호된 성채처럼 묘사된다. 그가 볼 때, 젊은이들의 결혼 자체는 전복적인 성격을 지니고 있다. 그것은 도시를 위해 부부의 에너지를 바치게 하는 단순한 수단(이 경우가 이교도의 견해 속에 나타나는 경우이다)으로 더 이상 간주되어서는 안 된다. 그 반대로 그것은 그들이 자신들의 육체를 지배할 수 있도록 상호 도와 주는 결연처럼 간주된다. 역설적으로 그리스도교도 커플을 지속적인 유대 속에 결합시켜 주는 것은 육체 속에 도사리고 있는 성적 위험에 대한 의식이다.

실천에 있어서 주교들은 형성되고 있는 그리스도교 사회를 매일같이 접촉하게 되는데, 금욕주의자들의 불꽃 같은 오만한 엄격주의보다는 이와 같은 온건 노선에 보다 기꺼이 기울어진다. "우리가 주교들에게서 만나는 것은 가능한 한 많은 사람들을 구원코자 하는 보다 큰 고심이고, 백성들을 위한 목자의 배려이며, 현실적인 그리스도교의 추구이자 권력과 합의된 욕망이다."[26]

이와 같은 온건 노선과 대립하여 마니의 제자들(마니교도들) 은 페르시아에서 온 그노시스파와 엔크라티스트파의 오랜 전통을 물려받은 성적 엄격주의를 주장한다. 216년에 티그리스 강가에서 태어나(276년 페르시아 왕에 의해 처형당했다), 엘크하자이의 제자들 가운데서 자란 마니는 유대-그리스도교의 엔크라티스트로서, 성을 '암흑의 왕국'이 연장되고 있는 데 대한 책임 있는 충동으로 간주한다. 육체에 대한 혐오를 나타내는 그의 표현은 장 폴 사르트르의 《구토》의 몇몇 대목을 상기시킨다. "그 피, 그 담즙, 그 가스, 그 부끄러운 배설물, 그 더러운 부식성 물질……." 마니교도들은 교회(그리고 로마 제국)에 의해 단죄되고, 그리스도교와 결별하게 된다. 그러나 그들은 자율적인 준종교를 형성하고, 아프리카를 포함해 매우 확산된 민중적 이단을 이루게 되며, 그 영향은 여러 세기 동안 지속된다. 아우구스티누스 자신도 젊은 시절 이 이단에 무관심하지 않게 된다.

사막의 신화

그러나 초기(이 초기에 도나투스파의 이교설과 아리우스파의 교의 같은 중요한 다른 이단들이 나타난다)의 비상하게 복잡한 신학적인 대결들은 다원적으로 결정하는 현실에 의해 조건지어진다. 이 현실이란 퇴폐하여 이윽고 야만인들에 의해 포위되고, 점점 더 '전체주의적'이 되어가는 로마 권력이 자행한 반그리스도교적인 박해이다. 죽음·고통·고문과 대결할 수 있어야 한다는 염려는 당시의 모든 그리스도교 텍스트에 나타난다. 그리고 죽음에 맞서 나타난 용기와 자신의 욕망을 지배할 수 있는 능력은 지속적으로 환기된다. 이교도들은 미덕의 이와 같은 그리스도교적 해석에 대해 관심을 갖는다. 마르쿠스 아우렐

리우스의 이교도 주치의인 유명한 갈레누스는 그리스도교도들이 '때때로 철학자들과 똑같이 행동할 수' 있음을 찬양하게 된다. "그리스도교도들의 죽음과 죽음의 결과에 대한 멸시는, 그들의 성적 절제와 마찬가지로 매일같이 표현된다."

사실 사람들은 이 초기의 그리스도교도들에게 참으로 비상하게 평온한 용기가 요구되었다는 점을 너무도 흔히 망각한다. 이 용기는 성과 관련된 문제들을 상대화시켰다. "죽음과 육체적 고통에 대한 두려움은 성적 유혹의 미묘한 자극보다 더 그리스도교인이 지배하는 것을 배워야 했던 가장 절박한 적이었다. 성욕의 지배는 그리스도교인이 세계의 엄청난 고통에 예속된 육체를 지배해야 할 필요성의——그다지 중요하지 않은——한 예에 불과했다. 카르타고의 키프리아누스(248) 같은 사람에게 '그리스도를 따른다는 것'은 참으로 매일 같은 순교였다."[27]

그런데 분명한 것은 이와 같은 박해와 이것이 유발한 종말론적 분위기, 그리고 이른바 교부신학, 다시 말해 특히 '육체'에 대해 교회의 교부들이 준 가르침, 이것들 사이에는 직접적인 관계가 존재한다는 것이다. 앙리 이레네 마루는 이와 같은 명확한 문제에 대해 계몽적인 글을 썼다.[28] 반그리스도교적인 박해는 67년의 네로의 박해 이후 3세기에 계속적으로 다시 나타난다. 그러나 그 사이 그리스도교들과 이교도들의 관계가 다시 평온해지고, 특히 우리가 상상하는 것보다 더 밀접하게 되는 일시적 평온 상태가 군데군데 나타난다. 마지막 대(大)박해는 디오클레티아누스 황제가 303년과 304년 사이에 공식적으로 발표한 네 번의 칙령을 통해 실시된다. 그것은 무자비한 폭력을 드러낸다. 교회들을 파괴하고, 성직에 속한 자들을 체포하며, 공적 기능을 수행하는 그리스도교도들을 배척하고, 경찰의 임검이 이루어지고, 처형과 고문이 자행되며, 집단적으로 광산으로 축출되는 등의 일이 벌어졌다.

그리스도교적 감성이 '이 세계'의 잔인함에 의해 받은 그 깊은 상처는 오랜 세월 동안 남아 있게 된다. 순교자들에 대한 숭배가 나타났고(원래 이 숭배는 그리스도교 여인들이 시작한 것이다), 이 숭배는 성인들과 성유물에 대한 숭배를 예시했다. 또한 영웅적인 처녀들과 처녀성을 숭배(히에로니무스는 "결혼이 지상을 가득 채우지만, 천국은 처녀성이 가득 채운다"라고 쓰게 된다)하고, 이교도들의 소란과 무질서를 혐오하며, 육체와의 모든 타협 및 사회의 타락상과 거리를 유지하는 현상 등이 나타난다. 가장 금욕적인 교회의 교부들 가운데 어떤 이들의 가르침과 오리게네스——그 자신 카이사리아에서 고문을 당하고 처형되었다——의 가르침은 이와 같은 억압적인 분위기와 불가분의 관계에 있다.

이것이 전부가 아니다. 4세기에 이루어진 세계 밖으로의 도피 운동은 그리스도교의 수도원 제도를 창설하게 되는데, 이 역시 그 기원이 이와 같은 박해에 있다. "사막의 교부들(안토니우스·헤르마스·요한네스 클리마코스 등)은 굶주림·추위·고독·성욕과 싸우면서 사막의 신화라는 진정한 창설 신화를 탄생시킨다. 4백 년부터 니트리 사막에만 약 5천 명의 수도사들이 정착했으며, 수천 명의 다른 수도사들이 나일 강을 따라서 흩어졌고, 심지어 물도 없는 헐벗은 홍해 연안의 산들에 흩어졌다."[29]

마루는 이렇게 쓰고 있다. "이런 고독한 인간들이 채택하는 삶의 양식은 그 자체로서는 혁신이 아니다. 은둔, 문자 그대로

'사막으로 올라감', 현대적 표현을 쓰면 '밀림으로 달아나는' 현상은 당시 이집트에서 사회로부터 도망가야 하는 마땅한 이유가 있는 모든 이들, 즉 범죄자들, 강도들, 지불 능력이 없는 채무자들, 세무 당국의 추적을 받는 납세자들, 온갖 종류의 반사회적 인간들 같은 모든 사람들에게 일반적인 수단이다. 그런데 박해가 이루어지는 동안 신자들은 이러한 수단에 의지했던 것이다. 수도사는 정신적인 종류의 동기로 이것을 선택했다."[30]

그러나 이 은둔자들이 이번에 사막의 고독 속에 파묻히는 것은 단순히 도망가기 위한 것만은 아니다. 그것은 "그 속에서 악의 힘, 아주 분명하게 말해 악마, 악마의 유혹과 공격에 대항하기 위한" 것이다. 이로부터 《안토니우스의 삶》 속에서 그 악랄한 음모들이 차지하는 자리가 비롯된다. 이 음모들은 브뢰겔 같은 자의 상상력을 즐겁게 해준 뒤 근대 독자들의 빈축을 사는 일이 아주 흔히 있었다. 그러나 그것들이 지닌 심층적인 신학적 중요성을 발견해야 할 것이다." 어떤 이교도들(환속자 율리아누스 같은 자)이 볼 때, 이 은둔자들은 미치광이들이다. 그런데 사실 당시의 위대한 주교들 가운데 일부는 결국 그들 속에서 나오게 된다.

기막힌 '마찰'

나머지에 대해서 말하자면, 고대 세계의 말기에 나타난 신학적·형이상학적 그리고 물론 도덕적 대논쟁의 깊이와 질은 쉽게 이해된다. 여러 세기 동안 이교·유대교 그리고 그리스도교는 가정의 중심을 포함해서 사회 내에 밀접히 얽혀 존재하게 된다. 가정의 구성원 한 사람이 개종될 수도 있는 반면, 다른 구성원들은 이교의 신주를 모시고 제물을 바치는 일을 계속해서 할 수 있다. 아우구스티누스의 경우가 그것이다. 그의 어머니 모니크는 열성적인 그리스도교도인데, 아버지는 이교도인 것이다. 더구나 일반적으로 가정에 그리스도교를 도입했던 이는 여자들이다. 아들들은——적어도 공적으로는——아버지의 이교를 계속해서 따랐다. 로마에서는 귀족 부인들과 그리스도교 성직자들 사이에 어떤 결연 관계가 있다는 이야기까지 나왔다. 이와 같은 일상적 대면, 이와 같은 기막힌 '마찰'은 물론 사상의 영역에서도 되살아난다. 이로부터 온갖 종류의 논쟁이 풍부하게 나타나며, 교부신학은 그렇게 텍스트에서 텍스트로 풍요로워진다.

다음으로 콘스탄티누스 황제가 개종할 정도로 로마 제국 내에서 그리스도교가 이루어 낸 저항할 수 없는 전진은 사회의 엘리트들, 특히 오늘날 '지식인'이라고 불리는 이들을 그리스도교로 조금씩 끌어들인다. 3세기초에 그리스도교는 이미 로마 제국의 빈자들과 하층민들로 이루어진 초창기의 종교, 다시 말해 켈수스 같은 몇몇 작가들의 조소를 받던 그런 종교가 더 이상 아니었다. 그것은 지배 계층, 지방 총독들, 법관들, 궁정의 고관들뿐 아니라 황제의 가족까지 사로잡았다.

마루는 이렇게 쓴다. "시간이 마모시켜 빈곤해진 이교 앞에서 활동적인 분야, 상승적인 요소, 4세기 문화적 분위기의 지도적 원리, 이런 것들을 나타내는 것은 그리스도교이다. 통계적으로 말하면, 그리스도교가 승리자로 나타난다. 그리스도교 문화의 새로운 이상이 이 시대의 가장 훌륭한 정신들 대부분을 집결시키고 있다는 사실에 어찌 놀랄 수 있겠는가?"[31]

그런데 일반적으로 성의 규범화와 풍속의 문제들에 관련해 이 시기의 그리스도교도들이 항상 가장 교화적인 것은 아니다. 4세경에 질서를 잡고자 하는 욕구, 로마 사회의 무질서를 진정시키려는 고심, 이런 것들을 가장 강력히 표현하는 자들은 종종 이교도들이다. 320년에 콘스탄티누스가 간음이나 젊은 처녀들의 도망에 대해 매우 엄한 법률을 공포할 때, 그는 아우구스투스 황제 시대와 옛날의 풍속이 지녔던 강직한 엄격성을 환기시키고, 로마에 '풍속을 개혁하기 위해 확립된 새로운 법들'을 제시하며 "악습을 처벌하겠다고 말한다. (……) 순결은 보호되고 결혼도 보호받으며 부(富)는 안전하다." 가장 열정적으로 이에 갈채를 보낸 자는 이교도 연설가인 나자이루스이다.

반대로 그리스도교도들——그리고 아우구스티누스 자신——은 이 문제에 대해 그들의 관점을 설정하기 위해, 그리고 자신들이 불가능한 것을 요구하고 있지 않다는 것을 보여 주기 위해 고대의 풍속이 지닌 간소한 엄격성에 호소한다. 이 엄격성은 유산과 이혼에 적대적인 것으로 너무 쉬운 것이며, 예를 들어 이미 세네카가 표명한 것이다. 마루는 또한 이렇게 쓰고 있다. "4세기와 5세기초 교회의 교부들은 한편으로 아직은 쇠퇴에 의해 별로 타격을 받지 않고 완벽하게 동화된 고대의 유산과, 다른 한편으로 완전한 성숙에 다다른 그리스도교의 영감 사이에 특별히 귀중한 균형의 시기를 나타낸다."[32] 풍속에 관해서는 진정 더 이상 대립이 없는 것이다.

물론 303년에 스페인 남부에 있는 엘비라(현재의 그라나다)에서 열린 최초의 종교회의는 풍속을 광범위하게 다루었다. 왜냐하면 참석한 주교들은 81개의 결정 가운데 34개의 결정——결국은 상당히 온건한 결정들이다——을 결혼과 성적으로 단

정치 못한 행실과 관련된 문제들에 내렸기 때문이다. 이들 결정의 4분의 1은 그리스도교 공동체에 속한 여성들에 대해 전보다 더 강화된 통제를 내포했다. 뿐만 아니라——처음으로——이 종교회의는 성직자들에게 아직 독신을 강제하지는 않았지만 이미 생식(生殖)의 단념을 강제했다. 회의는 실제 다음과 같은 것을 포고했다. "모든 주교들·사제들·부제들, 그리고 예배적 기능을 수행하는 모든 성직자들은 아내들과의 관계를 절제해야 하고, 아이를 낳지 않도록 해야 한다." 사제들의 결혼이 금지되기 위해서는 아직도 8세기란 세월과 라테란(로마의)에서 열리는 여러 차례의 종교회의를 기다려야 한다.

그럼에도 콘스탄티누스 황제가 그리스도교로 개종한 후, 로마인의 풍속이 그리스도교화되는 그 점진적인 과정은 여러 세기 동안 지속된다. 이 과정에서 성과 관련된 문제들은 더 이상 그렇게 선명하게 이교도들과 그리스도교도들을 대립시키지 않을 뿐 아니라, 특히 우리가 오늘날 상상하는 것보다 훨씬 덜 근본적이다. 주로 다른 영역에서 그리스도교는 이교의 문화와 대립한다. 그것은 시골에 잔존해 제물을 바치는 다신교를 없애고, 이교의 제사를 금지시키고자 고심한다. (이교의 제사는 391년 테오도시우스에 의해 금지된다.) 그것은 또한 감옥의 고문 및 잔인함과 싸우고, 로마 군대가 민중에 가하는 집단적인 보복에 항의하며,[33] 어린이 살해·검투사의 싸움을 단죄하고(검투사의 싸움은 325년에 처음으로 금지됨), 노예의 조건을 완화시키려는 등의 노력을 한다.

한편 로마 그리스도교가 도시의 규범을 점차적으로 이처럼 책임지는 현상은 오늘날 '타협'이라 부를 수 있는 것을 함축한다. 군복무 문제가 그런 경우이다. 테르툴리아누스 시대의 그리스도교도들은 억압받는 소수로서 전쟁에 돌이킬 수 없을 만큼 적대적인, 이를테면 신앙상의 병역기피자들이었다. 그런데 그들이 야만인들에 의해 사방으로부터 위협받는 제국을 다시 책임지게 되었을 때보다 '현실주의적'이 된다. 마루는 이렇게 쓴다. "우리는 지상의 국가와 천국의 대립된 요구들이 나타나는 것을 본다."[34] 이러한 관점에서 정의로운 전쟁의 이론을 창안하게 되는 사람은, 410년 8월 24일 서고트족이 로마를 점령한 것을 보고 공포에 사로잡힌 당시의 아우구스티누스이다.

아우구스티누스, '서양의 아버지'

바로 아우구스티누스와 더불어 '육체'의 문제는 다시 전면에 등장한다. 그는 자신의 고유한 기질이 드러내는 열정에 사로잡혀 비교적 상당히 방종한 젊은 시절을 보냈다. 그후 그는 386년 8월에(밀라노 정원의 그 유명한 장면이 펼쳐지는 동안에!) 그리스도교로 개종한다. 그는 아프리카의 베르베르인——그는 알제리에 있는 타가스테(오늘날의 수크아라스)에서 태어났다——으로서 오늘날 원죄의 '창안자'로 통하고, 예정설의 비타협적인 박사이자 금욕주의적인 성도덕의 주창자로 통한다. 사람들이 보통 인용하는 그의 문장들은 이와 같은 해석의 성격을 띠고 있다. 특히 이런 문장이 그렇다. "나는 여자 관계만은 그 어떤 것보다 피해야 한다고 결심했다. 나는 여자의 애무만큼, 육체의 접촉만큼 남자의 정신을 더 비하시키는 것은 없다고 믿는다. 이 육체의 접촉이 없다면 사람들은 아내를 가질 수 없다."(《독백록》 I, IX)

사실 아우구스티누스의 사상은 흔히——지금도 그렇지만
——지나치게 단순화되었고, 바울의 사상보다 더 희화되기까
지 했다. 엄청난 작품(수백 권의 제목, 소책자, 그리고 서신들이
있다!)의 저자이자 정열적이고 투쟁적인 기질을 가진 아우구스
티누스가 이와 같은 조작의 대상이 되는 허점을 보였다는 것
은 사실이다. 그를 찬양하는 전기작가인 앙리 이레네 마루는
이것을 인정한다. "그의 영향을 다룬 역사가 보여 주고 있듯
이, 그의 사상에 대한 심각한 오해들이 그토록 자주 저질러졌
다면, 아우구스티누스에게 상당 부분 이에 대한 원초적 책임이
있다."[35]

여기에서 성도덕에 관한 그의 가르침을 요약하겠다고 생각하
는 것은 분명 터무니없는 일일 것이다. 몇몇 예를 통해서 우리
가 다만 상기할 수 있는 것은, '서양의 아버지'가 남긴 모든 작
품 역시 진정 끝나지 않은 거대한 논쟁의 광장에 그야말로 분
명히 위치하고 있다는 것이다.

우선 베르길리우스·키케로, 그리고 신플라톤 철학에서 자양
을 얻은 아우구스티누스는 개종하기 훨씬 전에 마니교적인 성
적 엄격주의에 동조했다. 그는 후에 방향을 바꾸어 이 엄격주
의에 대항해 자신의 능변을 늘어놓는다. 유명한 한 소책자에
서 그는 바울이 엔크라티스트들에 반대해 궐기한 것처럼 마니
의 금욕주의적인 이단을 비난하게 된다. 그러나 히포 레기우스
의 주교가 된 아우구스티누스는——특히 다른 한 소책자에서
——반대편에서, 다시 말해 펠라기우스와 그의 온건주의에 대
항해 싸우게 된다. 영국 태생의 수도사인 펠라기우스가 주장하
는 것은 인간의 구원이 오로지 신의 은총에만 달려 있는 것이
아니라, 특히 그의 자유 의지에 달려 있다는 것이다. 원죄의 관

념과 십자가의 스캔들을 실질적으로 인정하지 않으면서, 그는 구원에 대한 낙관주의적이고 주의설적인 비전에 이른다. 아우구스티누스는 당시에 조사된 많은 그리스도교의 이단들(모두 88개나 된다!)을 맹렬히 공격하듯이 펠리기우스의 주장에 격분하여 반대한다.

마루가 "가장 한결같고 진정한 그리스도교 전통의 대변자"로 소개하는 아우구스티누스는 여러 전선에서 싸우면서 특히 두 개의 큰 '경향'의 정확한 중심, 즉 교차점에 있다. 이 두 경향은, 논쟁과 파문에도 불구하고 1천 년 이상 그리스도교 내에 공존하게 된다. 실제 금욕주의적 측면을 보면, 엔크라티스트적이고 마니교적인 엄격한 흐름은 알비 지방의 카타르파 교리, 청교주의, 나아가 얀센파의 교의를 통해 다양한 형태로 세월을 따라 다시 나타나게 된다. 17세기초 《아우구스티누스》의 저자인 벨기에의 주교 얀센이 호소하는 것은 바로 아우구스티누스의 매우 엄격주의적인 해석이다. 그가 고심한 것은 '쾌락의 매우 뛰어난 변호인들'(예수회파)과 맞서 싸우는 것이었다. 얀센은 자기 시대의 허약한 도덕적 수준을 '새로운 신학' 탓으로 돌리게 되는데, 이 신학은 그에 의하면 아우구스티누스와 교회의 교부들로부터 멀어져 가고 있다는 것이다. 그는 자기 시대를 육체적 쾌락에 완전히 몰두한 가장 타락한 세기로 규정했다. 매우 논리적으로 포르 루아얄 수녀원의 얀센파들과 파스칼 자신은 아우구스티누스의 이와 같은 해석에 호소하게 된다.

펠라기우스파의 감성에 대해 말하자면, 그것은 은밀하지만 르네상스의 인본주의나 일부 예수회파 인사들의 싹싹한 도덕에 낯설지 않게 된다. 특히 예수회파 인사들 가운데 토마스 산체스는 17세기에 결혼과 성에 대한 신학자들 가운데 가장 유명한 사람으로서 《성스러운 혼인에 관한 논의》라는 엄청나고 유명한 개론서를 출간했다. 이 책은 완판으로 12판 이상과 수많은 축소판이 1602년과 1669년 사이에 출간되었다. 이 책에서 산체스는 애무의 정당성을 인정하기까지 한다. 왜냐하면 부부는 "육체의 욕망을 진정시키거나 자연스러운 사랑의 증거를 제공하기 위해 상호 만질 수 있기 때문이다."[36]

이것이 우리를 부끄럽게 하는 것이다…

두번째 예를 들자면, 아우구스티누스가 의지의 개념에 부여한 기본적 중요성인데, 이로 인해 그는 그야말로 근대 개인주의의 그리스도교인 창설자들 가운데 한 사람이 된다. 아우구스티누스에게 성적 욕망이 불안한 만큼 폭발적인 힘이라면, 그 이유는 그것이 원래의 의지를 벗어나기 때문인 것이다. 그리하여 우리는 그의 저서에서 발기나, 또는 반대로 실패와 관련된 놀라운 개진을 만나게 된다. 인간은 과연 이 기관의 지배자가 아닌 것이다. 《신국》에서 그는 이렇게 쓴다. "때때로 이 열기는 부르지도 않았는데 성가시게 돌발적으로 나타난다. 때때로 그것은 욕망을 기만한다. 영혼은 불타는데 육체는 얼음장 같다. 이상한 일이다! (……) 생식 기관에 대해 말하자면, 음욕이 그것을 아주 예속 상태로 만들었기 때문에 음욕이 쇠약해지거나, 자발적이든 자극을 받았든 음욕이 일어나지 않는다면 그것은 움직이지 않은 상태로 있다. 이것이 우리를 부끄럽게 만드는 것이고, 남의 시선에 얼굴을 붉히며 달아나게 하는 것이다."[37]

맹공을 받은 이 인간의 의지, 다시 말해 우리 내부에서 정신의 통제를 벗어나는 이 동물적인 부분은 아우구스티누스에게 원죄의 정의 자체를 구성한다. 그리하여 우리의 의지를 우롱하는 성욕의 생리적 그 자율성은 **최초의 와해**, 즉 "원죄 이후로 인격체 안에 자리잡은 불화의 항구적 원리"를 암시하고, 결국 이것을 '죽음의 축소된 그림자'[38]로 만든다.

'원죄'의 관념은 근본적이다. 아우구스티누스에게 오르가슴 및 생식(生殖)과 관련된 성적 쾌락이 아마 지상의 낙원에 없었던 것은 아닐 것이다. 그러나 **이때 그것은 의지와 전적으로 동시에 일어났던 것이다.** 최초의 과실, 즉 원죄(이것은 성적인 성격이 아니다)의 결과는 이와 같은 극적인 분열을 나타낸다. 의지는 더 이상 '육체를 완전히 구속시킬' 수가 없고, 인간은 불구이며, 부정적 표시가 찍힌 음욕은 이제 그를 공격하는 낯선 힘과 같다. 따라서 육체에 저항한다는 것은 자신의 최초 위엄 속에——은총의 도움을 받아——인간의 의지를 재안치시키는 것이다. 왜냐하면 "정신을 부끄럽게 만드는 것은 정신에 저항하는 이 육체, 정신에 예속된 열등한 이 육체이기 때문이다."

개인의 의지에 부여된 이와 같은 우위는, 아우구스티누스로 하여금 《신국》에서 이교의 도덕이 여자들에 대해 강제하는 특별히 야만적인 요구를 고발하도록 만든다. 서고트족이 로마를 약탈할 때, 로마의 수많은 여자들이 침략자들에게 강간을 당했다. 결혼한 여자들인 경우, 이교의 도덕은 그녀들에게 자살하라는 절대적 의무를 지웠던 것이다. 이에 대해 아우구스티누스는 육체의 변모에 대립된 의지의 문제를 내세우면서, 그녀들에게 그런 의무를 이행하지 말 것을 요청한다. 그는 이렇게 쓴다. "따라서 우선 확실한 것으로 전제되어야 하는 것은 훌륭한 삶의 본질적인 원칙으로서, 미덕이 영혼의 저 높은 곳으로부터 육체의 사지에 자신의 본거를 주문해야 하고, 육체는 성스러운 의지의 사용을 통해 신성하게 되어야 한다는 것이다. 이러한 의지가 굳건하고 한결같이 남아 있는 한 육체로부터, 또는 육체에 어떤 일이 일어날지라도 피할 수 없이 죄를 짓게 되었다면 자신이 당한 그 일에 대해서는 죄가 없는 것이다. (……) 결국 그렇다면 그와 같은 모욕을 당하지 않기 위해 스스로 목숨을 끊은 이 불행한 여자들에게 어떤 마음인들 용서를 거부할 수 있겠는가? 그리고 죽음이라는 죄를 저질러서 타자의 죄로부터 자신을 방어하지 않을까 두려워 자살하고 싶지 않았던 불행한 여인들을 누가 비난할 수 있겠는가? 오히려 이 여인들을 비난하는 자가 미쳤다고 비난받을 것이다.”[39]

이와 같은 옹호는 이교도의 논리와 일치하지 않을 뿐 아니라, 그 자체 내에 역사적으로 결정적인 하나의 ‘선호’를 지니고 있다. 그것은 전체주의적 사회의 폭압적인 요구에 **대항해** 개인적인 의지에 부여된 것이다. 루이 뒤몽은 여기서 성문제들을 훨씬 뛰어넘는 엄청난 문화적 단절의 시작을 보고 있다. 이 시작은 서양 전체에서 다시는 멈추지 않고 계속되는 개인주의의 시작이다. 그는 이렇게 쓰고 있다. “구체적으로 보면 아우구스티누스에게서 우리는 개인주의의 미묘한 제안을 감지할 수 있다.”[40]

당시까지 여러 가지 다른 ‘지혜들’(인도 사상으로부터 스토아 철학까지)이 개인의 해방을 허락한 것은 시간의 세계에 대한 ‘단념,’ 다시 말해 세상 밖으로의 도피라는 대가를 전제로 했을 뿐이다. 실제 인도의 ‘속세를 등진 자’처럼 “스토아학파의 철학자는 초탈해 있어야 하고, 그가 덜어 버리려고 시도하는 고통에 대해서조차도 무심해 있어야 한다.”[41] 현대의 가장 위대한 사회학자 가운데 한 명인 노르베르트 엘리아스는 고대 철학이 이처럼 서구의 근대성이 부여하는 의미에서의 개인을 사유할 수 없음을 아주 분명히 드러냈다. "모든 단체로부터 벗어난 개인, 남자가 되었든 여자가 되었든 '우리'라는 관념에 어떤 준거도 없는 존재로서, 그런 개인은 고대 세계의 사회적 관행에서는 전혀 상상할 수 없었다. 이 개인은 고립된 인격체로서 대단한 가치가 부여되기 때문에 씨족이든 종족이든, 또는 국가든 집단적인 실체에 대한 모든 준거들이 비교적 덜 중요한 것처럼 나타난다."[42]

유일하게 그리스도교——그리고 특히 아우구스티누스——만이 다음과 같은 한 시대에 대한 믿어지지 않는 계획을 표명하고 있다. 이 시대에서는 루이 뒤몽의 표현에 따르면 "전체주의가 표상에서 사라지고, 세상살이가 최고 가치에 완전히 일치할 수 있는 것으로 인식되며, 세상에서 벗어난 개인이 세상에서 근대적 개인이 되는 시대이다. 이런 측면이 최초의 비범한 경향에 대한 역사적 증거인 것이다."[43] 그리스도교도는 자발적으로 단념할 수 있는 개인이다. 하지만 이번에 그는 **세상 안에서** 단념을 할 수 있는 것이다.

바로 여기에 다가올 세기들을 위한 기막힌 내기가 있다. 이 내기는 바로 개인의 창조이다. "교회의 초기 교부들이 노력했던 로마 제국 아래서 형성된 종말론적 관점은 아직 그 여정이 결코 끝나지 않았다. 그런데 이 관점은 아우구스티누스와 더불어 진보에 대한 근대적 믿음 같은 무엇으로 변화하기 시작한 것이다."[44] 우리는 한나 아렌트 역시 아우구스티누스에 대해, 특히 그녀가 여러 번에 걸쳐 인용하는 텍스트인 《신국》에 대해 열정적인 관심을 품고 있었다는 것을 기억해야 할 것이다. 아렌트에게 아우구스티누스는 "많은 면에서 우리 시대와 유사한 시대를 산 유일한 위대한 사상가"였으며, "그의 저술들은 우리가 경험하고 있는 세계와 아마 그다지 다르지 않은 세계의 그 종말론적 분위기를 풍기고 있다."[45]

퓨리터니즘의 진정한 창안

우리가 쉽게 상상할 수 있는 것은 지난 15세기 동안 우리 사회는 성과 관련하여 도덕주의로부터 점진적으로——고통스럽게——해방되어 왔다는 사실이다. 몽매주의적인 먼 중세로부터 르네상스, 다음으로 계몽주의, 그리고 마지막으로 산업 혁명에 이르기까지 서양인은 종교적인 것의 지배가 물러남에 따라 자신의 자율성과 '쾌락에의 권리'를 조금씩 정복해 왔다는 것이다. 이것이 바로 **대력적으로 본** 일반적 견해이다. 그런데 이는 부정확하지만 매우 완고하고 매우 단단하게 자리잡은 편견이다. 그리하여 사람들은 그렇지 않다는 역사가들의 부인에 귀를 기울이지 않는다. 고대 세계에 대한 역사가들의 부인에 귀를 기울이지 않듯이 말이다.

사실 변화가 많은 관점에서 **정확히 반대였음을** 주장한다고 해서 지나친 것은 아니다. 중세는 비록 전적으로 종교적이었지만, 성과 관련해 과대하게 억압적인 것처럼 나타나는 것은 아니다. 한 중세전문가는 이렇게 주목한다. "(더구나) 쾌락에 대한 비난은 어떤 경우에도 그리스도교 사상에만 특이한 것은 아니다. 내가 생각하기에 그것은 인간 정신의 훨씬 더 일반적인 경향인, 육체 앞에서의 그 불안을 확인해 주는 것이다. (……) 중세가 중세만의 터부, 수사학적 표현들, 그리고 사회적 관례들을 가지고 있다고 해서 다른 시대들에서보다 이 불안을 훨씬 더 느낀 것은 아니다."[1]

때로는 강박관념의 정도에까지 이른 엄격하고 교화적인 경향들(특히 수음에 대해)에 대해 말하자면, 이것들의 출현은 역설적으로 17세기 계몽 정신의 출현과 시기적으로 일치하며, 특히 19세기 부르주아 사회의 승리와 일치하고 있다. 이것이 전부가 아니다. 계몽주의 시대 이전의 그 긴 세월 동안 종교의 무게——특히 그리스도교의 무게——가 사람들이 상상하는 의미에서 항상 그렇게 짓누른 것만은 아니다. 많은 경우에 있어서 불가지론적 사상이나 사상가들이 교회의 인물들보다 성과 관련해서는 한층 더 엄격한 모습을 드러내게 되었던 것이다.

장 루이 플랑드랭은 많은 경우들 가운데서 브랑톰이라는 '자유사상가'의 경우를 인용하고 있다. 브랑톰은 그의 유명한 《품위 있는 귀부인들》에서 당시의 가톨릭 신학자들이 전적으로 인정한 사랑에 대한 일부 입장들에 대해 격분하고 있다. 플랑드랭은 또한 아장 지방의 제3계급 대표들의 경우를 인용하는데, 이들은 1614년에 낸 진정서 54항에서——성직자들의 견해에 반대하여——간음이 보다 엄하게 처벌되어야 한다고 요구하고 있다. 그들은 이렇게 쓰고 있다. '충분히 기소되어 입증된' 간음자들은 "사형의 처벌을 받아야 할 것입니다. 재판관들은 정상참작의 어떤 이유가 있다 할지라도 벌을 경감해서는 안 될 것입니다."[2] 존 보즈웰의 경우를 보면, 그는 동성애에 관해 이렇게 주목하고 있다. "거의 예외 없이 동성애의 행동을 겨냥해서 18세기 이전에 공포된 희귀한 법들은 교회의 견해나 지지를 받지 않고 활동하는 세속 당국들 때문에 생긴 것이다. 때로는 성직자들의 회의나 교회 당국이 강력한 압력에 굴복하여 이와 같은 입법적 텍스트들을 비준했다. 그렇지만 교회의 기록들은 매우 가벼운 처벌을 명시하거나 어떠한 처벌도 명시하지 않고 있다."[3]

구제도의 성은 오랫동안 사제에 의해 억압받았지만, 계몽 정

신과 근대의 합리주의에 의해 해방되었다는 판에 박힌 해석은
실제와 맞아떨어지지 않는다.

포옹할 수 있는 시간…

사실이 증명하고 있는 것이다. 먼 중세의 초기 동안 교회는
유럽에서 조금씩 영향력을 확대해 가고, 9세기에 카롤링거 왕
조가 무너진 후에는 세속적 권력을 버젓이 대리하여 행사한다.
주교는 이때 제국주의적 힘의 상속자로 자처한다. 그런데 이렇
게 교회가 책임을 떠안은 사회는 아직 광범위하게 이교적이다.
'야만적인' 종족들, 특히 게르만 종족들 사이에 살아 있는 성
규범은 이른바 아우구스티누스의 그리스도교보다 더 억압적이
다. 바로 이와 같은 규범 및 전통과 교회는 타협을 해야 하거
나, 그것들에 대항해 싸워야 하는 것이다. 하나의 예를 들겠다.
육체에 대한 이교의 개념이 미친 영향력은 상당히 자주 억압
적인 방향으로 발휘된다. 중세 전문 역사학자인 미셸 루슈는
프랑크족의 일족인 살라족의 법(7세기)을 예로 드는데, 이들은
어느 누구에게나 자신의 아내 이외의 다른 여자의 육체에 손
대는 것을 금지했다.

그는 이렇게 쓰고 있다. "어떤 자유로운 남자가 한 여자의 손
을 만졌다면 15수를 지불하여야 했다. 팔꿈치까지 만지면 30
수, 팔꿈치를 넘으면 35수를 지불하여야 했다. 마지막으로 젖
가슴까지 갔다면 45수를 내야 했다. 따라서 여자의 육체는 터
부였다. 왜 그런가? 일부 회전식서(悔悛式書)들에 나타나는 텍
스트들이 우리에게 드러내는 것을 보면, 이교의 의식이 진행되

는 동안 젊은 처녀나 부인이 완전히 나체가 되는데, 이는 이런 행위를 통해서 대지의 풍요를 용이케 하고, 비를 내리게 하며, 기타 다른 것들을 빌기 위한 것이었다. 따라서 여자에게 손을 댄다는 것은 생명의 과정을 훼손하는 것이었다. 여자와 남자가 나체가 될 수 있는 곳은 오직 생식(生殖)을 위한 단 한 곳의 장소인 침대뿐이었다. 이때부터 나체는 성스러운 것이었다."[4]

그런데 여자의 나체에 대한 두려움에 찬 이와 같은 신성화는 나체의 그리스도교적 표현과 대조를 이루었다. 그리스도교의 나체는 "죄가 부여되었던 안 되었던, 훌륭하지만 신에게 종속된" 피조물의 즐거운 긍정이었던 것이다. 그러므로 8세기까지 남자들과 여자들은 〈창세기〉의 아담과 이브처럼 성 토요일에 각 성당에 딸린 8각형의 세례반에서 완전히 나체가 된 채 세례를 받았다. 이때 나체는 어떠한 성적 의미도 함축하지 않았다. 나체가 성적인 함축 의미를 획득하게 되는 것은 **이교의 상징 체계가 영향을 미쳤기** 때문이다. 그리하여 그리스도가 나체로 표현된 일부 십자가들은 (6세기부터) 사라지게 되었다.[5]

다른 예를 하나 들겠다. 부르군드족에게는 근친상간이 상대적으로 관용된 데 비해, 간음은 속죄할 수 없는 범죄로 간주되었다. 사람들은 '간음의 악취'에 대해 이야기했으며, 죄를 진 여자는 버림받아 교살당한 뒤 진흙탕 늪에 버려졌다. 프랑크족을 보면 "관습은 더욱 엄격했다. 왜냐하면 남편뿐 아니라 남편의 가족, 그리고 간음한 여자의 친정 가족도 이 행위를 자신들의 전가문에 대한 진정한 오점으로 간주했기 때문이다. 그래서 간음한 여자는 죽어야 했다."[6] 일반적으로 야만인들의 세계는 아직 초기 부족 생활의 특징을 간직하고 있었는데, 버림이나 유괴 같은 여자들에 대한 잔인한 일부 전통들이 여전히 인정되었다.

샤를마뉴 대제도 여러 명의 첩을 거느리고 있었고, 롬바르디아 출신의 첫아내를 버렸다. 교회는 이와 같은 관행을 없애기 위해 많은 노력을 하게 된다.

중세의 대(大)전문가 자크 르 고프가 예시한 바에 따르면, 중세 교회의 유명한 회준식서들, 다시 말해 신도들용의 성규범서는 성과 관련한 여러 가지 죄들을 (이 죄들에 값을 매겨) 열거하고 있는데, **대부분이 야만인들의 규범에서 영감을 받은 것이다.**

아직 이교적인 이와 같은 사회들에서, 사실 그리스도교 신앙은 오랫동안 피상적으로 존재하게 된다. 점성학뿐 아니라 마법과 요술도 확산된다. 일상의 삶은 여전히 조상의 달력에 따라 리듬을 타는데, 교회가 점차적으로 교회력으로 대체하게 된다. "사람들은 여행을 하거나 명주를 짜기 위해 길일을 택한다. 어떤 자들은 결혼하기 위해 비너스의 날인 금요일을 기다린다. 점성술이 유행하고 있다. 초승달은 집을 짓는다거나 결혼식을 올리기 위해 사람들이 기다리는 아주 중요한 때이다."[7]

오랜 인류학적 기억으로부터 물려받은 이처럼 매우 오래 된 시간적 리듬을 그리스도교화하는 일과, 노동을 하지 않는 축제일·소재일(小齋日)·속죄 기간이 들어간 특수한 그리스도교적 행사 달력을 확립하는 일, 이것들은 중세 초기의 역점 사업이 된다. 바로 이런 방법을 써서——그리고 이교 및 유대교의 달력과 경쟁 속에서——중세 교회는 9세기초 카롤링거 왕조 아래서 그리스도교인들의 사회적·도덕적 조직을 정착시킨다. 마찬가지로 의식(儀式) 행사 달력을 통해서 교회는, 예를 들면 사적인 싸움의 폭력을 제한할 뿐 아니라 부부간의 성관계를 규범화시키려고 노력한다.

그러므로 당시의 성적 금지 사항들의 본질은 시간의 세심한 배열과 관련되어 있는데, 장 루이 플랑드랭은 이 배열을 뛰어나게 연구하고 해석했다.[8] 주기적인 절제는 중세의 그리스도교에서 큰 자리를 차지하고 있다. 성관계는 어떤 시기들 동안은 금지된다고 선포된다. 이 시기들은 의식 행사가 있는 때(사순절·부활절 등)와 관련되거나, 여자의 주기(월경·임신 등)와 관련되어 있다. 물론 규범 위에는 성직자의 인증(引證)이 나와 있다. "각각의 일에는 때가 있다 / 사랑할 때와 증오할 때가 있다 / 포옹할 때와 포옹을 피해야 할 때가 있다."

성 그리고 전반적으로 일상 생활의 이와 같은 시간적 규범화가 전적인 의미를 획득하는 것은, 로마 제국이 그리스도교화되던 때부터 달력을 통한 **사회적 시간의 조절**이 나타냈던 문화적·상징적 목적을 우리가 이해할 때이다. 플랑드랭은 이렇게 쓰고 있다. "이교의 모든 흔적이 사라지게 하기 위해 필요했던 것은, 이교도의 달력들——국가와 엘리트들의 달력뿐 아니라 우리에게 훨씬 덜 알려진, 제국의 다양한 지역에 사는 농민들의 달력들——을 그리스도교 달력으로 대체하는 것이었다. 왜냐하면 중립적인 달력이란 존재하지 않았기 때문이다. 모두가 종교적인 함축 의미를 담고 있었다. 그리하여 하나의 달력을 준수한다는 것은, 언제나 이 달력이 나온 배경이 된 종교를 준수한다는 점을 어느 정도 부각시키는 것이었다."

시기에 따른 금지 사항들과 주기적인 절제들을 넘어서 우리가 잊지 말아야 할 것은, 오랫동안 그리스도교의 힘 자체가 (다른 종교들의 힘과 마찬가지로) 거대한 상징적 리듬을 영속화시키는 그리스도교의 능력 속에 있었다는 것이다. 흔히 이 리듬은 자연과 종(種)의 맥박에 부여되어 구속들을 내면화시키고, 그것들에 의미를 부여하며 사회 생활 전체를 관리했다. 알퐁스 뒤프롱은 반대로 이와 같은 사회적 리듬들이 근대성의 즉각적인 불확정 속에 거의 희석됨으로써 얼마나 현대의 그리스도교가 약화되었는지를 잘 보여 주었다.

그는 이렇게 쓰고 있다. "오늘날 거의 환기되지 않고 있지만, 천체의 주기와 1년간의 의식(儀式) 주기 사이의 빛나는 상응 관계를 생각해 보라. 성 토요일의 축복을 기리는 매우 교훈적인 의식과 보호적이거나 마귀를 쫓는 주술적인 관수(灌水) 예식을 생각해 보라. 그리고 삼천(三天) 기도 때의 신선한 아침 행렬이나, 교회에 의해 훈련된 다양한 형태의 불의 예배를 생각해 보라."9)

기존의 풍속

중세에 나타난 이른바 성적 금지 사항들의 표현은 매우 엄숙하고, 동시에 매우 세심하다. 그리하여 가톨릭 신학자들은 10종류의 음란(이 가운데 셋이 수음·동성애, 그리고 편애이다)을 구분하는데, 이것들은 그 해로움의 정도가 각기 다르다. 예를 들어 간음(창녀들과의 관계)은 그들에게 난행(亂行: 결혼할 의사 없이 처녀를 유혹하여 처녀성을 빼앗는 것)과 간통(이는 다른 사람의 명예를 강탈하기 때문에 절도와 동일시될 수 있다)보다는 덜 비난받을 만한 것으로 나타난다. 1120년에 열린 나불루스 종교회의 같은 일부 종교회의들은 육체의 죄에 대해 상세한 법제화를 광범위하게 다루게 된다.

그러나 이처럼 형식을 차려 극화된 단죄들은 실제적인 억압과는 결코 일치하지 않는다. 자크 로시오 같은 역사가들은 우리가 원칙상의 이같은 엄격주의와 '사회적 도덕의 보다 융통성 있는 현실' 사이에 차이를 확립해야 할 필요성을 강조한다. 이 "사회적 도덕은 그리스도교의 가르침이 낳은 산물이자 사회경제적 복잡성, 습관, 기존의 풍속이 그리스도교의 가르침에 대립시킨 저항의 산물이다."[10]

성에 관해서 중세는 다분히 충격적이고 콤플렉스가 없는 노골적인 측면에 의해 지배된다. 설교 자체도 이것을 의무적으로 고려하고 있으며, 당시의 풍자적 우화시들과 조화를 이룬 노골성으로 우리의 현대적 감성을 놀라게 할 정도이다. 회준식서들의 어휘 자체도 때때로 익살맞은 해부학적 명시로 이러한 노골성을 반영하고 있다. 잘 숙고해 보면, 그것들이 충격을 주는 것은, 특히 실용주의와 다양한 음란죄를 처벌하는 형벌의 온건함 때문이다. 이 형벌들은 대개의 경우 단식·고해성사, 또는 절식으로 이루어진다.(다음 참조)

상기해야 할 것은 1123년 라테란에서 열린 최초의 종교회의 때까지 사제들의 결혼이나 내연 관계——이를 니콜라이슴이라 한다——가 매우 확산되어 있었다는 것이다. 이 니콜라이슴은 그것의 실질적인 금지 후에도 오랫동안 지속될 뿐 아니라, 사제들이 때때로 '약점'을 보여 민중의 상식이 이를 조롱했지만 지나치게 가혹하지는 않았다. 당시의 견해에서는 주정뱅이 사제가 내연 관계에 있는 사제보다 더 혹독하게 심판받고 있다. 장루이 플랑드랭은 이렇게 고찰한다. "후대 사람들이 '병사들에 속한 창녀들'에 대해 이야기하듯, 당시 사람들이 '사제에 속한 창녀들'에 대해 이야기한 것은 의미 있는 것이다. 1536년에 장마이에라는 사람은 자신의 약혼녀와의 결혼을 거부하면서 법정에서 말하기를, '제가 니콜(약혼녀)과 결혼하지 않으려는 것

그대는 간음을 했는가?

독자는 아래에서 회준식서들 가운데 가장 많이 알려진 것에서 발췌한 몇몇 대목을 읽게 될 것이다. 이 회준식서는 독일의 교회법 학자로서 11세기 보름스의 주교였던 부르크하르트에 의해 작성된 것이다. 그것은 자체가 25권으로 된 교회의 법률서를 이루는 방대한 명부에서 제19권을 구성한다. 이 명부는 《포고서》란 이름으로 알려져 있다. 독자는 어떤 경우들에 있어서는 처벌이 상대적으로 온건함을 주목할 것이다.

"120. 그대는 한 남자의 엉덩이에 그대의 음경을 집어넣으면서 남색가들이 하듯이 간음을 했는가? 그대가 결혼을 했는데 그런 짓을 한두 번 했다면, 미사날에 10년 동안 고해성사를 해야 하고, 그 가운데 1년은 빵과 물만 먹어야 한다. 그것이 습관적이라면 12년 동안 해야 한다. 그것을 그대의 친형제와 했다면 15년이다."

"122. 그대는 다른 사람의 성기를 손에 쥐고, 다른 사람은 그대의 성기를 손에 쥐고, 힘껏 그대의 성기를 자극시켜 쾌락 속에서 그대의 정액을 쏟으면서 간음을 했는가? 그렇다면 30일 동안 빵과 물만 먹으며 고해성사를 해야 한다."

"123. 그대는 혼자서 간음을 했는가? 다시 말해 그대의 성기를 손에 쥐고 음경의 포피를 잡아당기며 흥분시켜 쾌락 속에서 그대의 정액을 쏟았는가? 그렇다면 10일 동안이다."

"124. 그대는 성기를 구멍이 뚫린 판자나 그와 유사한 것 속에 집어넣어 운동과 쾌락을 통해 그대의 정액을 쏟아내는 간음을 했는가? 그렇다면 20일이다."

"126. 그대는 남자들이나 동물들, 즉 암소·암탕나귀, 또는 다른 동물과 남색이나 짐승 같은 짓을 저질렀는가? 그런 짓을 한두 번 했다면, 그리고 그대의 음욕을 채워 줄 수 있는 아내가 없다면, 그대는 40일간 빵과 물만으로 단식을 해야 하고——이는 사순절 동안의 절제와 같다——그리고 항상 고해성사를 해야 한다. 그대가 결혼을 했다면 정해진 날들에 10년 동안 단식을 해야 한다. 그대가 이런 죄를 습관적으로 저지른다면 그대는 15년 단식을 해야 한다. 문제의 행동을 젊은 시절에 저질렀다면, 그대는 1백일 동안 빵과 물만으로 단식을 해야 한다."

"166. 그대는 마귀 같은 행동 덕분으로 남편이 그대를 더욱 사랑하도록 그의 정액을 마셨는가? 그렇다면 정해진 날들에 7년 동안 빵과 물만 먹으며 고해성사를 해야 한다."

"172. 그대는 여자들이 하듯이 행동했는가? 여자들은 살아 있는 물고기를 성기 속에 집어넣고 그것이 죽을 때까지 그 속에 간직한다. 그리고 그것을 익히거나 구워서 남편한테 먹도록 하는데, 이는 그가 그녀들에게 더욱 불타도록 하기 위한 것이다. 그렇게 했다면 2년 동안 단식을 해야 한다."

인용 및 번역——자크 베를리오즈

《중세의 죄인과 고해성사》, 에디시옹 뒤 세르, 1969.

은 그녀가 행실이 나쁘고 사제들과 관계를 갖기 때문입니다'라고 하였다. 그는 그녀가 그 이외에 다른 사람들과 육체적 관계를 갖는다는 것을 증명하고 싶느냐고 네다섯 번 질문을 받자, 그녀가 사제들과 함께 간다고 줄곧 대답한다."[11]

마찬가지로 상기해야 할 것은 교회가 매춘 행위에 대해 상대적으로 관용을 보였고, 피할 수 없는 악으로 간주했으며, 루이 9세가 이를 금지시키려고 애를 쓰지만 헛일이 된다는 것이다. 자크 르 고프는 이와 관련하여 당시의 분위기를 드러내는 일화 하나를 이야기하고 있다. "1170년경에 파리의 창녀들이 성모 마리아를 기리기 위해 노트르담 성당 참사회에 그림 유리창 하나를 재정 지원하겠다고 제안했을 때, 성직자들은 그녀들이 제안한 이 돈이 정직하게 번 돈인지, 다시 말해 (연지를 사용한다든지 해서) 손님을 속이려는 의도가 없이 번 돈인지 자문했다. 결론은 돈은 정직하게 번 것이지만 매춘은 그 자체로서 도덕적으로 비난받아야 할 행동이라는 것이었다. 그러나 이 매춘은 용서받았다."[12] 게다가 매춘의 허용은 매춘의 법제화로 나가기까지 하는데, 이것의 목적은 어린이, 결혼한 여자, 그리고 수녀를 매춘으로부터 배제시키기 위한 것이었다.

성적 금지 사항들의 적용에 있어서 교회가 보여 준 이와 같은 상대적 관용——이 관용은 예를 들어 고리대금에 대해 교회가 보인 엄격함과 대조를 이룬다——은 당연히 시대에 따라 변화한다. 그것은 특히 11세기와 12세기의 르네상스 이전 시기 동안에 현저했다. 이 시기는 대부분의 유럽 사회에서 개방과 관용의 시기였다. 이 자유주의는 때때로 일부 독신자(篤信者)들의 지나친 도덕주의에 교황 자신이 반대한 결과였다. 가장 잘 알려진 예는 피에르 다미앵의 경우이다. 그는 1049년에 교황 레오 9세에게 《고모라의 책》이라는 진정서를 보내 시대의 부도덕성을 고발하고, 특히 '남색가들'에 대한 보다 강화된 엄격성을 요구했다. 비방문을 헌정받는 교황은 이런 요구를 냉담하게 받아들이고, 이를 보낸 장본인에게 보다 온건하라고 권고한다. 어쨌든 우리는 후일의 그리스도교 사회가 그러하듯이,

지나치게 정숙하고 성적인 죄에 사로잡힌 그런 그리스도교 사회와는 동떨어져 있다.

중세가 성과 관련하여 어떤 강박관념을 나타낸다면, 사람들이 보통 믿고 있는 것과는 달리 그것은 억압의 영역에서가 아니라 성적 무력과 불임에 관해서이다. 이 무력과 불임은 일반적으로 마녀들의 농간으로 돌려진다. "13세기초 이후 '부부에게 마술을 걸어 성관계를 막는 마녀들'에 대처하기 위해 소집된 성직자 회의는 무수히 많다. 1217년의 솔즈베리, 1235년의 루앙, 1243년의 프리츨러, 1255년의 발랑스, 1268년의 클레르몽, 1296년의 그라도, 1300년의 바이외, 1329년의 뷔르츠부르크, 1332년의 페라라, 1434년의 바젤 등이다."[13]

'상스러운 놈들'(동성애자들)과 상스러운 짓에 대해서, 우리는 미국의 역사가 존 보즈웰이 그리스도교의 중세에 할애한 그 모든 분석을 무조건적으로 다 받아들일 수는 없을 것이다. 호전적 게이인 그는 자신의 방법이 참여적이라는 것을 인정하고 있다. 그의 목표는 당시의 교회가 사람들이 상상하는 것보다 동성애에 더 관용을 베풀었을 뿐 아니라 인정했다는 것을 보여 줌으로써, 신자들의 관점에서 보더라도 인정받는 동성애를 회복하자는 것이다. 이로부터 그에게서 이런저런 예를 과장하는 그 열정이 나온다. 어쨌든 그의 고찰 가운데 어떤 것들은 반박하기가 매우 어렵다.

533년 유스티니아누스 황제가 동성애를 법적으로 탄압했을 때, 그것은 교회의 요구에 따른 것이 전혀 아니었다. 보즈웰은 이렇게 쓰고 있다. "어떠한 텍스트도 고위 성직자들이 동성애자들을 표적으로 하는 황제의 조치를 암시하거나 지지했다는 것을 보여 주지 않고 있다. 그 반대로 동성애의 행위로 인해 처벌의 대상으로 특별히 인용된 유일한 이들은 저명한 주교들이다."[14] 마찬가지로 650년에 스페인의 서고트족 지배자는 동성애자들에 대해 이론적으로는 매우 엄한 법안을 채택했다. 왜냐하면 이 법안은 동성애를 한 죄인들을 거세시킨다고 규정했기 때문이다. 그러나 보즈웰의 지적에 따르면, 이 법안은 순전히 민간법이었다는 것이다. 교회는 이를 채택하는 데 참여하지 않았다.

보즈웰은 이렇게 덧붙인다. "(11세기와 12세기에) 교회는 동성애를 하였다고 해서 처벌을 강제하거나, 나아가 기존의 처벌을 적용하는 것을 단호하게 여러 번에 걸쳐 거부했다. 그리고 대부분의 성직자들도 동성애를 반대하는 그리스도교도들로부터 나온 흔치 않은 불평에 귀를 기울이는 것을 단순하게 거부했다."[15] 동성애가 알려지지 않았던 것이 아니라 사소한 잘못으로 취급된 것이다.

동성애 행위가 실질적으로 처벌될 수 있도록 법률집에 규정된 것은 13세기부터이다. 그러나 텍스트들과 현실과는 큰 차이가 있다. 우리는 이와 같은 조치들의 실질적 적용에 관한 정보를 거의 가지고 있지 않다. 보즈웰은 이렇게 평가한다. 모든 정황으로 볼 때 적용은 극히 드물었다고 생각할 수 있다. "출간된 출처들은 '남색'이라는 유일한 죄로 사형을 적용한 예가 아주 소수에 불과했다는 것을 알려 준다."[16]

결혼, 자유, 그리고 여성의 쾌락

교회가 결혼이 성스러운 행사가 되었기에 파기될 수 없다는 개념을 강제하게 된 것은 교황 그레고리우스의 개혁 이후인 12세기 때이다. 1150년경에 피에르 롬바르드는 결혼을 일곱 개의 성사(聖事)에 결정적으로 편입시킨다. 근대의 정신은 이와 같은 개혁의 구속적 성격에 쉽게 주목한다. 사실은 이 개혁이 당시에 그런 식으로 체험된 것은 아니다. 여전히 살아 있었던 이교적 전통의 관점에서 볼 때, 그것은 오히려 개인주의의 현저한 정복이다.

이와 같은 개념은 결혼과 관련하여 로마법의 유산인 **결혼의 합의**를 우선시하려는 의지에 부합한다. "남자와 여자가 서로에게 채무자라는 자발적이고 합법적인 동의"로서 해석된 결혼에 대해 최초로 신학적인 큰 설명을 하는 이는 위그(1096-1141)이다. 피에르 롬바르드로 말하자면 그는 "영혼의 합의와 육체의 배합에 따른" 부부의 이중적 결합을 상기시킨다.

그렇게 하여 교회는 살아 있는 사회적 관행, 즉 정략 결혼의 관행과 직접적으로 대립한다. 당시 사회에서는 남자나 여자가 직접 자신의 배우자를 선택하는 것은 있을 수 없는 일이다. 귀족이나 농민들도 아주 오래 전부터 결정을 하는 것은 부모이다. 개인의 동의를 우선시함으로써 교회는 전복적인 일을 하고 있는 것이다. "교회가 유효하다고 인정하는 동의는 원칙적으로 더 이상 두 가정의 동의가 아니라 두 개인의 동의이다. 사회 질서로 보면 그것은 급진적이고 위험한 새로움이다. 그리스도교의 결혼은 가정의 전통적(그리고 이교적) 개념에 대립한다."[17]

사회적 전체주의에 대항해 개인의 편을 드는 그리스도교의 단호한 개입은, 때때로 세속적 권력과 공개적인 갈등을 낳기에 이른다. 여러 번에 걸쳐 왕들은 개인적인 동의라는 이와 같은 자유에 반대해 가정의 권리를 방어하려 애쓴다. 장 루이 플랑드랭은 다음과 같이 쓰고 있다. "16세기에서 18세기까지 프랑스에서는 교회의 교의와 국가의 교의 사이에 강한 긴장이 있었다. 국가는 교회법에 대한 극도의 심층적 존경을 가장하면서 그것을 회피하고, 그렇게 하면서 어린이들의 자유와 부부 관계의 성스러운 성격을 희생시켜 부모의 권력을 강화시키려고 끊임없이 애썼다. (……) 그리하여 부모의 권위를 강화시킨 법들 가운데 가장 유명한 것은, 1566년 앙리 2세가 양갓집 자제들의 결혼에 대해 공포한 칙령이다."[18]

또한 기억해야 할 것은, 결혼의 이와 같은 신성화가 교회에 왕들의 일부 관행들을 제재할 수 있는 수단을 제공하고 있다는 것이다. 이 관행들 가운데는 아내를 버린다거나 간통을 강요하는 것이 있는데, 부인들이 그 희생자이다. "부부와 가정에 대한 교회의 지배를 받아들임으로써, 왕들은 또한 규방에서 일어나는 그들의 비밀들이 들추어지고 관리되는 것을 받아들였다."[19] 이 때문에 이제부터 간통의 문제에 관해 가톨릭 교황들과 프랑스 왕들을 대립시키게 되는 수많은 싸움이 일어난다. 1094년의 필리프 1세와 교황 우르바누스 2세, 1200년의 필리프 2세와 인노켄티우스 3세, 1595년에 필리프 4세와 보니파키우스 8세, 루이 14세와 클레멘스 10세의 싸움 등이 그런 것들이다.

결혼에 대한 그리스도교의 개념은, 그리스도교가 간통 같은 일부 문제들과 관련하여 **로마법이나 게르만족의 풍속보다 여자를 덜 혐오하는** 것으로 드러나기 때문에 그만큼 더 전복적인 것으로 나타난다. 실제로 교회는 부부를 평등하게 다루고 있으며, 남자의 간통도 여자의 간통과 마찬가지로 비난받아야 한다고 판단한다. "반대로 이교적인 관점에서 보면, (따라서 민법적인 차원에서 보면) 유일하게 중요한 것은 기혼 여자의 불륜이다. 이 불륜은 남편의 혈통에 낯선 아이들을 침입시킬 가능성이 있기 때문에 가정의 균형을 파괴하는 위협으로 판단된다. 이러한 개념은 일반적으로 여자의 간통만을 처벌하는 로마법의 개념이고, 불륜을 저지른 남편이 약간의 금전적인 이득을 상실하는 것 이외에는 어떤 형벌도 받지 않는 게르만족의 법 개념이다."[20]

음유 시인들과 기사도적 사랑의 동시대인인 일부 신학자들은 '가정과 공동체의 행복'을 방어하면서도 사랑에 대해 보다 더 관용적인 모습을 보여 준다. 가장 유명한 경우는 이미 인용한 피에르 롬바르드의 경우인데, 그의 《금언집》은 16세기까지 학생들에게 주해의 대상이 된다.

그러나 중세 그리스도교의 현실이 19세기에 나타나게 되는 부르주아와 성직자들의 지나친 정숙과 대립적인 입장을 보이는 것은 특히 여성의 쾌락, 즉 오르가슴과 관련된 것이다. 실제 그리스도교 신학은 결혼한 여자의 '쾌락에 대한 권리'를 결사적으로 방어하는 입장에 있다. 이 문제는 상당히 중요한 문제로서, 이야기될 만한 가치가 있다. 그만큼 그것은 전문 역사가들의 모임을 제외하고는 거의 알려져 있지 않기 때문이다.

우리가 알아야 할 것은, 12세기까지 중세의 지식이 고대의 대(大)의사들 가운데 한 명인 갈레노스의 지식으로 귀결된다는 것이다. 기원후 131년경 소아시아의 베르가마에서 태어난 클라우디우스 갈레노스는 히포크라테스와 더불어 의학에 관한 주요 인물로 간주된다. 그의 저서는 아랍어로까지 풍부하게 번역되었다. 그는 이신론자이지 그리스도교인은 아니다. 그렇지만 교회는 그의 가르침을 따르고 있다. 15세기 동안 의사들뿐 아니라 신학자들은 자신들의 사색을 갈레노스의 업적에 토대를 둔다. 그리하여 우리는 이렇게까지 말할 수 있다. "그의 이론에 반대하는 것은 교회에 반대하는 것이다."[21] 그런데 갈레노스는 ——히포크라테스와 마찬가지로—— 중대한 결과를 수반하는 한 가지 분명한 점에서 아리스토텔레스와 명백하게 이견을 보인다.

그는 자신의 중요한 저서(《정액론》, 제2권 1장 및 4장)에서, 생식이 남자의 정액과 여자의 정액이라는 두 정액의 만남을 요구하고 있다고 설명한다. 그런데 그가 생각하는 것은 여자가 자신의 정액을 방출하기 위해서는 '완전한 성적 쾌락'을 경험하고, 여성적 오르가슴에 도달해야 한다는 것이다. 남자만의 '이익'을 위해 이루어진 성행위는, 갈레노스에 따르면 생식에 이를 수 없다는 것이다. 그것은 필연적으로 불임이 될 것이다. 이러한 관점은 신학자들에 의해 채택되는데, 아리스토텔레스의 관점과 대립된다. 아리스토텔레스는 《동물의 발생에 관하여》에서, 생식은 월경과 관련이 있지 쾌락과는 아무 관계도 없다고 평가한다.

르네상스까지 ——심지어 그 이후까지—— 갈레노스의 이론을 선호했다는 사실이 함축하는 것은 교회가 여성의 오르가슴을 옹호한다는 것이다. 실제로 신학은 성행위가 생식을 향하고 있을 때, 그리고 이 경우에만 그것을 인정한다. 그런데 신학적으로 엄밀히 말해서 자기 아내의 쾌락을 소홀히 하는 어설픈 남편은 생식에 반대해 행동하는 것이다. 따라서 그는 잘못을 저지르는 것이다.

이러한 문제가 일화적이라고 믿는다면 잘못일 것이다. 장 루이 플랑드랭이 이야기하는 바에 따르면 이 문제와 관련해, 그리고 다른 부수적 문제, 즉 뒤처지는 아내는 남편을 '따라잡기'

위해 손으로 스스로를 흥분시킬 수 있었다라는 문제와 관련해 수많은 논쟁이 신학자들을 동원시켰다는 것이다. 플랑드랭은 이 문제를 검토한 17명의 신학자들을 조사했는데, 이 가운데 14명이 여자에게 그것을 허용하고 있으며, 다만 3명만이 그것을 금지하고 있다. 플랑드랭은 이렇게 쓴다. "모든 일에서 여자를 남자에게 종속시켰던 사회에서, 신학자들이 한결같이 표명했던 것은 아내도 남편이 자신의 육체에 대해 가지는 권리와 동일한 권리를 남편의 육체에 대해 가지고 있다는 것이다.[22] 그들 대부분은 부부 가운데 빠른 사람이 늦는 사람을 키스와 애무를 통해서 흥분시키는 것이 합당하다고까지 생각한다. '여자들의 자연적인 정숙'을 고려해서, 그들은 남편이 자기 아내가 암시하는 사랑의 유혹을 이해해야 한다는 의무까지 지우고 있다.

신학자들은 자신들의 주장을 뒷받침하기 위해 단지 갈레노스의 의학만을 참조한 것이 아니다. 그들은 성 바울까지 인용하고 있다. 이미 인용했지만 환기시키지 않을 수 없는, 고린토인들에게 보내는 첫 서한에서 그는 실제로 이렇게 말하고 있다. "남편은 아내에 대한 의무를 다하고, 아내도 그 남편에게 그렇게 할지니라. 아내가 자기 몸을 주장하지 못하고 오직 그 남편만이 하며, 남편도 이와 같이 자기 몸을 주장하지 못하고 오직 그 아내가 하나니." 뿐만 아니라 피터 브라운이 그렇게 했듯이 우리가 덧붙여야 할 것은, 여자의 쾌락에서 생식 성공의 담보를 보는 이와 같은 '우생학적' 성의 관념이 이미 유대인의 원전에 존재했다는 것이다. 그러나 그 대신에 "우생학적 성의 개념은 남자와 여자를 공공 예법을 침대까지 연장하는 규범에 종속시켰다."[23]

어찌되었든 일반적인 견해와 반대되는 **중세 그리스도교의 진정한 에로틱 견해**가 존재한다고 주장하는 것은 지나친 일이 아니다. 역설적으로 여성의 쾌락에 대해 가장 덜 관용적인 모습을 보이는 것은 세속 작가들이나 이교도 작가들이다. 이들 가운데 어떤 이들은 반대로 쾌락이 지나치면('너무 불타는' 성행위) 생식에 해롭다고 판단하고 있다. 플랑드랭은 이렇게 쓴다. "쾌락과 생식의 이율 배반이 **성적 계층 이외**에 광범위하게 강제되고 있는 것이다." 생식의 성공을 위해 여자의 **필요한 쾌락**에 신학의 이름으로 부여된 이와 같은 공감대는 집단적 기억 속에 오랫동안 살아남게 된다. 역사가 알랭 코르뱅이 강조하는 것은, "임신의 모든 위험을 피하기 위해 여전히 즐기지 않으려고 애쓰는" 여자들의 증언을 19세기말에도 드물지 않게 만날 수 있다는 것이다. "어떠한 쾌락을 사전에 경험하지 않고도 임신이 된다는 소식을 들으면 깜짝 놀랄 여자들이 많을 것이다."[24]

어쨌든 이와 같은 중세 그리스도교의 에로틱 관념은(7월 왕정하에서) 푸세와 네그리에가 배란의 메커니즘을 발견하고, 오르가슴과 생식이 직접적 관계가 없다는 것이 발견된 이후 19세기 동안 우세하게 되는 놀라운 **이기주의**와 대조를 이룬다. 사르트의 모로 같은 일부 의사들은 퓨리터니즘(청교도주의)에 사로잡혀 불감증의 여자가 성적으로 충족된 여자보다 더 쉽게 임신한다고 주장하게 된다. 왜냐하면 "그녀는 정액을 보다 잘 간직하기 때문이다." 코르뱅은 이렇게 덧붙인다. "따라서 남자들은 아주 조용히 파트너의 반응을 잊을 수 있는 것이다. 이는 여자에게는 부정적 시기로서 이 시기 동안 쾌락의 필요성은 그녀에게 공식적으로 거부된다. 수십 년이 지나서야 대부분의 의사들이 남편들에게 상대방을 즐겁게 해주라고 다시 명령을 하게 된다. 그러기 위해서는 제1차 세계대전이 끝난 후 새로운 성의학의 비약적 발전을 기다려야 하는 것이다."[25]

시몬 드 보부아르의 제자들인 현대의 일부 호전적인 여권주의 여자들은 '쾌락에의 권리'를 요구함으로써 자신들도 모르는 가운데 사도 바울의 가르침에 부여된 매우 오래 된 신학적 배려를 재발견하고 있는 것이다. 우리는 이러한 사실을 그녀들에게 입증함으로써 분명 그녀들을 놀라게 할 수 있을 것이다. 사실 그녀들은 쾌락에 대한 고심과 생식에 대한 고심을 분리시키면서 그런 요구를 하게 되는데, 이는 중요한 차이이다.

자연 관념의 회귀

성과 관련하여 중세의 상대적 자유주의는 우리가 이미 말했듯이 12세기부터 더욱더 뚜렷해진다. 신학 전체──특히 토마스 아퀴나스──를 끌어들이는 이와 같은 변화는, 교회와 그리스도교 공동체에 의한 자연 관념의 재발견이라 부를 수 있는 것과 불가분의 관계에 있다. 여러 가지 요소들이 이 변화에 협력하고 있다. 그리스 사상을 서양에 재도입하고 기사도의 사랑을 확립하는 데 기여하는 이슬람의 영향은 이 변화에 낯설지 않다. 그러나 또한──특히?──중요한 것은 생식의 단념과 세계 밖으로의 은둔을 설파하는 종파들의 점증하는 영향력에 대항하겠다는 교회의 의지이다.

예를 들어 카타르파('순수파')는 초기의 엔크라티스트들이 그렇게 했듯이──카타르파는 엔크라티스트들의 먼 상속자들이다──인류의 영속성이라는 관념을 거부한다. 그들에게 결혼은 항구적인 죄의 상태이다. 그들은 쾌락 자체보다도 생식을 더 배척한다. 그렇기 때문에 그들은 종교 재판관들에 의해 동성애를 행한다고 규탄받게 된다. 요컨대 중세에 동성애자들을 지칭하게 되는 '상놈(bougre)'이란 단어는 '불가리아의(bulgare)' 또는 '보구밀(bogumils)'이란 말에서 파생되는데, '보구밀'은 불가리아의 카타르파를 나타낸다.

이 시기, 그리고 특히 13세기의 신학을 주로 창립하는 것은 카타르파의 일파인 알비파에 대항한 싸움과 캠페인이다. 그 여파로서 교회와 교회의 영향하에 있는 대학은 자연의 혜택을 찬양하게 된다. "토마스 아퀴나스를 비롯한 13세기의 대(大)신학자들은 자연신학자들이다. 한편 장 드 묑 같은 시인들은 자연이란 귀부인을 찬양하고, 프란체스코회의 수사들은 태양을 형제처럼, 달을 누이처럼 대하며 말을 걸고 식물들은 고딕식 건축에 침투한다."[26]

바로 자연의 재발견과 찬양이라는 이와 같은 관점에서 동물 우화집들의 유행을 환기시켜야 한다. 이들은 12세기부터 서유럽의 가장 인기 있는 작품이 되었다. 풍부하게 삽화가 들어가고 보통 사람과 마찬가지로 성직자들도 접근할 수 있으며, 도처에 보급된 우화집들은 자연을 친절한 보호자로 간주하는 특별한 개념을 지니고 있다. 사람들은 아리스토텔레스의 대단한 동물학적 텍스트들을 재발견한다. '대자연이란 어머니'에 대한 이와 같은 찬양은, 성에 대한 보다 물리적이고 보다 긴장이 풀린 개념을 필연적으로 가져온다. 자크 르 고프는 이렇게 주장한다. "사실 13세기에는 12세기에 태어나 토마스 아퀴나스에 의해 이론화된 자연에 대한 관념이 확산되었다. 이와 같은 확산과 더불어 쾌락에 대한 일종의 권리를 함의하는 인간의 본성에 대한 관념도 확산되었다. 13세기에는 결혼의 명예가 회복되는 것 또한 사실이다. 그리하여 결혼은 합법적인 성에 하나의 자리를 양보하게 해준다. 따라서 우리는 어떤 한계 내에서 육체적인 것에 대한 일종의 공인을 목격하는 것이다."[27]

반면에 어떤 금지 사항들은 그것들이 위반하는 '자연의 질서'의 이름으로 다시 정당한 것으로 인정된다. '자연에 반하는' 악덕들이 존재한다는 관념은 불행하게도 아름다운 미래에 약속되어 현실 세계를 이처럼 재발견하는 데 치러야 할 대가가 된다. 그리하여 토마스 아퀴나스는 죄를 추정된 자연 법칙들을 존중하지 않는 일종의 무정부 상태로 규정한다. "수음·동물성·동성애·남색을 포함하는 **자연에 반하는 악덕**은 우선 동일성과 차이의 질서라는 특수한 질서를 존중하지 않는 것이다."[28]

13세기초에 앙드레 르 샤플랭의 《사랑론》은 대단한 성공을 거두고 이탈리아와 독일에서 번역된다. 그것은 세 권으로, 즉 1) 어떻게 사랑을 획득할 것인가, 2) 일단 획득한 사랑을 어떻게 보존할 것인가, 3) 어떻게 사랑을 치유할 것인가로 구분된다. 1227년 파리의 주교 에티엔 르 탕피에는 이 책을 단죄하는데, 그 주요한 이유는 그것이 두 개의 진리가 있다고 주장하기 때문이다. 하나는 이성과 철학에 속하는 것이고, 다른 하나는 신앙과 《성서》에 속하는 것이다.

13세기부터 리처드 미들턴이나 피에르 드 라 팔뤼 같은 일부 신학자들은 어떤 경우에 있어서(예를 들어 아내가 임신했을 때) 생식적이 아닌 성관계를 허용하는 실질적인 과감성을 나타낸다. 두 세기가 지난 후에, 폴 제르송이나 마르탱 르 매트르 같은 다른 신학자들은 생식의 고심으로부터 완전히 해방된 성적 쾌락의 관념을 받아들임으로써 더 멀리 나아간다.

　"요술 방망이를 한 번 휘두른 것처럼 사랑은 11세기와 12세기 동안 유럽의 풍경·도시, 그리고 수도원에 침투한다. (……) 그것은 사막의 교부들이 지닌 금욕적인 정신성을 베르나르두스가 예증하는 정열적인 신비주의로 변모시켰다. (……) 그것은 이전의 모든 것을 싹 쓸어 버리는 것 같은 그리스도교 소설의 출현과 더불어, 교부신학으로부터 물려받은 순전히 기능적인 성관계의 개념을 망각하게 만들었다."[29]

　자크 르 고프에게 루이 9세는 자연과 성에 대한——절도 있는——이와 같은 찬양의 상징적 인물을 구성한다. 그는 오늘날 사람들이 말하듯이 '기질'을 가진 것으로 통한다. 그가 1248년에 십자군 원정을 떠날 때, 그는 육체적 관계를 박탈당하지 않기 위해 아내를 데리고 간다. 게다가 마르그리트 왕비는 성지에서 네 명의 아이를 낳게 된다. 그렇지만 루이 9세는 그리스도교의 행사 달력에서 나온 금지 사항들을 놀랍도록 존중하는 모습을 보인다. 르 고프에게 있어서 "그는 13세기의 또 다른 핵심 관념인 이와 같은 절도의 관념을 가장 잘 구현하고 있다. 그는 그리스도교도를 정확히 천사와 금수 사이의 중간에 위치시키는 그 이상(理想)을 자기 것으로 만들었던 것이다. 이러한 의미에서 또한 루이 9세는 그 시대 사람들에게 한 모델이다."[30]

빛과 많은 그림자

　중세의 강장적 노골성, 12세기의 사랑의 자유주의, 그리고 르네상스의 생에 대한 갈망, 이것들은 그 다음 세기들에서 어둡게 되어 나타난다. 프로테스탄트 개혁의 퓨리터니즘을 17세기에 잇는 것은 가톨릭의 반개혁이다. 이 반개혁은 풍속에 대한 성직자들의 관용주의에 반대하고, 일부 수도사들이나 궁정의 '방탕'과 신성모독적인 방종에 반대해 싸우고자 한다. 그것은 카트린 드 메디시스의 섭정 치하에서, 다음으로 루이 13세(사람들은 '성인들의 세기'에 대해 이야기하게 된다)의 치하에서 시작되었는데, 그리스도교 교의를 인정하지 않는 자유 사상가들을 맹렬히 공격한다. 역사는 테오필 드 비오라는 작가의 경우를 기억했다. 그는 《풍자 시집》에 나오는 에로틱한 25개 극작품의 저자로서, 1625년 7월 1일 감옥살이를 선고받았다. 뿐만 아니라 상당히 놀라운 세부 사항으로서 주목해야 할 것은, 그의 주요한 비난자이자 라 플레슈 콜레주의 예수회 수사인 앙드레 부아쟁 역시 추방을 선고받았다는 점이다. 사람들은 자유 사상가들의 신성모독을 처벌함과 동시에 지나치게 경직된 엄격주의의 과도함을 예방하고자 했던 것이다.

궁정에서는 독살 사건과 이를 다룬 '뜨거운 법정' 이후, 루이 14세에 의해 방탕에 대한 대대적인 처벌이 시작된다. 1684년부터는 마담 드 맹트농과 더불어 경건파가 승리를 거둔다. 이것이 귀족들의 방탕이 사라지는 것을 의미하지는 않는다. 보다 단순하게 말해서 이러한 방탕의 과시가 덜 오만해진다는 것이다.

역설적으로 엄격주의가 진정으로 뚜렷이 나타나는 것은 단지 18세기초 계몽 시대부터이다. 사실 계몽 시대와 백과전서파의 철학자들은 성과 관련하여 우리가 상상하는 것보다 훨씬 덜 자유주의적이었다. 예를 든다면 볼테르는 동성애에 대해 격렬한 표현을 써 혐오감을 나타낸다. ('동성애에 관한') 항목 19에서, 그는 '치욕' '추행' '인간에게 있을 수 없는 악덕'이라고 부르는 것에 대해 무자비한 태도를 드러내며, 결국은 '그런 쓰레기 같은 인간'이 그에게 불러일으키는 혐오를 고백한다. "이 쓰레기 같은 인간은 화형장의 불꽃을 통해서 인간들의 눈에 비춰지기 위해서보다는 망각의 어둠 속에 묻히기 위해 만들어졌다고 할 것이다."[31] 《법의 정신》(제7권 6장)에서 몽테스키외 역시 동성애를 '자연에 반한 범죄'로 보고 있다. 그리고 루소도 마찬가지로 동성애에 대한 '혐오'를 표현하게 된다.

자연에 대한 신념(따라서 반자연에 대한 혐오)에, 그리고 방탕으로 이루어진 귀족의 그 특권을 고발하려는 의지에 일부 백과전서파들의 반교권주의가 가세한다. 이 반교권주의는 이들로 하여금 수도사들의 방탕을 강력히 비난하게 만든다. 당시 대부분의 자유 사상가들은——물론 사드도——음란과 성직 계급을 자연스럽게 연결시켰다. 그렇게 하여 성직 계급의 '위선'이 드러나게 되었다. "가장 독창적인 사람은 라투슈의 장 샤를 제르베즈인데, 이 인물은 파리 최고 법원의 변호인이 되기 전 1741년에 《샤르트뢰즈 수도사들의 문지기 동 B의 이야기》를 출간했다. 이 작품은 포르노 소설로서 곧바로 경찰에 의해 압수되었지만, 18세기 내내 다시 출간되었다. 이 책은 대단한 성공을 거두어 마담 드 퐁파두르도 1748년판을 한 권 소장했고, 폴미 후작은 자신의 책을 송아지 가죽에 그린 28개의 음탕한 미니어처로 장식하게 했을 정도였다."[32]

따라서 계몽주의와 혁명 자체도 성에 관한 한 전적으로 애매한 태도를 취하고 있는 것이다. 한쪽에서는 인간의 자유, 교의의 위반, 해방, 나아가 방종(예를 들어 공포 정치 말기에 집정관 정부하에서)을 찬양하고 있다. 다른 한쪽에서는 귀족들의 추행이나 성직자들의 방탕을 지나치게 정숙한 표현으로 고발한다. 우리가 상기해야 할 것은 프랑스 혁명 전의 그 몇 년 동안 수많은 팜플렛이 루이 16세, 궁정, 그리고——특히——마리 앙투아네트 왕비를 교화적인 말투로 공격한다는 것이다. 왕의 경박과 오만뿐 아니라 레스비언들에 대한 이른바 환심적 행동이 비난받는다. 이러한 비방은 혁명이 전진함에 따라 더욱 끔찍해진다. 《처녀성을 잃은 후 1791년 5월 1일까지 마리 앙투아네트의 추잡하고 방탕한 사생활》이 1792년에 두 권으로·출간되고, 1793년에 재판된다. 이는 민중이 왕비를 처형시키도록 하기 위한 것이었다. 또한 상기해야 할 것은 왕비에 대한 가장 치욕적인 비난, 특히 '증인' 자크 르네 에베르의 비난은 왕비가 자기 아들한테 저지른 상상의 근친상간을 환기시키고 있다.

혁명하에서 '정화적이고' 교화적인 이와 같은 분위기는 결과들이 뒤따른다. 뒤 바리(루이 15세의 애첩으로서 혁명 때 체포되어 단두대에 처형되었다)에 대한 논고에서 푸키에 탱빌은 여자들의 방탕을 매춘과 동일시하고, 성적 온건주의를 폭군들의 손에 들린 무기로 간주하고 있다. (이는 20세기에 행운이 약속된 논지이다.) 그는 이렇게 외치고 있다. "압제는 민중이 지닌 풍속의 적이었다. 매춘은 이 압제가 지배를 확실히 하기 위해, 그리고 자유 사상과 방탕을 미끼로 하여 시민들의 예속 상태를 영구화하기 위해 사용한 수단들 가운데 하나였다. 매음굴이 자신들의 추잡한 쾌락의 대가를 피트(영국의 수상, 정치가. 나폴레옹과 전쟁을 치르면서 막대한 경제적 손실을 지불하여 내적 위기를 초래하였다)의 황금으로 지불하는 반동 혁명분자들의 피신처라는 것은 더 이상 의심할 여지가 없다."[33]

혁명을 지지하는 일부 세속적 연사들이 드러낸 여성 혐오에 대해서 말하자면, 그것은 그들이 분명하게 '자연법'을 내세울 때 모든 한도를 넘어선다. 그리하여 광란적인 반교권주의자인 피에르 쇼메트는 파리의 모든 교회들을 문 닫게 만들었고, 공포 정치를 확립하는 데 참여한다. 혁명의회의 연단에서 그는 여자들에 대해 '자연법을 뛰어넘고 위반하려는 타락한 존재들'이라고 환기시킨다. 그는 이렇게 질문한다. "언제부터 여자들에게 자신들의 성을 버리고 남자가 되는 것이 허용되었단 말인가?"[34]

다른 한편, 여성사의 확실한 전문가인 미셸 페로는 프랑스 혁명이 여자들을 공적 삶으로부터 배제시킴으로써 역설적으로 구제도의 일부 관습과 전통에 비해 후퇴하게 된다는 점을 강조한다. 몽상적이고 불안하고 허약하고 감동하기 쉽다고 판단된 여성들이 프랑스 혁명가들에 의해 집안일로 쫓겨들게 되는 것은 '자연'과 '사회적 유용성,' 그리고 생식의 절대적 명령의 이름으로 그렇게 된다.[35]

풍속의 탈형벌화에도 불구하고 동성애자들은 공포 정치하에서 파리감독위원회의 추적을 받게 된다. 이 당국은 "'음란한 기구들' ——성인들을 위한 영국식 프록코트와 다른 놀이 기구들—— 의 제조업자들을 소환한다. 그리고 우리가 알다시피 1794년에 팔레 루아얄(왕궁)의 정원에서는 일제 검거가 계획된다. 마지막으로 단두대의 수레에서 창녀들을 보게 되는 것(스뱅이나 알부르 사건 등)은 드문 일이 아니었다. 루부아 극장의 젊의 여배우였던 르로이 양은 얼마간 일 없이 한가한 상황에서 밤에 신분증이 없어 체포되었다. 그녀는 메시도르(프랑스 공화력의 10월로서 태양력 6월 20일부터 7월 19일까지)와 테르미도르(프랑스 공화력 11월로서 태양력 7월 19일부터 8월 18일)의 음모가 진행되는 동안 처형되었는데, 이 처형은 공포 정치의 피어린 시절에 불었던 그 체제 완전 보존주의의 바람을 상당히 잘 예증해 주고 있다."[36]

그러나 엄격주의적인 선회가 가장 눈에 띄는 것은 육체적 쾌락 및 성의 개념과 관련된 것이다. 그리고 그것은 가장 지속적으로 재앙을 불러일으킨다.

수음과 과학주의적 착란

단순화하기 위해서 우리가 말할 수 있는 것은, 당시 세 개의 큰 요소들이 결합하여 극도의 정숙이 점진적으로 승리를 거두도록 돕는다는 것이다. 교회는 제2차 바티칸 회의까지 이 승리에 대해 책임을 지게 된다. 이것의 내용을 보면 의학적 과학 만능주의, 앵글로 색슨계 청교도들의 영향, 산업 사회 및 부르주아 정신의 탄생이라고 할 것이다.

의학과 관련해 말하자면, 이른바 과학적인 담론이 도덕적 이상의 계략으로서 풍속과 성의 영역을 포위하게 되는 것은 19세기가 아니라 18세기부터이다. 가장 충격적인 예는 분명 수음에 대한 담론이다. 물론 수음은 이미—— '무기력' 하다는 이유를 내세워——중세의 고해 신부들에 의해, 다음으로 17세기 일부 설교자들에 의해 비난받았다. 예를 들어 1640년 옥스퍼드대학교의 모들린 칼리지(개신교 퓨리터니즘의 명문)의 선교사였던 리처드 카펠이 런던에서 《유혹, 유혹의 본성, 위험, 처리》라는 그의 저서를 통해 주장했던 것은 수음이 자연에 반하는 가장 중대한 죄라는 것이고, 그것은 육체적 허약을 가져와 결혼을 할 수 없게 만들며, 자살로 이끌어 삶을 단축시킨다는 것이었다. 그러나 계몽 시대의 의사들과 더불어 단죄의 성격은 근본적으로 바뀐다. 수음은 더 이상 하나의 단순한 '과오'가 아니라, 그것은 하나의 '질병'이 된다.

베커라는 이름의 영국 도덕주의자가 처음으로 의학적 논거와 '무기력'에 대한 전통적——그리고 상대적으로 절제된——비난을 결합시킨 것은 1710년인 것으로 생각된다. 그가 쓴 책은 《수음 또는 자기 타락의 가증스러운 죄. 그것이 남성과 여성 양성에서 나타내는 무서운 결과, 그리고 이미 수음을 통해 스스로 상처를 입은 자들에게 드리는 정신적·육체적 충고》이다. 이 책은 대단한 성공을 거두었고, 오늘날까지 중판이 될 정도이다.

장 루이 플랑드랭이 훌륭하게 지적한 바대로 "수음은 광기나 죽음으로 준엄하게 몰아가는 중대한 병으로서 18세기의 의학적 창안물이다." 우리는 로잔의 스위스인 의학 박사인 티소의 경우를 쉽게 인용할 수 있다. 그는 1760년에 《수음, 수음이 발생시키는 질병들에 대한 개론》을 출간했는데, 이 책도 계속해서 중판되고 있다.[37] 그러나 사람들이 일반적으로 망각하고 있는 것은 고독한 쾌락에 대해 반대하는 이러한 개론서들이, 사실은 18세기와 19세기에 무수히 많았다는 것이다. 플랑드랭은 국립도서관에 있는 의학 서적들의 목록을 조사하면서 1750년에서 1850년 사이에 이 개론서들의 증가를 인상적으로 일목요연하게 보여 주는 그래프를 그려냈다. 보다 명확하게 말하면 그는 매우 한정적인 두 시기, 즉 1760년에서 1785년(1175년에 출간된 10권의 개론서가 피크이다), 그리고 1805년에서 1850년(1830년에 나온 12권의 개론서가 피크이다) 동안에 나온 개론서들을 다루고 있다.[38]

19세기에 수음에 대한 이와 같은 의학적 강박관념은 착란에 가까울 정도가 된다. 그것은 젊은이들에게 보내는 온갖 종류의 충고·훈계·위협을 정당화시킨다. 그것은 여성들에게 적용됨으로써, 일부 의사들이 오늘날 일부 아랍 국가나 아프리카 국가들에서 실행되는 자궁 절제와 유사한 자궁 수술을 권고하도록 만들 정도였다. "19세기에는 음핵 제거가 권장되었는데, 이는 당시 사람들이 '여자들의 지나치게 과도한 음탕'이라고 거리낌없이 불렀던 것을 치유하기 위한 것이었다. 의학계의 최고 권위자들은 주저 없이 이와 같은 음핵 제거를 실행했다. 이스탄불의 의학자 데메트리우스 잠바코는 이들 가운데 몇몇의 견해를 물었다. 그는 유명한 위생학자이자 '음탕한 습관'의 공공연한 적인 J. -B. 퐁사브리브 교수의 관찰록을 읽었고, 런던에서는 의학아카데미 회원인 쥘 게랭을 만났다. 쥘 게랭은 수음벽이 있는 여러 젊은 처녀들의 클리토리스를 불에 달군 쇠로 지져 낫게 하였다고 주장했다 한다."[39]

이와 같은 부조리한 테러리즘은 어느 면에서든 그 기원이 종교적이 아니지만, 20세기 중반까지 전적으로 여러 세대에 걸쳐 유럽인들에 의해 내면화되게 된다. 그것도 우리가 상상할 수 없는 힘으로 말이다. 왜냐하면 가장 대단한 정신의 소유자들도 수음이 청각과 시각에 미치는 이른바 유해성(수음은 귀먹게 만들거나 눈멀게 만든다는 것이다)에 의해 영향을 받았기 때문이다. 뜻밖이고 상당히 재미있는 예를 두 개만 인용해 보자. 벵자맹 콩스탕이 그의 《내면 일기》에서 밝힌 바에 따르면, 그는 수음을 할 때마다 "내 불쌍한 눈!" 하고 외치며 신음했다는 것이다. 니체로 말하면, 아이저 드 프랑크포르트는 1877년에 니체를 진찰했는데(니체는 자주 수음을 한다고 그에게 고백했다), 바그너에게 허물없이 이렇게 편지를 쓰게 된다. "이 끈질긴 악습을 고려할 때," 니체가 언젠가 행복한 시각적 균형을 되찾을 희망은 거의 없을 것입니다.[40]

일화적인 측면을 넘어서 마땅히 고려되어야 할 것은 이와 같은 강박관념을 부추기는 성의 개념이다. 이 개념은 "성의 진실을 말한다"는 과학주의적인 주장(사실은 매우 순진한 주장이다)이고, 옛사람들의 **에로틱한 기술**에 대항해 **성적 과학주의**가 승리케 한다는 주장이다. 그러나 그것은 특히 경제 및 생명력의 절약이란 관념에 완전히 지배된 개념으로서 알랭 코르뱅이 훌륭하게 분석했던 것이다.

따라서 지배적인 것은 정액를 쏟아냄으로써 **쇠퇴하지 않을까 하는 강박관념**인 것이다. 알랭 코르뱅은 이렇게 쓰고 있다. "프랑스의 학자들은 정액의 경제가 요구하는 것들을 규정하고 있는데, 빅토리아 시대의 영국 의사들도 이 정액의 경제를 매우 소중히 여기고 있음이 드러나고 있다. 레베이에 파리즈 박사에 따르면 '액체 상태의 생명력'이고, 알렉산드르 메이어 박사에 따르면 '혈액의 가장 순수한 추출물'인 정액의 방출은 막대한 노력을 강요한다. 가르니에 박사는 이렇게 지적한다. 이 물질을 30그램 잃으면 "1천2백 그램의 피를 잃는 것과 같다"는 것을 사람들은 계산해 보았는가? 그런만큼 무엇보다도 낭비, 다시 말해 무절제한 방출을 피하는 것이 불가피한 것이다."[41]

김 웅 권

한국외국어대학교 불어과 졸업
프랑스 몽펠리에3대학 불문학 박사
현재 프랑스 파리3대학 누벨 소르본 앙드레 말로 연구소 연구원
학위 논문: 〈앙드레 말로의 소설 세계에 있어서 의미의 탐구와 구조화〉
저서: 《앙드레 말로—소설 세계와 문화의 창조적 정복》
논문: 〈앙드레 말로의 《왕도》에 나타난 신비주의적 에로티시즘〉
(프랑스의 《현대문학지》 앙드레 말로 시리즈 10호)
〈앙드레 말로의 《인간의 조건》에서 광인 의식〉
(미국 《앙드레 말로 학술지》 27권)
역서: 《심층심리학자 니체》《이별》《천재와 광기》
《니체 읽기》《상상력의 세계사》《순진함의 유혹》
《영원한 황홀》《진정한 모럴은 모럴을 비웃는다》
《운디네와 지식의 불》

현대신서
44

쾌락의 횡포 · 상

초판발행 : 2001년 8월 20일

지은이 : 장 클로드 기유보
옮긴이 : 김웅권
펴낸이 : 辛成大
펴낸곳 : 東文選

제10-64호, 78. 12. 16 등록
110-300 서울 종로구 관훈동 74번지
전화 : 737-2795
팩스 : 723-4518

편집설계: 韓智硯 / 李尙恩 · 李妶旻

ISBN 89-8038-118-2 04380
ISBN 89-8038-050-X (현대신서)

東文選 文藝新書 70

창부娼婦

알렝 꼬르벵

李宗旼 옮김

　가장 오래 된, 영한한 직업 매춘을 역사의 장으로 끌어들인 아날학파의 걸작.

　돈으로 매매되는 성행위. 사회심리학적으로 보아도 매우 중요한 이 측면을 오늘날의 아카데믹한 역사학은 무시하고 있다. 그들이 침묵하며 말하지 않는 것은 단지 금기이기 때문일까. 그들의 침묵은 요컨대 매춘이라는 현상을 비역사적으로 보고 있는데서 나온 것이다. 그러나 매춘이 〈세상에서 가장 오래 된 직업〉이라는 점만은 결코 역사에서 벗어날 수 없는 것이다. 지금까지 사회심리학자들의 손에서 버림받은 19세기의 성과학사는 도덕적인 문제나 출산장려, 성병, 혹은 우생학의 차원에서 탈피하여 욕망과 쾌락과 굶주린 성의 역사가 되어야 한다.

　투철한 의식의 역사학자로서 알렝 꼬르벵은 이 책속에 새로운 테마와 독창적인 방법으로 19세기의 프랑스 매춘사를 쏟아부었다. 그는 19세기 프랑스 사회에 있어서 욕망과 쾌락, 그리고 채워지지 않는 성의 역사를 기술할 목적으로 성에 얽힌 행동들을 추구하고 부부의 침실을 비롯해서 공인창가와 비밀창가의 내부에 이르기까지 분석의 메스를 가했다. 따라서 학술적인 이 연구서는 매춘에 관한 언설을 통하여 현시대로 계승되고 있는 19세기의 사회적 고민과 욕구불만을 냉철하게 해독하는 역작이다.

　딱딱한 학술서적의 성격을 띠고 있는 이 책에서, 그러나 우리는 매춘의 주제로서 매춘부들에 내한 신랄한 비판보다는 오히려 그들에 대한 저자의 따뜻한 눈길을 포착할 수 있다.

東文選 現代新書 14

사랑의 지혜

알랭 핑켈크로트

권유현 옮김

수많은 말들 중에서 주는 행위와 받는 행위, 자비와 탐욕, 자선과 소유욕을 동시에 의미하는 낱말이 하나 있다. 사랑이라는 말이다. 그러나 누가 아직도 무사무욕을 믿고 있는가? 누가 무상의 행위를 진짜로 존재한다고 생각하는가? '근대'의 동이 터오면서부터 도덕을 논하는 모든 계파들은 어느것을 막론하고 무상은 탐욕에서, 또 숭고한 행위는 획득하고 싶은 욕망에서 유래한다는 설명을 하고 있다.

이 책에서 묘사하는 사랑의 이야기는 타자와 나 사이의 불공평에서 출발한다. 즉 사랑이란 타자가 언제나 나보다 우위에 놓이는 것이며, 끊임없이 나에게서 도망가는 타자로부터 나는 도망가지 못하는 것이다. 그리고 사랑의 지혜란 이 알 수 없고 환원되지 않는 타자의 얼굴에 다가가기 위해 애쓰는 것이다. 저자는 이 책에서 남녀간의 사랑의 감정에서 출발하여 타자의 존재론적인 문제로, 이어서 근대사의 비극으로 그의 철학적 성찰을 이끌어 가기 때문이다. 그러나 우리가 이웃에 대한 사랑을 이상적인 영역으로 내쫓는다고 해서, 현실을 더 잘 생각한다는 법은 없다. 오히려 우리는 타인과의 원초적 관계를 이해하기 위해서, 또 그것에서 출발하여 사랑의 감정뿐 아니라 다른 사람에 대한 미움의 감정까지도 이해하기 위해서, 유행에 뒤진 이 개념, 소유의 이야기와는 또 다른 이야기를 필요로 할 수 있다.

알랭 핑켈크로트는 엠마뉴엘 레비나스의 작품에 영향을 받아서 근대가 겪은 엄청난 집단 체험과 각 개인이 살아가면서 맺는 '타자'와의 관계에 대해서 계속해서 질문을 던진다. 이것은 철학임에 틀림없다. 그렇기는 하지만 구체적인 인물에 의해 이야기로 꾸민 철학이다. 이 책은 인간에 대한 인식의 수단으로 플로베르 · 제임스, 특히 프루스트를 다루며, 이들의 현존하는 문학작품에 의해 철학을 이야기로 꾸며 나간다.

東文選 文藝新書 87

性愛의 사회사

자크 솔레 / 이종민 옮김

교황 알렉산데르 6세의 방탕으로부터 왕공들의 난행까지, 귀족들의 난교로부터 빈민들의 치정까지. 세기적인 호색가 카사노바로부터 사드를 비롯한 대문호들과 예술가들의 性과 사랑. 신학의 가르침과 육체혐오, 에로티시즘의 숭배, 묵인된 매춘…… 등 결코 채워지지 않는 性에 대한 인간의 영원한 욕구를 적나라하게 파헤친 訣定版 性愛史!

이 저작의 특징은 무엇보다도 총합적인 연구의 성과에 있다고 할 수 있다. 이 경우, 총합적이란 어휘는 다음과 같은 의미를 함축하고 있다.

우선 이탈리아와 프랑스·스페인·독일·영국·네덜란드, 나아가 신대륙이나 식민지 등 포괄적인 의미에서 서구라고 부르는 전지역의 모든 계층을 대상으로 삼아 각 지역과 계층에서의 성애의 이념과 현실적인 차이점, 그리고 공통된 양상과 발전을 그려내고자 한 것이 첫번째 성과일 것이다. 아울러 성애라는 인간의 원초적 행위를 역사적이고 사회적인 모든 측면에서 고찰했다는 것이 이 연구에서의 두번째 성과일 것이다. 저자는 한 국가의 통치체제가 부르주아적인 질서 속에서 종교의 힘을 빌려 인간의 개인적인 성애를 얼마나 억압하고 있었는가를 탐색하는 한편으로, 그같은 억압 속에서도 예를 들면 농민들 사이에서의 성애가 자유를 구가하고 있었다는 사실을 분명히 깨닫고 있었던 것이다. 이 연구서의 최종적 성과로서 저자는 마녀나 매춘에서부터 동성애와 나아가 문학이나 음악·미술 등에 표현된 환상에 이르기까지, 지금까지의 전통적인 역사학에서 거의 다루지 않았던 몇몇 분야를 포함하여 성의 억압이 초래한 갖가지 현상을 총체적으로 제시했다는 것이다. 이렇듯 방대한 작업이 가능할 수 있었던 것은, 성애의 다양한 개인적·사회적 제반 형태에 관한 연구와 각 지방이나 계층을 대상으로 한 수많은 모노그래프가 이미 나와 있었기 때문이다. 기존의 혹은 현재 진행중인 제반 연구의 총합성을 지향하는 이 책은, 그런 의미에서 한 시대의 연구 수준을 보여 주는 기념비적인 저작으로 간주될 수 있다.

東文選 文藝新書 115

성의 歷史

장 루이 플랑드렝

편집부 옮김

아날학파의 유럽 性에 대한 기념비적인 논고.

대부분 인간의 행동양식은 어떤 문화의 틀 속에서 만들어져야 한다는 의미에서, 자연인은 결코 존재하지 않는다. 그런데 모든 문화란 시간의 흐름 속에서 조금씩 완성되어 온 것으로, 과거에 존재했던 갖가지 체계, 과거에 받았던 정신적 상처가 깊이 아로 새겨져 있다. 문학·도덕·법률·언어·과학·기술·예능, 요컨데 우리들의 문화를 구성하는 모든 것을 사이에 두고, 우리들은 태어나면서부터 자신도 모르는 사이에 과거에 의해 계속 침략당하고 있는 것이다. 우리들에게는 이 유산 수취를 거부할 자유가 없다. 특히 性에 관한 한 우리들 과거로부터의 해방을 철저히 방해받고 있다.

몇 세기 전부터 사랑은 시인·소설가, 혹은 독자들이 원하는 주제가 되어 왔다. 이런 점은 예를 들어 16세기부터 20세기 사이에 이렇다할 변화가 없다. 그러나 이 5백 년 동안 사랑으로 불리어 온 것이 모두 같은 감정이었을까? 사랑의 자극원인·대상은 항상 같은 것이었을까? 또한 사랑의 행동은? 본서에 정리되어 있는 몇 편의 논고도 연애·결혼·부부의 성교·친자관계·독신자의 성생활에 관한 것이다. 시간의 축을 잃어버린 지식이 우리들에게 주어진 이미지를 변화시키는 작업에 참가할 수 있게 되기를 저자는 내심 기대한다.

東文選 文藝新書 15

TANTRA
탄트라

아지트 무케르지

金龜山 옮김

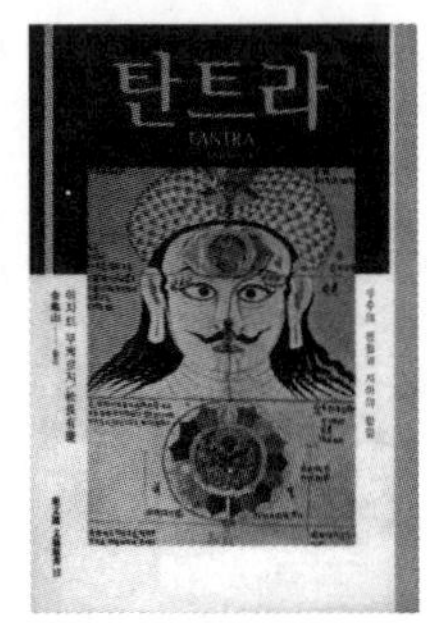

　탄트라는 8세기 이후 인도에서 밀교 경전을 지칭하게 되면서부터 일반에게 알려졌는데, 그것은 진리의 천명이나 철학적 교리서라기보다는 깨달음을 향한 수행 방식이고 세계에 대한 일종의 태도이다. 탄트라는 주관과 객체라든가 정신과 육체 혹은 창조주와 피조물 등의 이분법에 기초를 둔 서구적 사고와는 달리, 전체와 부분 또는 물과 물결의 관계처럼 불가분리의 양면성을 하나의 실상으로 통일하여 우주의 본질과 자아가 합일되려는 방식이다.

　인도인의 우주관에 의하면, 절대자로서의 브라만은 자체 안에 남성적 요소와 여성적 요소의 양면성을 가지고 끊임없는 변화 속에서 창조와 파괴의 순환을 거듭하는 것으로 이해된다. 실상과 현상, 즉 근원적인 진리로서 무시간성의 존재와 현실로서의 변화는 각각 남성적 요소와 여성적 요소로 상징되어 창조와 분열을 반복한다는 것이다. 그러므로 탄트라는 우주의 본질과 합일을 이루어 우주 본래의 至福으로 초월하려는 방식이다.

　탄트라에서 모든 자연적 본능의 충족을 긍정하고 있다. 왜냐하면 고행이나 금욕을 통하여 자연을 억제하거나, 육체를 약화시키고 정신적인 긴장과 갈등을 야기시키는 일은 생명의 건강한 성숙을 방해한다고 생각한다. 그러므로 오히려 자연의 저급한 충동으로부터 고상한 충동으로 향상되도록 수련할 것을 주장한다. 모든 자연의 충동은 본질적으로 동일한 神性으로부터 솟아오르는 진화의 창조적 에너지라고 파악하기 때문이다.